北京師範大學
一 百 二 十 周 年 校 庆
120th Anniversary of Beijing Normal University
1902 - 2022

顾明远 主编

北师大的先生们

北京师范大学出版集团
BEIJING NORMAL UNIVERSITY PUBLISHING GROUP
北京师范大学出版社

北师大的先生们

顾明远　主编

北京师范大学出版集团
BEIJING NORMAL UNIVERSITY PUBLISHING GROUP
北京师范大学出版社

学为人师

行为世范

前　言

在中国，"先生"二字是一种尊称，是对父兄、长者或教师的称呼。大先生更是对有德业者的尊称。《礼记·曲礼》中就有一句"从于先生，不越路而与人言。遭先生于道，趋而进，正立拱手"。这里的先生指的就是老师，对老师要恭敬。

大学里的老师，更是承担着传承学术和文化的职责。梅贻琦曾说："所谓大学者，非有大楼之谓也，有大师之谓也。"大学者，思想汇聚之地，求真育人之所。大师者，学术之师也，人格之师也。大师是大学的根基，标志着一所大学的水平和声望。

北京师范大学是中国高等师范教育之先驱，自1902年京师大学堂师范馆的创建至今，已走过120年的历程，作为培养教师的摇篮，"学为人师、行为世范"的校训精神，浓缩着北师大悠久的办学传统和文化遗产。北师大在120年的办学历史中，名师荟萃、学风诚朴、成就辉煌。一代一代名师先贤在此弘文励教，如梁启超、李大钊、范源濂、鲁迅、钱玄同、刘盼遂等。他们都是北师大的大先生，他们德操高尚，笃学敬业，以身作则，为人师表。他们身上有着学者的责任和博大的胸怀，有着高尚的道德情操和身体力行的奉献精神。

今值北京师范大学120周年华诞，北师大出版社邀我主编一本《北师大的先生们》，北师大在120年的办学历史中，涌现出的大先生可谓群星闪耀，如何遴选是一件难事。新中国成立后，在中国共产党的领导下，学校发展进入一个崭新时期，因此遴选一批新中国成立之后长期在我校任教的大先生，对后学者可能更具有亲近之感。这次选录的大先生，大多出生于20世纪初至二三十年代，新中国成立后积极投身于北师大的教育教学和学科建设工作，如教育系的陈景磐、毛礼锐、王焕勋、卢乐山、黄济等，文学系的钟敬文、启功、郭预衡、聂石樵、童庆炳等，历史学系的白寿彝、赵光贤、何兹全、刘家和、龚书铎等，心理系的朱智贤、彭飞、张厚粲等，数学系的钟善基、王梓坤等，物理系的黄祖洽、喀兴林、闫金铎、方福康等，化学系的刘若庄、刘伯里等，生物系的孙儒泳、郑光美等，地理系的周廷儒、张兰生等，政教系的纵瑞堂，马克思主义学院的张静如，外语系的郑敏，艺术系的黄会林，天文系的何香涛……他们都是北师大的杰出教师代表，是大师，是大先生。他们中有的已经过世，有的已过耄耋之年仍在从事教育工作，他们不仅有扎实、广博、精深的学问，而且有高尚的道德情操、严谨的治学态度、身体力行的奉献精神。

　　本书在人物编排上，遵循中国传统，长者为尊，按年齿排序；在内容选取上，既有这些大先生的生活和教育故事，也有大先生的学术思想探讨，均是他们的弟子或同事所撰写，同时配以他们的生平简介和照片，希望通过一个一个教书育人的故事展现大先生的人格魅力和精神力量，通过一篇一篇的学术文章展现大先生的学术思想和人生风采。书中文章有发表过的，均已注明出处；有专门邀约写作的，均已征得作者授权；大先生照片大部分由作者提供。大先生的家属或同事或学院也提供了很多帮助，在此表示衷心感谢。限于时间和篇幅，特别是资料的短缺，人物难以求全，一些大先生未能收录，留有遗憾；收录者，事迹未必齐全，文字介绍有简有繁，照片有多有少，未求平衡。他们是北师大大先生的代表，他们严谨治学、教书育人的事迹必将激励青年学子努力奋进。收录和未及收录的大先生们永远是北师大的骄傲和光荣。

致敬，北师大的先生！

致敬，北师大的精神！

2022年6月22日

目 录 Contents

01 /

钟敬文

钟敬文（1903～2002），原名钟谭宗，学名敬文，笔名有静闻、静君、金粟等。广东省海丰县人。中国民间文艺学、民俗学家、散文家、诗人。1922年毕业于陆安师范学校，后留学日本，在早稻田大学文学部研究院研修神话学、民俗学。1949年至去世，一直任北京师范大学中文系教授，曾兼任北京大学和辅仁大学教授。

一个愿做泥土的人

/ 刘锡诚

钟敬文先生虽然不是我的本师，却是我所崇敬的诗人、散文家和学者。他的骨子里有一种诗人的气质和想象。他曾对我说："我死后，在我的墓碑上，就刻上'诗人钟敬文'！"他在一首诗里写道："几株黄落及霜天，触履沙沙一恍然。舍得将身作泥土，春风酬尔绿荫圆。"他的"舍得将身作泥土"的献身精神，始终鼓舞和激励着我。受他的道德文章所感，在他健在时和逝世后，我先后写过好几篇散文和纪事，表达我对他的崇敬、倾慕、评价和思念。计有：《莫道桑榆晚》（《深圳特区报》1992年6月22日），《钟敬文的杭州情结》（杭州《文化交流》1998年第3期），《西湖寻梦》（《钱江晚报》1998年6月13日），《步履蹒跚到百年》（《热风》2001年12月号），《仄径与辉煌——为钟敬文百年而作》（纽约《中外论坛》中文版第1、2期），《送钟先生远行》（《文艺报》2002年1月26日），《与大山同寿》（天津《今晚报·今晚副刊》2002年2月1日）。

今年（2013年）3月20日迎来了钟先生诞辰110周年，请允许我借这个纪念座谈会的机会，再次表达我对他的崇高敬意和深切怀念。

20世纪50年代初在北京大学读书时，我学的专业是俄罗斯—苏联文学，但我的毕业论文做的却是民间文学，所以我当学生时就读过钟敬文先生的不少著作和文章，如他早期的散文，如50年代之初写的《口头文学：一宗重大的民族文化遗产》《中国歌谣中所表现的醒觉意识》等民间文学著述，以及他所编的《民间文艺新论集》等。但我真正认识钟先生并与他有私人之间的过往和交谊却是在1976年之后。那时，我在《文艺报》编辑部工作，举凡讨论中国民间文艺研究会的恢复方案的会议，总是叫我去参加。钟先生是恢复"民研会"（中国民间文艺研究会的简称）筹备组成员之一。还因为，我的老伴在文学研究所各民族民间文学组供职，钟敬文的生平和学问，是她当时选定的一个研究题目，曾写成一篇长文《求索

钟敬文先生在书房

篇——钟敬文的民间文艺学道路》，因此与钟敬文先生过从甚密，我也就很自然地与钟先生多了一些接触和讨教的机会。后来，我在他荣任中国民间文艺研究会主席时期，在他的领导下工作，前后长达7年之久，钟先生对我有很多帮助和教诲。在我去职之后的岁月里，我和钟先生之间的往来，一直持续到他的离世。我与钟先生交往中的许多往事，特别是他对我的鼓励和帮助，如今还历历在目。

1992年，处在困境中的我，下决心研究中国的原始艺术，申报了国家哲学社会科学基金课题。在中央党校科研部的主管下，经过六年的艰苦研究，在课题结项、《中国原始艺术》书稿出版之后，钟先生不仅慨然出席中国文联理论研究室和中国民间文艺家协会于1988年9月22日联合召开的出版座谈会，而且还以《我的原始艺术情结》为题做了长篇发言，他当着几十位文学理论家、民间文学家的面说："作者花费六年的时间写出这样一本书，成就是很大的，不是急就章。在这个过程中间，要一面收集材料，一面进行思考和摸索。当然不能说，其中每一个章节都没有可以商榷的地方了。即使最伟大的著作，也只能是在个别章节上有所贡献。《中国原始艺术》作为一部严肃的学术著作，无疑是初战告捷，是万里长征走完了第一步。中国的原始艺术研究迈出了第一步。总之一句话，这是一部严肃的科学著作。"钟先生对我的研究给予了肯定性的评价，给我莫大鼓舞和安慰。

认识钟先生以来，我多次去过他的小红楼家里，或请示商量工作，或看望交谈。有一年暑期，是陪同执教于日本福冈西南大学国际学部的台湾神话学家王孝廉先生去的，钟敬文和陈秋帆先生破例在家里请我们用餐。大家挤在他的小屋里，热得满头大汗。王孝廉对先生的朴素生活感慨不已。1998年1月21日，85岁高龄的钟敬文先生偕同马学良先生到我家里来，并留影纪念，与我们夫妇交谈良久，是我终生难忘的。

　　钟敬文先生在20世纪30年代提出并论证了建设"民间文艺学"的命题，20世纪80年代又提出和论证了建设"有中国特色的民间文艺学"的命题。他为中国民间文艺学建设所做出的重要贡献，成为我们这一代人继续前进的基础。

刘锡诚，文学评论家、民间文艺学家，中国文学艺术界联合会理论研究室研究员。本文系作者2013年6月29日在人民大会堂北京厅钟敬文先生诞辰110周年纪念座谈会上的发言。此次收录有删改。

02 /

陈景磐

陈景磐（1904—1989），字瞻岩，祖籍福建古田，我国著名的教育家和教育史专家。1927年，在上海圣约翰大学获教育学学士学位，1929年获得该校哲学硕士学位。1934年，在北京燕京大学获教育学硕士学位。1940年，在加拿大多伦多大学获哲学博士学位后归国。先后受聘于协和大学（1940—1942年）和厦门大学（1942—1947年）。1950年，受聘于燕京大学，任教育系教授。1952年全国高等学校院系调整后，到北京师范大学任教。编著了《中国近代教育史》一书（1979年人民教育出版社首次出版），该书填补了我国在近代教育史教材方面的空白。

追忆恩师陈景磐教授

/ 史静寰

我是在2019年春节期间撰写这篇文章的，提笔之时我发现：虽然时光已经流逝了30余年，但与恩师交往的经历一直被我珍藏在内心深处，一旦记忆的闸门被打开，它们就喷涌而出，往事一幕幕展开。我仅从中选择几件刻骨铭心之事，与大家分享，并表达师恩难忘和师道永存之意。

20世纪70年代末，正在中学当老师的我得知北京师范大学要恢复研究生考试。当时对什么是研究生我并不十分清楚，但能回校读书对我的吸引力很大，所以我就开始利用业余时间学习。自己当时在中学做英语老师，还担任初一一个班的班主任。我每天都在和刚走出"文化大革命"动荡、虽正常上课但身心完全不在状态的学生们斗智斗勇。这种既不成功也不愉快的从教经历使我开始对研究教育问题产生需求与兴趣，因此我为自己研究生阶段的学习选择了北京师范大学教育系。1980年我顺利通过研究生入学考试，进入北京师范大学教育系攻读外国教育史专业硕士学位。当时该专业录取的3名学生，不仅是北京师范大学，也是全国恢复研究生招生后的首批外国教育史专业的硕士研究生。学校为我们配备了超强指导团队，联合指导教师就有5名——陈景磐、毛礼锐、王天一、夏之莲、朱美玉——他们都是我国当时教育史研究界的知名学者。

我们在硕士阶段学习时，系里还没有系统成文的研究生培养方案和课程计划，研究生经常和本科生一起上大课。第一年真正印象深刻的课是陈景磐、毛礼锐两位教授为我们单独开设的外国教育史名著选读课。当时每周固定时间我们3人到陈先生、毛先生家中上课，是名副其实的小班教学。两位先生的住所是当时北京师范大学条件最好的工1楼和小红楼，先生们家中并无任何奢华之物，但书卷满柜、绿植丰盈。每次去上课，一踏入两位先生家的门槛，我们就能感觉到一种说

毛礼锐（中）、陈景磐（右）、张鸣岐于西安首届教育史年会合影

不出的氛围和气场，让人忘却烦忧，全身心进入学习状态。记得陈先生的书桌旁靠近阳台门口有一棵高大的文竹，郁郁葱葱的绿叶中还挂着几个红红的小灯笼，是陈先生的心爱之物，读书之余打理文竹是陈先生的乐趣之一。去陈先生家前，我还从未见过那么高大的文竹。现在脑海中只要出现陈先生的身影，一定伴着那棵文竹，伴着两位先生儒雅温暖的笑容。

两位先生带着我们阅读并翻译当时国内能找到的最新的外国教育史名著。先生们不但认真倾听我们的英文朗读，仔细修改我们的中文翻译，还经常结合文中的重要词汇和学术概念，为我们进行深入浅出的讲解。我们3人在当时的年轻人中英文不算差（两人上大学期间学的是英语专业），但语言不仅由词汇和语法构成，更具有民族精神和社会文化的内核。由于之前我们读书时正值"文化大革命"时期，缺乏对西方文化和教育史专业的深入了解。而两位先生都是早年留学海外、学贯中西的著名学者，他们的授课涉及中外语言、历史文化和中外教育史学科的传承流变，两位先生带领我们通过英文，纵横国内外，穿越上下几千年，使我们的思考超越语言本身，进入西方社会文化和学科专业的深层。

现在想来这门课让我们记忆深刻，除了课程本身的内容之外，还有上课的环境、方式与氛围。我们这代人曾在基础教育阶段中断正常学业，小小年纪就上山下乡，历经社会基层生活磨炼，成年后虽奋发图强迈过研究生学习门槛，但学术训练和修养不足的问题常常让我们焦虑。每周去先生家中上课是我们最期待、感觉最愉快的事情。学术大师的耳提面命，书卷茶香的浸润洗礼，使我们感慨："学习真好！""这样的学习真好！"可以说这门课在我们的学术生涯和人生经历中都留下了极深的印迹，使我们从知识到文化，从思维到修养，甚至学习与生活方式都有了全新的一面。

硕士毕业留校工作两年后（1985年），我又开始在职攻读博士学位，师从陈景磐先生，专业方向也由外国教育史转为中国近代教育史。

先生1904年生于福州一个宗教工作者家庭。先生由于父亲工作上的原因，儿时家中常有外国传教士出入。这些人是他接触和了解西方文化最早的渠道。记得先生曾经谈道：一些传教士言谈话语中流露出的对中国人的藐视和对中国文化的贬低曾深深刺伤他的心，这也是他后来坚持从事中国文化教育研究的动因之一。

先生在教会学校接受了初等教育乃至高等教育。当时的教会学校大都比较强调英语等西学课程，但先生却始终坚持学习和研究中国文化，立志为弘扬我国民族精神和文化做出贡献。他20世纪20年代在圣约翰大学读本科时即开始研究墨子学说，后来他的硕士论文题目便是"实用主义与墨子学说"。先生于20世纪30年代末赴加拿大多伦多大学攻读博士学位时又潜心研究以孔子为中心的先秦儒家教育思想，写出以"先师孔子——孔子哲学及其教育意蕴"（Confucius as a Teacher: Philosophy of Confucius with Special Reference to its Educational Implications）为题的博士论文，这是第一本用英文写成的论孔子教育思想的专著，不少外国人正是从这本书中认识到中国古代文化教育的成就。

作为先生的关门弟子，我能够感受到先生对我学业上的期待。记得我开始博士阶段学习后不久去先生家上课，他站在家中书柜前对我说："我已经老了，做不动了，可惜有些想写的书还未写，想做的研究还未做。你还这么年轻，可以做许多自己想做的事情。你要做什么研究，尽管去做。这里的书你觉着有用的就尽管拿去看。"当时自己暗下决心，一定努力学习，不辜负先生的期望和栽培，如果可能就接着先生想做的题目做，继续先生的未竟之业。

先生知识渊博，学贯中西，我一个初出茅庐的青年人如何进行他想做而未做的研究呢？记得在我们的谈话中，他多次指出：研究中国近代教育史绕不过去的是中西文化教育交流，而要研究这一问题，首先要聚焦的是一进一出的两个群体——西方传教士和中国留学生，而这两个群体中，西方传教士更难研究。可能是他提到这个话题的次数较多，影响了我，更因为他谈到这一问题时脸上的凝重打动了我。总之，在开始思考自己的博士论文研究方向时，以西方传教士为代表的近代中西教育交流就成了我特别关注的问题，我甚至暗下决心要进行这个领域的研究。1986年年初，我开始和先生讨论我的博士论文选题，当我谈到想做近代西方传教士在华教育活动研究时，本以为先生会很兴

奋，但先生却久久没有说话。停了半晌，先生才幽幽地说：这不是一个好做的题目，你最好再想想。当时的我已年过30岁，正怀有身孕，我想可能是先生担心我的身体应付不了，就向先生表决心：我会全力投入，尽心研究。先生并没有理会我，而是说了一句让我至今刻骨铭心的话："做博士论文就像你腹中孕育的胎儿，它将伴随你的一生。"说实话，当时我真不太理解先生这句话的深意，但内心深处却涌现出由衷的感动和责任感。多年之后，当我的命运不断与博士论文研究纠缠在一起时，我才逐渐领悟到先生所言之深意。

1987年年初，我离开不满半岁的儿子，赴美国肯特大学进修。我决心充分利用在美国学习的机会，查找一手资料，为博士论文研究奠定坚实基础。在美国期间，我去哈佛大学、耶鲁大学、奥伯林学院等拥有入华传教士传记档案的著名图书馆和档案馆查找、

陈景磐与本文作者（右）合影

复印资料，想办法联系曾入华从事教育活动的传教士访谈，等等，获得了很多当时在国内找不到的第一手资料。回国后，我尝试使用口述史的研究方法，对论文中的案例大学——燕京大学的校友进行访谈，还设计了校友调查问卷，回收量占当时还在世的3000多名燕京大学校友的10%左右。针对论文研究中的核心问题，我利用当时有限的数据统计软件，对校友调查数据进行分析，得出了一些很有意思的研究发现，这成为我博士论文的亮点之一。

围绕论文答辩的波折我不再详述，但是这段经历却使我拥有了一生中最大的遗憾和感激。最大的遗憾是先生生前未能参加我的博士论文答辩，未能分享关门弟子终获博士学位的喜悦；最大的感激就是先生去世后，时任北京师范大学研究生院院长的顾明远先生在认真阅读我的博士论文之后，主动提出做我的导师，代替陈先生承担组织答辩等导师之责，并睿智地提出论文修改建议。在顾先生的全力支持之下，于先生去世一个月后，我正式进行博士学位论文答辩，最终答辩委员会全票通过我的博士论文。

今年（2019年），我已经进入耳顺之年，回顾与先生相处的往事，我十分感慨，深感自己很幸运，能在学术与人生的关键时刻，遇到先生这样的良师与好人，为我竖起学问与人生的标杆。虽然学生不才，难以达到先生期待的高度，但让我心安的是，在自己博士毕业之后的为学执教生涯中，我一直在努力做到以先生为范、继恩师之行。

史静寰，清华大学教育研究院教授。

原文曾收录于石中英、朱珊主编的《新中国教育学家肖像》，教育科学出版社2019年版。此次收录有删改。

03 /

毛礼锐

毛礼锐（1905—1992），字振吾，江西吉安人。1929年毕业于东南大学教育系，之后在英国伦敦皇家学院教育系、美国密歇根大学教育学院留学，1937年获教育学硕士学位后回国，先后任教于河南大学、四川教育学院、中山大学师范学院、重庆中央大学师范学院。1949年受聘为北京辅仁大学教育系教授。1952年全国高等学校院系调整后转任北京师范大学教育系，担任教育史教研室主任。改革开放后成为国内首批硕士生和博士生导师。先后出版《中国古代教育史》《古代中世纪世界教育史》等，主编《中国古代教育家评传》《中国教育史简编》《中国教育通史》等多部著作，发表论文数十篇，为中国教育史学科建设做出了卓越贡献。

毛礼锐先生二三事

/ 俞启定

1982年，我在硕士研究生毕业留校任教后不久，便有幸赶上北京师范大学教育系首次招收博士研究生，并被毛先生纳入门下。其实早在我还是高中生时，因同班同学毛祖桓是先生的嫡孙，曾数次到先生家玩耍，先生给我的印象总是那么和蔼慈祥，教授的风度及宅邸的书香气也令我景仰，不免妄念今后如果能到大学当个老师那真不错！"文化大革命"爆发后，先生受到冲击，生活条件大为下降，但始终恬然处之，手不释卷。我后来也就"上山下乡"去了，做梦也没想到十多年后能圆了当大学老师之梦，还成为先生的开门弟子。近四年的学习生涯中，我深受先生无际教诲，顺利完成学业，并能在教育史乃至教育学一级学科占有国内第一个博士的位置，全是托先生之福啊。

"祖师母"

先生出身书香门第，先生的夫人也是大家闺秀，数十年来做"全职太太"精心理家，将家室料理得井井有条，生活井然有序。先生的夫人对先生的衣食住行各个方面更是照顾得无微不至，先生能在学术上成就斐然，夫人当有首要功绩。她对先生的学生也是和蔼可亲，视同晚辈一样呵护，深受我等爱戴。只是有一个"尴尬"之处，照理说我们应该称她为"师母"，然而先生与她的嫡孙毛祖桓恰恰又是与我同龄且为同学，至于师弟们那就年龄相差颇多了，我们总不能高出他一个辈分吧？师弟程方平脑子灵巧，想出一个办法：就叫"祖师母"吧！虽说有点不伦不类，但是问题算是解决了。不过后来一想似乎也不必有此顾虑，师门的辈分与家族的辈分本来就不是一回事，孔子的弟子中就有颜路、颜回父子，曾点、曾参父子等，不也是师兄弟加

毛礼锐与本文作者（左）在曲阜孔庙合影

父子兵吗？感慨的是先生如此高龄，还在诲人不倦，实当景仰。

"学生兼食客"

记得第一次去导师家，我汇报完学业后欲起身告辞，先生说，到中午了，就留下吃饭吧。当时我还不太好意思，但厨房里饭菜飘香，难抵诱惑。那时我等经济条件尚不宽裕，食堂的伙食又很差，回想起来先生家的四菜一汤可比现在饭馆的美味多了。吃顺了嘴以后，也就时不时在先生家里打"牙祭"。先生风趣地说："（子曰）'有事，弟子服其劳，有酒食，先生馔。'前一条你们做得不错，后一条我们共享，只是没有酒。"据系里的老教师说，先生一直是这样款待学生和年轻教师的，而且还可以利用吃饭的时间更加无拘束地交流学术。我印象较深的是一次吃饭时，先生问道："你知道'食色性也'是谁说的？"我不假思索地

回答是孟子。先生淡淡地说："回去查查出处。"我查阅后才发现，出处固然是在《孟子》一书中，但却是告子说的，是他的性本自然、无善恶之分观点的例证。我深感自己读书粗糙，特别是想当然，这是做学问的大忌。下次见先生时，我诚恳做了检讨，先生又问"学而优则仕"是谁说的，这又是一个坑，不过我倒是回答正确了。在先生家蹭饭，不仅口舌之欲得以满足，在知识积累、治学态度和方法等诸方面也获益甚多。

时雨化之

毛礼锐先生与陈景磐先生是"文化大革命"之后教育史专业当时仍健在的两位老先生，两位先生都品格正直，言行庄重，学术造诣深厚，工作兢兢业业，教学一丝不苟，但性格则有较大差异。陈先生性格相对外向，对学生无论是指教还是表扬、批评都

直截了当，精准明确，常使人有醍醐灌顶之感。而毛先生性格相对内敛，待人更为随和，几乎不指责训诫，对待学生意见甚至很少表示否定或不同意，学生们都对先生有高度的亲近感，在绝对敬重的前提下也敢于畅所欲言。但是，先生对学生绝非放任自流，他更重视学生的自悟，启发多于教诲，重心也是放在让学生自己去发现问题和研究解决问题上。广泛阅读和充分积累资料是先生最为重视的，他认为阅读书籍要"博"，而且不能仅限于本专业，历史的、哲学的、教育学的相关论著都要有所涉猎；研究领域的积累上更要"详"，要尽其所能地将相关资料全盘掌握。

我攻读博士学位时，很注重青当出于蓝，即学位论文中的研究课题应该尽量与导师的研究专长相配应，以便更好地获取导师的指导，也有师门学术继承延展的意义，于是确定研究

领域为汉代教育。按照先秦儒学—汉代经学—宋明理学的传统说法，我打算研究汉代经学教育，先生并未立即表态，只是说研究经学教育需要经学及经学史方面的功底，让我先阅读有关专著。我按照指点，浏览了马宗霍、皮锡瑞的《经学通论》和唐晏的《两汉三国学案》等经学史的相关论著，也翻阅了多部经典注疏，才悟到其渊博深奥，感到确实有些自不量力了。先生方微笑点头认同，又指出汉代教育的动因是独尊儒术，可否以此为重心？于是"独尊儒术"成为我博士论文研究的主题，最终论文题目确定为《独尊儒术与汉代教育》，经学方面的学习积累也成为论文的重要支撑部分，体现了儒家经学支配汉代教育的主题，也构成此后整个封建时代教育的基本特色。将近四年攻读博士学位期间，我深感毛先生的教益颇如时雨化之，润物无声，又如涓涓细流，虽烙印不深，但也确实感恩先生的培育功效。

游学求师

毛先生深厚的学术造诣与他广泛的求学及执教经历是分不开的。他从早年的工科方向转向教育学领域后，曾师从陶行知、陈鹤琴、孟宪承、廖世承、陆志伟等教育名家，留学英国伦敦皇家学院、美国密歇根大学教育学院，回国后在多地多所大学执教。他也特别提倡学生广泛求师请教，除了经常向本校教师学习之外，还鼓励我们多请校外专家赐教。"读千卷书，行万里路"是他时常提及的话。1983年我刚入学不久，先生就带我去山东参加首届全国孔子学术研讨会，除引导我在会上向各位前辈学习之外，先生还带我专程去他的老友曲阜师范大学陶愚川先生家中做客，陶先生是有名的"怪教授"，功底深厚，思路新奇，当时正在开辟中国教育史比较研究的新领域。听二位先生切磋学艺，且风格迥异，我真是大受启迪，颇开眼界。

早期的博士生有访学的专项经费，可以在国内寻师求教。先生因身体条件无法再带我外出奔波，就根据我博士学习期间的研究领域，悉心帮我选定访学对象，并分别致电对方，为我铺好访学之路。我按计划依次访学西安、开封、上海、福州、厦门、广州和沈阳等地的高校和研究所，拜会了当时健在的几乎所有教育史名家，以及邱汉生、林剑鸣等声望卓著的秦汉史、思想史大师，积累了大量资料，获得了多方宝贵教益。虽然只能按学生标准坐硬座车、住廉价招待所乃至学生宿舍，颇为辛劳，但收获极大。这不仅为我的论文写作奠定了坚实基础，也为我后来着力撰写秦汉教育史的专著积累了丰富的史料，对前人研究成果也有了一个充分的把握。

俞启定，北京师范大学教育学部教授。
原文曾收录于石中英、朱珊主编的《新中国教育学家肖像》，教育科学出版社2019年版。此次收录有删改。

04 /

王焕勋

王焕勋（1907—1994），河北定县（今定州市）人。1935年毕业于北京大学教育系，历任晋察冀边区二专区督学，冀晋行署教育厅督学、秘书，中宣部教育研究室研究员，中国人民大学教育学教研室主任，北京师范大学教育系教授兼教育学教研室主任，《光明日报》的教育副刊——《教育研究》主编，第一届国务院学位委员会教育学学科评议组成员。其撰写的《教育学讲稿》是新中国成立后最早的教育学教材之一，著有《论新中国的道德教育》一书，主编了《马克思教育思想研究》一书，译著有《苏联的工业和教育》。

怀念恩师王焕勋先生

/ 劳凯声

　　人生之路是需要路标，需要指引的。我的学术生涯的一大幸事是大学刚毕业就来到王焕勋先生身边，做他的科研助手。从此恭陪先生左右，耳濡目染，感受先生温良恭谨的人格和宁静致远的胸怀，学习先生认真负责的工作精神和一丝不苟的学术态度。可以说先生的言传身教是我受用不尽的一笔精神财富。

　　记得刚到王先生身边，先生交给我的第一件工作就是做卡片。先生拿出一沓空白卡片，很婉转地对我说，自己年纪大了，眼神不好，让我选择一些好书、好文章做成卡片给他，他再从中筛选，进行阅读。卡片每天至少做一张，一个月下来就累积30余张。那时的学术文献不同于现在，还远未达到今天这样的数字化水平，一般的学术文献并无摘要和关键词，因此做卡片是偷不得懒的，必须首先把全文仔细地阅读一遍，然后在卡片上写出摘要。先生在看完我所做的卡片后，

经常会就其中他认为重要的文献与我做进一步的讨论，帮助我加深对这些文献资料的理解。现在想来，先生真是用心良苦，以这样一种方式，督促我认真读书。那几年我在先生的指引下读了许多书，为以后的学术工作打下了丰厚的基础，甚至受益终身。

　　1985年，王先生主持了"六五"国家哲学社会科学重点项目"马克思教育思想研究"，这是先生晚年所做的最重要的一件事。该课题组的成员有黄济、王策三、孙喜亭、成有信、靳希斌等人，我也忝列其中。我深知，以我的学识和能力，是不可能胜任如此重要的学术研究工作的，这是先生对我的提携，是一次难得的学习机会。先生给这一课题规定的基本任务是正本清源，即从理论上解决教育思想中一系列长期混乱不清、是非颠倒的问题，这在"文化大革命"刚刚结束的那个时代是一件非常严肃、非常艰巨的事情，也是需要极大勇气和智慧才能完成的事情。

在参与课题研究的全过程中，王先生对我进行了极其严格的学术训练。先生要求我认真通读马克思的著作并为此赠送我一套《马克思恩格斯全集》。他经常教导我读书贵在理解，即对理论观点要清楚、准确地加以领会和解释，如果理解有问题、出偏差，就可能失之毫厘、谬以千里。王先生自己在阅读马克思的著作时就始终抱持这一严谨、科学的态度。记得他在阅读马克思的《临时中央委员会就若干问题给代表的指示》一文时，曾多次与我讨论学术界长期存在的对其中某些观点的意见之间的分歧，并在悉心对照译文和原文的基础上找出造成这一分歧的症结所在，最后对译文提出了修改意见。写到这儿，我又找出了王先生为这一问题所写的《如何理解马克思关于教育的论述》一文。在该文的结尾处，王先生这样写道："马克思主义要发展，马克思主义的教育理论也需要发展。但发展的前提是理解正确，加强这方面的研究和探讨是很必要的。"文字无声，魅力自在，文中处处显现的严谨认真的学术精神和追求真理的科学态度，仍可惠及后人。

1986年，我考取了王先生的博士研究生，成为先生的关门弟子。更为幸运的是，除王先生外，我的导师还有黄济先生。得以师从两位先生，并借助于两位先生的名望而能经常求教于王先生周围一批造诣很深的学者，如王策三先生、孙喜亭先生、成有信先生等，这是他人所不能及的。我们这一代人可以说是生不逢时，求学期间偏逢"文化大革命"，经历了"上山下乡"运动。我在农村待了九年之后才得以跨入大学校门，此时已年近三十，错过了最好的学习时机。如无王先生引路，如无这样一种学习环境的熏陶，如无这么多老师的帮助，我是绝无可能取得任何成绩的。饮水思源，让我再一次领会师恩难报。

王先生早年求学于北京大学，大学毕业

即投身抗日救亡运动，1938年赴延安，进陕北公学学习；1939年到华北联合大学任教；1943—1947年曾从事边区教育的领导工作；1947年任中共中央宣传部教育研究室研究员；1949年任教于华北大学二部教育系；1950年任中国人民大学教育系主任兼教育研究室主任；1952年任北京师范大学教授、教育学教研室主任，其间还曾兼任北京师范大学第一附属中学的校长。可以说王先生的一生兼有学者和革命者的双重生活经历，他身上集中了老教授和老干部的优点，既宽厚善良，又不失原则；既有浓浓的书卷气，又不失凛然正气；既具古色古香之雅韵，又含新世新意之美质。因之，先生于我而言，不仅是业师，而且是我做人的楷模。其影响之深，乃至我至今在许多人与事的处理上还会以先生为准绳，去判断是非，决定取舍。

老子云："死而不亡者寿。"先生辞世多年，他的音容笑貌宛然还在目前，他留下的精神遗产仍在激励后人，这种精神是不死的。心香一瓣，感念恩师曾经赠予的一切。

劳凯声，首都师范大学资深教授。

原文曾收录于石中英、朱珊主编的《新中国教育学家肖像》，教育科学出版社2019年版。此次收录有删改。

05/

朱智贤

朱智贤（1908—1991），字伯愚，江苏赣榆县（今赣榆区）人。心理学家、教育家。1934年中央大学毕业，后留学日本。曾任厦门集美师范学校研究部主任、桂林江苏教育学院和四川教育学院教授，香港达德学院教务长。新中国成立后，任人民教育出版社副总编辑、北京师范大学教授兼儿童心理研究所所长。曾任中国教育学会副会长、中国心理学会常务理事等职。主要著作有《儿童心理学》和主编《心理学大词典》等。2002年，北京师范大学出版社出版《朱智贤全集》（共6卷）。

论朱智贤心理学思想

/　林崇德

今年（1988年）9月1日，是我国著名心理学家、教育家朱智贤教授从事教育工作60周年，12月31日是他80寿辰。

作为在他身边工作的学生，我已收到了不少心理学界、教育界的同行的来信，询问如何开展庆祝活动。我觉得，庆祝活动固然要搞，但更要紧的是应该对朱智贤教授的心理学思想开展一些必要的讨论。

记得1982年10月，杭州大学前校长陈立教授收到朱智贤教授（以下简称朱老）的《儿童发展心理学问题》一书后，给朱老来了一封热情洋溢的回信，信中有这么一段话：

"新中国成立后，心理学界能就一方面的问题，成一家之言者，实所少见。老兄苦心深思，用力之勤，卓著硕果，可谓独树一帜。"

自那时在朱老处看了陈老的信以来，我一直在思考着这么一个问题：什么是朱老"独树一帜"创新的心理学思想？

从1983年起，朱老领导国内上百位心理学家承担了跨"六五""七五"规划的国家重点科研项目"中国儿童心理发展特点与教育"（这也是"六五"规划期间在国家重点科研项目中唯一的心理学课题）。在共同的科研工作中，不少心理学家向我提过建议："朱老的心理学思想，构成一个独特的学术观点，我们应当建立自己的学派。"我翻阅了字典，没有找到"学派"一词的确切定义。但通过近年来与朱老合著《儿童心理学史》一书，从国外不同学派的形成和发展的过程中，我认识到，学派者，是指同一学科中由于学说、观点不同而形成的派别。这又使我回想起陈老的"独树一帜"的评价，自然而然地使我思索着朱老与众不同的心理学的主张和见解。

任何一种学术思想、观点、学说的形成都有一个发展的过程，朱老的心理学思想亦是如此。为了说明白这个问题，我将从三个方面来加以分析和论述。

朱智贤的生平

1908年12月31日，朱老出生在江苏省赣榆县城内一个城市贫民家庭，是一位毕生的奋斗者。小学毕业后，他考上江苏省立第八师范学校。在那里，他开始接触儿童心理学和儿童教育学科。学习两年后，他开始写儿童读物，在当时的《小朋友》《儿童世界》《少年杂志》上发表。他从自己上学的亲身经历中，深感贫苦人家的孩子上学的艰难。因此，在师范学校毕业的前一年，他和几个志同道合的同学一起，热心地为学校附近街道的失学儿童办学，并试行了当时流行的"设计教学法"。教学实践使他获得了一些感性的知识，再加上读了一些外国教育家的著作，他把自己的兴趣逐渐集中到研究儿童教育上面。他发表了一些儿童心理和教育论文。师范学校毕业前，他写成一本有关小学儿童教学方法的书，在商务印书馆出版。1928年暑

假，朱老毕业后，学校把他留了下来，在母校的附属小学任教。小学的教育实践为他深入研究儿童心理学和儿童教育打下了必不可少的感性基础。他继续广泛地涉猎各方面有关儿童教育的材料。他自己试编过语言教材，试行儿童自治教育。他写作了一些有关儿童教育的文章和书，先后出版了《儿童诗歌集》、《儿童谜语集》、《儿童自治概论》（中华书局出版）、《小学课程研究》（商务印书馆出版）等书。

1930年，朱老被保送进南京中央大学教育系学习。教育系有一批著名的教育学和心理学的教授，如陈鹤琴、孟宪承、艾伟等。在那里，他跟随这些著名教授们学习，也接触了辩证唯物主义，其中李浩吾（即杨贤江）用马克思主义观点写的《新教育大纲》，对他影响很深。在大学期间，他发表过多种论著，如《儿童教养之实际》（开华书局出版）、《小学学生出席与缺席问题》（商务印书馆出版）、

《教育研究法》（正中书局出版）等。其中《教育研究法》被许多大学的教育系列为教学参考书。

大学毕业后，朱老任厦门集美师范研究部主任兼心理学和教育学教师，主编《初等教育界》和《儿童导师》两种儿童教育刊物。后来到山东济南担任省立民众教育馆编辑部主任，主编《民众教育月刊》和《小学与社会》两种刊物。

1936年春，他到日本留学，进了日本东京帝国大学文学部大学院，在教育学研究室做研究员。在日本他写了不少科学论文，翻译了野上俊夫的《青年心理与教育》一书（商务印书馆出版）。在日本期间，他接触马克思主义的著作，学习了《资本论》，从此，他也开始运用辩证唯物主义的观点、方法去分析一些社会现象，成为一位马克思主义者。与此同时，朱老是一位爱国主义者，抗日战争全面爆发后，他毅然回国参加救亡工作。抗战

期间，他先后任江苏教育学院、四川教育学院、中山大学教授，讲授教育学、教育心理学、儿童心理学等课程。这时期的作品有《心理学漫话》（乐群书店出版）、《青年心理学》（文化供应社出版）等。那时期他所撰写的论文，已试图用辩证唯物主义观点作为指导思想。1947年夏，由党组织安排，他到香港任达德学院教授兼教务长，中业学院院长。

1949年3月，应中国共产党的邀请，朱老同各方面人士一起由香港经天津到北平（今北京），受到周恩来副主席的亲切接待并受命参加"中华全国教育工作者协会"的筹备工作。不久，朱老即到华北人民政府教育部教科书编审委员会任委员兼教育组长，为当时出版心理学和教育学教材及参考书做了很多工作。1949年10月，朱老任出版总署编审局处长，后成立人民教育出版社，他担任副总编辑。

1951年起，他任北京师范大学教授，讲授普通心理学和儿童心理学，接着又担任儿童

心理教研室主任，得以专力从事儿童心理学的教学和研究工作，并兼任《心理学报》编委、《心理学译报》副主编。1956年，他参加制定我国科学技术发展远景规划工作，受到毛主席等党和国家领导人的接见并留影。1959年夏天，各地报刊重新恢复了心理学领域中百家争鸣的讨论；1960年，北京师范大学成立心理学专业，开始招生；1961年，教育部为心理学恢复了名誉。紧接着在全国高等学校教材的编写会议上，会议主持人点名要朱老编写一部《儿童心理学》。朱老的《儿童心理学》是"文化大革命"前唯一一部完整版的心理学教材，由人民教育出版社于1962年出版，1979年修订，系综合大学、高等师范院校教科书，在这部著作中，他全面地阐明了他的儿童心理学、心理学的思想。该书曾受到国内外学者的高度评价，它对培养我国儿童心理学、心理学专业人才和开展科学研究工作具有重要的意义（1987年该书被评为"全国高校优秀教材"）。20世纪60年代初，朱老在儿童思维和语言发展方面做了大量的研究工作，如《儿童掌握让步连接词的年龄特点》《儿童左右概念发展的实验研究》等，并指导他的学生对儿童社会概念发展做了系统的研究。

1978年，心理学重新获得平反，他已是70岁的老人了。北京师范大学建立心理系后，他担任系学术委员会主任兼系副主任。1981年春，他应邀参加美国儿童发展会议，在耶鲁大学等心理系做了他的儿童心理发展观的报告，并参观了九所大学的心理学系和儿童发展研究中心。由于学术团体恢复活动，1978年起他继续任中国心理学会常务理事，1979年中国教育学会成立，他当选副会长。1978—1981年，他主持中国心理学会发展—教育心理学专业委员会的工作，1984年，全国儿童—教育心理学研究会成立，他当选为理事长。此外。他还兼任北京师范大学学术委员会副主任，中国科学院心理研究所学术委员，《心理发展与教育》杂志的主编和北京心理学会等十几个学术团体或单位的顾问。

此后十余年，他不顾年迈体弱，一心扑在儿童心理学和教育事业上。他撰写了20多篇论文和研究报告；和林巧稚、叶恭绍等共同主编《家庭育儿百科全书》，获得全国优秀科技图书二等奖（1982）；出版了《思维发展心理学》（与林崇德合著，1986）、《儿童心理学史》（与林崇德合著，1988），这两部著作均被国家教委（现为教育部）列为高校教材；他领衔主编我国第一部大型综合性心理学工具书《心理学词典》，也被列为国家级"七五"规划的重点科研项目。这部词典经过心理学家们三年努力编纂完成。全书有14分卷，18个心理学分支，约1万个条目，500万字。由200多位心理学工作者撰稿，其中有一批在国内外享有声望的心理学家担任分卷主编，该书被评为北京市哲学社会科学优秀成果特等奖。

朱老一生追求进步。他在日本留学时接受马克思主义，1937年抗日战争全面爆发后，他放弃攻读学位，返回祖国。抗战期间，在桂林与一些地下党员和进步人士从事革命活动，1941年被学校解聘。1946—1947年，他在中山大学工作时，由于支持和参加学生的进步活动，再次被解聘，且处境危险，旋去香港。在地下党组织安排下，在达德学院工作，并提出了入党要求。1948年年底，香港当局封闭了达德学院，他在党的关怀和邀请下到达北京。新中国成立后，他积极为中国心理学的建设而奋斗，他坚持真理，相信组织。1979年他在71岁的那年，终于加入中国共产党。他正在和时间赛跑，继续着自己的追求，"以垂暮之年为党的事业再立新功"。他要让自己的晚年，为党、为祖国的"四化"建设，为我国的心理学事业和教育事业发射出更多的光和热。

朱智贤心理学思想正是在上述他的经历中，特别是他的学术经历中形成的。

朱智贤的心理学思想

朱老有其独特的儿童心理学、心理学的思想和观点，主要表现在以下四个方面。

一、用辩证唯物主义的观点探讨了儿童心理发展中关于先天与后天的关系，内因与外因的关系，教育与发展的关系，年龄特征与个别特点的关系等一系列重大理论问题

（一）先天与后天的关系

人的心理发展是由先天遗传决定的，还是由后天环境、教育决定的？这在心理学界争论已久，在教育界及人们心目中也有不同的看法。20世纪20年代，这个问题曾引得国际心理学界展开了一场激烈的论战。由于这场论战在不分胜负的情况下不了了之，于是此后大部分心理学家就按遗传和环境"二因素"作用观点来解剖心理发展的问题。这个平静状态大约保持了25年，然而这个争论又由于詹森（A. Jensen）在1969年发表关于种族的智力差异观察，强调遗传决定而重新挑起，使已经保持了四分之一世纪休战状态的"遗传—环境"的争论，再一次成为发展心理学家考虑的主要课题。朱老从50年代末开始，一直坚持先天来自后天、后天决定先天的辩证唯物主义观点。他承认先天因素在心理发展中的作用，不论是遗传素质还是生理成熟，它们都是儿童与青少年乃至人类心理发展的生物前提，提供了这种发展的可能性；而环境和教育则将这种可能性变成现实性，决定着心理发展的方向和内容。朱老不仅提出这个理论观点，而且坚持开展这方面的实验研究。我对双生子的智力、性格的心理学研究，正是朱老指导的结果，我的研究材料，完全证实了朱老的理论观点。

（二）内因和外因的关系

环境和教育不是像行为主义所说的那样机

械地决定人的心理的发展，而是通过人的心理发展的内部矛盾而起作用。朱老认为，这个内部矛盾是人们在实践、活动中，通过主客体的交互作用而形成的新需要与原有水平的矛盾。这个矛盾是人的心理发展的动力。有关内部矛盾的具体提法，国内外心理学界众说纷纭，国内就有十几种之多。但目前国内大多数心理学家都同意朱老的提法。这是因为他在提出的内部矛盾中揭示了这个问题的实质。他初步解决了"需要"理论、个性意识倾向理论、心理结构（原有水平）理论等一系列的理论问题，同时也涉及儿童与青少年学习积极性、能力发展、品德发展等一系列的实际问题。在发展理论研究上，皮亚杰（J. Piaget）曾列举了心理学史上的各种代表性的观点：一是只讲外因不讲发展的，如英国的罗素（B. Russell）；二是只讲内因不讲发展的，如维也纳学派彪勒（K. Bühler & C. Bühler）；三是只讲内因、外因作用而不讲

发展的，如格式塔学派；四是既讲外因又讲发展的，如联想心理学派；五是既讲内因又讲发展的，如美国桑代克（E. L. Thorndike）的尝试错误学说。皮亚杰则认为他是既讲内因、外因作用又讲发展的。当然，皮亚杰无疑是一大进步。在这个问题上，朱老不仅提出了内外因交互作用的发展观，而且提出了心理发展中内因与外因的具体内容，在这个意义上说，应该是进步，是开拓。

（三）教育与发展的关系

儿童与青少年心理如何发展，向哪儿发展？朱老认为，这不是由外因机械决定的，也不是由内因孤立决定的，而是由适合于内因的一定外因决定的，也就是说，儿童与青少年的心理发展主要是由适合于他们心理内因的那些教育条件来决定的。从学习到心理发展，儿童与青少年心理要经过一系列的量变和质变的过程。他还提出了一个表达方式：

在教育与发展的关系中，如何发挥教育的主导作用？这涉及教育要求的准度问题。朱老提出，只有那种高于儿童与青少年的原有水平，经过他们主观努力后又能达到的要求，才是最适合的要求。如果苏联维列鲁"文化历史发展"学派提出的"最近发展区"是阐述心理发展的潜力的话，那么朱老的观点则指明了挖掘这种潜力的途径。

（四）年龄特征与个别特点的关系

朱老还强调，在西方心理学进入中国之前，中国早已经有心理学的思想。朱老充分肯定孔子对人的年龄特征与个别特点关系的思想，并指出儿童与青少年心理发展的质的变化，就表现出年龄特征来。心理发展的年龄特征，不仅有稳定性，而且有可变性。在同一年龄阶段中，既有本质的、一般的、典型的特点，又有人与人之间的差异性，即个别特点。

当然，对上述四个问题的分析和阐述，在中外发展心理学史上有过不少，但像上述那样统一地、系统地、辩证地提出，这还是第一次。因此，正如有人所指出的："它为建立中国科学的发展心理学奠定了基础。"（《中国现代教育家传》第3卷，第316页，湖南教育出版社，1986年版。）

二、强调用系统的观点研究心理学

朱老经常说，认知心理学强调儿童认知发展的研究，精神分析学派强调儿童情绪发展的研究，行为主义强调儿童行为发展的研究，我们则要强调儿童心理整体发展的研究。

早在20世纪60年代初，他在发表的《有关儿童心理年龄特征的几个问题》（《人民日报》1962年3月13日）一文中，首次提出系统地、整体地、全面地研究儿童心理的发展。他反对柏曼（Belman）单纯地以生理发展作为年龄特征的划分标准，反对施太伦（W. Stern）以种系演化作为年龄特征的划分标准，反对皮亚杰以智力或思维发展作为年龄特征的划分标准。他提出在划分儿童心理发展阶段时，主要应该考虑两个方面：一是内部矛盾或特殊矛盾；二是既要看到全面（整体），又要看到重点。这个全面或整体的范围是什么？他认为应包括两个主要部分和四个有关方面。两个主要部分是：认识过程（智力活动）和个性品质；四个有关方面是：心理发展的社会条件和教育条件，生理的发展，动作和活动的发展，言语的发展。朱老的观点在当时被我国心理学界广泛地引用，不少心理学家在此基础上写了论文，加以发挥和阐述。

"文化大革命"之后，朱老主张心理学家要学好辩证唯物主义的"普遍联系"和"不断发展"的观点及系统科学（包括所说的"三论"——系统论、控制论、信息论和"新三论"——耗散结构论、协同论、突变论）的理论。他在一篇题为《心理学的方法论问题》（《北京师范大学学报》，1987年第1期）的论文中，反复阐明整体研究的重要性。其主要观点有：

第一，要将心理作为一个开放的自组织系统来研究。他指出，人以及人的心理都是一个开放的系统，是在主体和客体相互作用下的自动控制系统。为此，在心理学，特别在研究心理发展时，要研究心理与环境（自然的、社会的，尤其是后者）的关系；要研究心理内在的结构，即各子系统的特点；要研究心理与行为的关系；要研究心理活动的组织形式。

第二，系统地分析各种心理发展的研究类

型。在对儿童与青少年心理进行具体研究之前，常常由于研究的时间、被试、研究人员以及研究装备等条件的不同，而有不同的研究类型。因此，在研究中应该系统地分析纵向研究与横断研究，个案研究与成组研究，常规研究与现代科学技术相结合的现代化研究，等等。

第三，系统处理结果。心理既有质的规定性，又有量的规定性。心理的质与量是统一的。因此，对心理发展的研究结果，既要进行定性分析，又要进行定量分析，把二者有机结合起来。

朱老自己主要是研究儿童与青少年思维的，但他却十分重视非智力因素在儿童思维中的地位和作用。他曾指出，对于人的思维来说，非智力因素起三个明显的作用：一是动力作用；二是定型（习惯）作用；三是补偿作用。在他的指导下，他的不少研究生选择了这个课题的研究，将智力和非智力因素做

系统的处理。朱老所主持的国家重点研究项目"中国儿童心理发展特点与教育"就是一项综合性儿童心理发展的系统工程，系统而全面地研究了中国儿童与青少年心理发展的正常值。

三、提出坚持在教育实践中研究具有中国特色的儿童心理学与教育心理学

朱老曾多次富有感情地说："当我们翻开美国儿童心理学与教育心理学，除了引用瑞士心理学家皮亚杰的理论之外，几乎全部是美国自己的研究材料，当我们打开苏联的儿童心理学与教育心理学，书中有一种强烈的俄罗斯民族自豪感，使我们觉得是在'挑战'，似乎唯有他们的研究材料才是最科学的；然而当我们看一下自己的儿童心理学与教育心理学，简直令人惭愧。我们有的研究报告，从设计到结果，几乎全是模仿外国

的。如此下去，哪天才能建立起我们自己的儿童心理学与教育心理学。中国的儿童与青少年及其在教育中的种种心理现象有自己的特点，这些特点，表现在教育实践中，需要我们深入下去研究。"在一定意义上，朱老是心理学研究中国化的发起人。

他指出，坚持在实践中，特别是在教育实践中研究儿童心理学与教育心理学，这是我国心理学前进道路上的主要方向。他反对脱离实际地为研究而研究的风气，主张研究我国儿童从出生到成熟的心理发展特点及其规律。他说：中国儿童与青少年，与外国的儿童与青少年有共同的心理特点，即存在着普遍性；又具有其不同的特点，即有其特殊性，这是更重要的。只有我们拿出中国儿童与青少年心理发展的特点来，才能在国际心理学界有发言权。因此，他致力于领导着"中国儿童心理发展特点与教育"的课题，迎着重重困难，一项一项地突破，填补了许多空

白。他主张将儿童心理学与教育心理学的基础理论与应用结合起来研究，也就是说，他不仅提倡在教育实践中研究儿童心理学与教育心理学，而且主张在教育实践中培养儿童与青少年的智力和个性。他积极建议搞实验教育与教学。我在他的支持下，自1978年开始，开展了"中、小学生能力发展与培养"的研究，从一个实验班开始，最后发展到全国24个省（自治区、市）3000多个实验点，并列为国家教委"七五"规划期间的重点科研项目。这样就使心理学的基础理论的研究和应用研究在教育实践中获得了统一。

"量表"是心理学测量的有效工具和手段。但朱老反对将智力测验绝对化，同时主张在研究中应有适合中国国情的各种量表，在他的指导与支持下，我们一直把思维品质作为测定个体思维水平的基础，并着手围绕思维品质制定语言（听、说、读、写）能力与数学（运算、空间、逻辑思维）能力的量表，

朱老指示我们，要深入实际，搞出中小学教师信服的量表来，一旦被大家公认了，就叫它为"北京师范大学智力量表"。

四、主张组织各方面的人才，融合多学科的知识，来共同研究心理学

朱老赞赏皮亚杰的"国际发生认识论研究中心"，认为皮亚杰的杰出贡献给予人们一个启示：今天在科学技术突飞猛进的时代，如果要使儿童心理学与教育心理学有所突破，有所前进，光靠心理学家自身工作是不够的，应该组织交叉学科的人才来共同研究心理学。但他指出，在目前的条件下，集合各类专家来研究心理，是有一定困难的，可是有两个方面是可以做到的，一是组织与心理学有关的多学科专家来研究，例如组织与儿童心理学有关的专家，共同探讨儿童身心发展的问题，在他担任中国儿童发展中心（CDCC）的专家委员时，他积极主张儿童心理学家和其他专家共同探索儿童身心健康监测等课题。二是心理学专业招收研究生时，适当招收学习其他学科（数学、医学、语言、生物、电子计算机和教育等）对心理学感兴趣的本科生。他指出，心理学的研究队伍应该是一个相当复杂的科学家组织，应该是具备文理知识、既懂理论又会动手的研究集体，把心理学作为一门边缘科学来研究，这是实现我国心理学现代化的一项重要的战略措施。

同时，朱老也认为，融合多学科交叉研究心理学，并不排斥一个单位或一个学派有一个统一的学术思想，否则，很难开展步调一致的研究，更不能形成独立的心理学派。

几点感想

综上两个方面的分析，有以下三点是值得我们重视的。

一是朱老是坚持马克思主义哲学观辩证唯物主义的指导思想、坚持理论联系实际的研究方向、坚持洋为中用和古为今用方针政策的典范。他的心理学思想是他长期坚持上述根本研究原则的结果。

二是朱老在学术上有其独特的系统的主张和观点。

1. 这种主张和观点是在反对唯心主义和形而上学的一些心理学派基础上产生的，又从西方的和苏联的心理学中博采众长，广泛地吸收了营养，并且在他自己或他所领导的心理学、特别是儿童心理学与教育心理学的实验研究中加以提炼。

2. 这种主张和观点涉及心理学的研究对象、任务、心理发展的基本理论（或基本规律）、研究方法等一系列的重大理论和实践问题。

3. 这种主张和观点已在朱老自己或他所领衔的大量的论著中表达出来，自成体系、独树一帜，它不仅表现在基础理论上，而且运用这种理论作为指导，已获得一大批实验研究和应用研究的成果，且在国内（也逐步扩大到国外）教育界产生了很大的影响。

三是朱老的独特的心理学思想、观点、体系为我国的一个心理学派的建立奠定了基础。

作为中国心理学家，我们在国际上成百上千的心理学派面前，不能只是采取单纯引用、学习、借鉴的做法，我们应有志气，有能力建立有我们自己特色、风格的学派，且越多越好，这对繁荣我国心理学事业有好处。

朱老的"独树一帜"的心理学思想，说明了我国建立自己的心理学派、体系不是没有条件的。

为了繁荣和发展中国心理科学，我们应该建立自己的各种学派。

在朱老80大寿，从教60周年庆祝活动的前夕，我写了这篇小文，一是庆贺朱老为中国

的心理学和教育事业做出的贡献，二是希望
我国心理学界和教育界涌现出更多的像朱老
这样能就一方面问题成一家之言的专家。

林崇德，北京师范大学资深教授，中国心理学会前理事
长，中国著名心理学家、教育家。原文写于1988年，曾发
表于《心理发展与教育》1988年第3期。此次收录有删改。

06/

周廷儒

周廷儒（1909—1989），浙江省新登（今富阳）人。地理学家、地理学教育家、中国科学院院士。1933年毕业于中山大学。1946年留学美国，获加利福尼亚大学伯克利分校理学硕士。曾在西南联大、复旦大学、北京师范大学、清华大学任教，出任北京师范大学地理系主任多年。1980年当选为中国科学院学部委员（院士）；曾任中国地理学会副理事长。主要著作有《新疆地貌》（主编）《中国自然地理·古地理》《古地理学》等。

中国新生代古地理学研究的奠基人

/ 任森厚

周廷儒教授在近60年的教学、科研生涯中，治学严谨，工作勤奋，先后发表5部专著和60篇论文；他任北京师范大学地理系教授近40年，任系主任30余年，长期讲授基础课、专业课，并为研究生开设课程，所培养的博士、硕士、本科生、专科生、函授生遍及全国，其中已有许多人成为我国地理教学及科学研究的学术带头人。在促进我国地理学发展方面，他提出了中国地形大区划分的思想，重建了我国第三纪和第四纪的自然地带和自然区，为研究我国自然地理、人文地理奠定了基础。

师出名门

周廷儒1909年2月15日出生于浙江省新登县松溪镇一个贫苦的小商家庭，9岁丧父，靠年长的哥哥支撑一爿小商店，维持一家人的生活。小学毕业后，他为了减轻家庭负担，远离家乡到三四百里外的嘉兴教会中学读书，学习努力、成绩优良，以帮助教师批改低年级英语作业、试卷赚点钱交伙食费。这不仅解决了他暂时的经济困难，而且为他以后上大学（英语授课）、出国留学、从事科学研究打好了语言基础。

中学毕业后，周廷儒在本县中心小学教书，后来在政府中找了一个工作，由于不满当时国民政府中的贪污腐败，立志继续求学，学好本领，为祖国服务。这时正好中山大学地理系在浙江招生，在50多名考生中，只录取5名，周廷儒以优异的成绩入选。

中山大学地理系，当时聘请了不少外国教授讲学，有瑞士构造地质学家小海姆（A. Heim）、奥地利古生物学家克雷奇格拉夫（Karl Kreeji-Craf）、德国区域地理学家克雷德纳（Wilhelm Credner）、德国地貌学家卜沙（Wolfgang Panzer）等。国内著名地质学家朱庭祜、乐森玮等也常来兼课。周廷儒不仅在课堂上认真听讲学习，而且经常跟随老师从事野外实习、考察。大学四年学习中，他考察了广东、广西、云南等地，特别是南岭和华南沿海一带。1933年他写出《广州白云山地形》（英文）的论文，获得学士学位。

周廷儒大学毕业后，留系任卞沙教授的助教。卞沙是当时德国著名地貌学家，所著《地貌学》多次再版，还兼任《德国地形学》（*Zeitsehrift fur Geomorphologle*）杂志助理编辑。周廷儒认真向卞沙学习，特别从卞沙身上学到一套地貌野外考察的过硬本领，地貌学研究以后也成为周廷儒一生的重要研究方向。

抗日战争全面爆发后，周廷儒于1938年辗转至昆明，在西南联合大学地学系张席褆教授指导下，研究云南西部大理、宾川一带的地貌与地震，同时在西南联合大学史地系讲授普通自然地理学。1940年，完成研究论文《云南大理地区的地震与地貌的关系》。同年，中国地理研究所在重庆北碚成立。他应聘担任

助理研究员，1942年晋升为副研究员，同时又应复旦大学史地系之聘兼任副教授，主讲地貌学。在北碚地理所任职六年，他对四川嘉陵江流域与青海、甘肃一带国土、资源等方面做了实地考察研究，参与完成《嘉陵江流域地理考察报告》，对流域内的地貌发育等问题多所阐发。1942年后，他作为西北史地考察团成员，经由兰州，沿湟水谷地、青海湖至柴达木盆地，又穿越祁连山至河西走廊，多次出入于荒无人烟之地，收集了大量第一手资料，发表了《甘肃、青海地理考察纪要》及其他有关区域地理、地貌学等方面的论著。

1946年春，周廷儒去美国加利福尼亚大学伯克利分校留学深造。那里云集了国际地理界的精英，其中有文化景观学派的创始人、美籍德裔学者索尔（C. O. Sauer），美籍瑞典学者莱利等。索尔讲授文化地理、中美洲和南美洲地理课程，莱利讲授气候学等学位课程。周廷儒还选修了德语，后又选修了法

语，他每天除了听课，就是进图书馆，星期天和节假日都用在学习上。同时，在索尔教授指导下，撰写学位论文。他以在西北实地考察中收集来的祁连山、青海、甘肃河西走廊等地资料为基础，以索尔把人文地理与自然地理统一的观点，撰写出《祁连山和青海地区民族迁移的地理背景》的论文。他最先交论文。在论文答辩时，周廷儒一边讲述，索尔为他一边板书。索尔为周廷儒旁征博引法文、德文和日文的文献资料而惊叹。

论文通过后，周廷儒本想读博士学位，但索尔执意让他协助做研究工作。这时祖国大陆的解放已成定局，他听到很多方面的宣传和主张。广大爱国侨胞对中国共产党领导人民取得的伟大胜利欢欣鼓舞，很多留美学者都庆幸祖国的新生，愿把自己所学本领专长服务于新中国的建设事业。此时，他接到在国内工作的好友、北京师范大学地理系系主任黄国璋的聘请，于是他果断地做出决定，

克服重重困难，于1949年年底回到了祖国的首都北京。

1950年年初，周廷儒任北京师范大学地理系教授，并兼任中国科学院地理研究所研究员、清华大学地学系教授。1952—1983年，周廷儒任北京师范大学地理系系主任，长达30余年。1964年起历任中国地理学会第三届常务理事、第四届副理事长、第五届理事。1980年11月，他当选为中国科学院学部委员（院士），1981年被国务院学位委员会批准为博士生导师。

研究中国地貌学的先驱与奠基人

周廷儒最早发表地貌方面的论文为《广东经济地形之研究》（1933年），该论文是应用日本东木龙七《初等经济地形学》理论，并根据自己对广东地形的考察，提出广东省有六种地形面：三角洲面、丘陵地面、海岸平原

面、山麓扇形地面、山间谷底平坦面、山间谷壁倾斜面，每项地形面又列出各种经济面：生产面、居住面、交通面。这种地形划分对于地形为生活服务，进行经济区划具有一定的参考意义。他的学士论文《广州白云山地形》（1934年正式发表），是在导师卜沙直接指导下完成的，是我国研究华南花岗岩地区地貌最早的论文之一。1938年，他在《战干》（旬刊）上发表《抗战与地形》，根据中国地形特征，提出适宜进行游击战术的论点，与毛泽东当时提出的《论持久战》（1938年）不谋而合，并指出："幸有平型关之捷，予国民以极大之兴奋。"1940年后，他在中国地理研究所主要从事河流地貌发育过程的研究，发表了《离堆与离堆山考》（1941年）、《嘉陵江上游穿断山之举例》（1943年）等论文，通过解释嘉陵江河谷的发育历史以及河流域内现代地貌的特征与成因，阐明了准平原面上老年期河流在地块抬升过程中的"回春"规律。周廷儒创造的地貌学名词"离堆山"被同人认可，并被国家《自然科学名词·地理学》收入。

1956年，他与施雅风、陈述彭承担中华地理志中"中国地形区划"研究任务。他们穿越大别山、雪峰山、十万大山，实地勘察地形区划的一些重要分界线位置，探测广西桂林的喀斯特洞穴，研究了雷州半岛的火山熔岩以及肇庆羚羊峡谷的成因等。他们经过详细考察，完成了《中国地形区划草案》。在此文中，他们首次提出中国三大地形区的概念，至今为我国自然区划所沿用。他们还对中山、高山的划分标准，相对地势、山岳形态、水网密度等形态指标都有创新性见解。

同年，他参加规模宏大的中苏合作新疆综合考察工作，前后连续四年，每年春季出发，秋后返回。1956年考察北疆，从南坡登阿尔泰山，并两度穿越古尔班通古特沙漠；同时还考察了天山北麓的玛纳斯河流域。1957

年攀登天山，重点考察了伊犁谷地和大、小尤尔多斯盆地等水草资源丰富的山间谷地，并考察了吐鲁番、焉耆等盆地。1958年考察南天山与塔里木盆地，并率小组对塔里木河中游做了专门考察。1959年考察塔里木盆地南缘及昆仑山脉北坡地区。通过实地考察，他对新疆的地貌、自然地带分异规律，第三纪以来自然地理的演变等都有精辟的论述发表，并主编新疆综合考察队地貌考察组的主要研究成果《新疆地貌》（1978年）专著。

新疆地区的地貌发育受新构造运动、干旱区气候条件与沉积规律以及中生代以来的地质历史的影响，有它独特的规律。周廷儒综合各方面因素，对山地、山间盆地、山前地带的地貌，分别做了细致的分析，在干旱区的地貌研究方面做出了重要贡献。

由于新疆各山地、地貌和沉积物所显示的第四纪冰期规模和次数都互相存在差别，而且单从气候上难以解释，因此他根据各山地古夷平面发育特点及抬升高度参差不齐的情况，提出了关于新疆山地冰川发育过程的独特模式："由于新疆境内新第三纪构造分异，各山地隆起快慢不一，高度参差。如果第四纪冰期初期山地最占优势的均夷面抬升到降雪最多的高度范围内，集冰的面积最大……便会发生首次最大规模的冰川，当后来主要的均夷面上升超过了降雪最多带……下部降雪丰富带上山坡变陡，集冰机会减少……冰川作用规模自然减少。"

塔里木河中游河道动荡不定，经常发生变迁。他认为其原因除了泥沙沉积作用快，河床易于淤高，不能容纳洪汛时的流量，往往突破自然堤改变其流路外，另有两组矛盾势力使河道变动的规律更为复杂。天山山前带新构造运动使山麓洪冲倾斜平原隆起，可迫使塔里木河向南摆动；如果新构造运动暂时宁静，南部平原淤积和风积加厚……则河系又可向北迁徙。他根据最近河道变迁历史和航空照片判断，现阶段的塔里木河是由南向北变动的。

塔里木盆地中的罗布泊，现在已因湖水干涸而消失。但从20世纪初以来，它的"迁移"问题一直是国际地学界众说纷纭的对象。根据考察资料及卫星照片的分析，周廷儒认为：罗布泊在历史时期从来没有迁移到别处去过，只在盆地内部受到最新构造运动和水文变化的影响，表现出各个时期积水轮廓的变动，而并非"游移湖"。

用区域历史发展的观点研究中国自然地理学

周廷儒最早发表的自然地理方面的论著为《扬子江下游地景及其区分》（1936年）。该文用景观学观点对扬子江下游地区进行了自然区划，是用景观学说研究我国自然地理最早的论文之一。以后，特别是在20世纪50年代初期，他又致力于综合自然区划工作。20世纪60年代，他连续撰文阐明综合自然区划的原则、方法、目的等问题，并发表了中国综合自然区划方案、新疆综合自然区划方案等重要学术论文。这些区划方案的特色，在于强调必须考虑区域发展历史过程的观点，即在必须探讨主导因素所处的地位和作用的同时，要考虑到主导因素并不能作为区划的绝对标志……只有区域形成和发展的自然地理过程所产生的自然物体，才是客观的区划绝对标志。1963年，周廷儒发表了《中国自然区域分异规律和区划原则》，此文以沉积物和风化壳所反映的气候特征及生物化石群为依据，论述了早第三纪（现称古近纪）时期中国境内地带分异的规律。他认为由于古地中海的消失，欧亚大陆连成一片，导致了中国内陆大陆性气候加强，再加上大陆和太平洋的对比关系发生了变化，破坏了早第三纪行星风系的地带规律；又由于青藏大山原的隆起和东部地势相对下降，引起了南风急流的动力作用，从而改变了中国各处的气候条件，提出了以气候—构造作用为主导因素所划分的五大地域方案，即东部季风林地域、中部干草原地域、西部干荒漠地域、外部青川藏山原边缘高山地域及内部青藏山原寒荒漠地域。1983年，他发表了《中国第四纪古地理环境的分异》，再次从第四纪以来的自然地理演变，阐明了我国自然区域的分异规律。

这里要特别指出的是，上述周廷儒提出的从中国早第三纪的行星风系进入晚第三纪（现称新近纪）转变为季风风系的重要结论，是对我国古气候研究的重大贡献，它为东亚古季风的研究、我国及全球气候变化的研究奠定了理论基础。

开创自然地理学新生代古地理学研究

周廷儒通过长期实践，认为现代自然地理环境需要查明其发展历史，才能对其发展规律有深入的认识，并据以推测其未来的发展趋向。因此，他在20世纪60年代初提出了发展自然地理学的古地理研究方向。1962年，他在北京师范大学地理系开设古地理学课程，随后创建了古地理研究室，并曾多次率领全室人员到内蒙古凉城岱海盆地及晋北大同、阳高等地开展第四纪古地理研究工作。

“文化大革命”期间，周廷儒虽遭受冲击，但始终未放弃科学研究，仍孜孜以求，努力不懈。1972年，根据周恩来总理关于中国科学院应重视和加强基础理论研究的指示，中国科学院决定成立以竺可桢副院长为主任的《中国自然地理》编辑委员会，组织各方面专家教授从事此项编著工作。周廷儒受聘为编辑委员会委员，并承担《中国自然地理·古地理》分册的编写任务。从1973年起，他在艰难困境中，每天早出晚归，赴地质资料馆、中国科学院情报所等单位收集资料，前后历时四年，终于完成近40万字的专著。

1976年以后，北京师范大学地理系古地理研究室重新开展工作，周廷儒继续兼任研究室主任，先后创建了孢粉分析室、碳14实验室、微体古生物分析室、沉积岩矿实验室、地球化学实验室等。研究室以开展华北第四纪古地理和新疆塔里木盆地晚白垩——早第三纪古地理环境研究为重点。1982年，周廷儒以自己20世纪60年代所编古地理学教材为基础，并吸收70年代国际上的新成就，编著出版了《古地理学》。

周廷儒对古地理学的研究，开始于新疆地区。他对白垩纪以来新疆自然环境演变过程，特别是对新疆地区历史时期是否有日益变干的趋势问题，进行了认真的研究。他认为现今湮没在沙漠里的古城废墟，主要是因荒漠区河流改道引起的。数百年来，塔里木河分支上的河岸绿洲由于河道淤塞、河水断流而放弃耕地的例子比比皆是。其所以如此的主要原因是：山麓扇形地绿洲耕地面积不断扩大，灌溉用水日益增多，从而导致下游

河道缩短，胡杨树枯死，风沙侵占了旧日聚落。他特别指出新疆的自然干旱化趋势与人类活动所导致的环境退化密切相关，并对维护干旱地区结构脆弱的生态系统的迫切性以及对上下游农业开发必须取得协调发展等问题提请有关方面予以重视。

1980年，周廷儒虽已年逾七旬，仍登上黄山；1981年又登上庐山亲临实地，考察和探讨举世瞩目的中国东部第四纪冰川问题。他从环境整体协调的观点判断当时中国东部黄土带和亚热带如要发生山地冰川，必须是在高度3000米以上的山地。他还从冰蚀地貌与雪线地貌、真冰碛和假冰碛、网纹红土与古风化壳等的关系方面，对中国东部低山地区被认为广泛分布的"冰川遗迹"提出疑问。这一重要见解正在日益引起人们的重视和探讨。

对我国黄土的特征及其形成原因，他以综合的观点提出：黄土毋庸置疑是外生沉积物质，即应是被风吹扬起来的粉砂等均匀细

粒物质，但其形成为典型黄土，则不论其处于何种地貌部位上，必须具备黄土化的钙质环境（即草原环境）。典型黄土区外围，靠近荒漠带为砂黄土，靠近森林带为冲刷黏质黄土，而第四纪黄土草原位置的移动则可使黄土层中出现多旋回性的"埋藏土"。这一见解，曾在1982年的第十一届国际第四纪会议（莫斯科）上发表，引起与会学者的高度重视。

周廷儒在研究古地理学中，特别注意人类在长期生产劳动中对自然环境的影响以及劳动人民在改造自然中的巨大作用。他指出：在自发的和无组织的原始社会里或后来的阶级社会里，人们对自然界带有盲目性与破坏性。唯有在社会主义条件下，才有可能使自然获得根本的、有计划的合理改造，社会主义时代的科学实践在于认识自然环境的发生、发展和消亡的规律性，并据以纠正不合乎客观实际的计划和措施。

毕生从事地理教育　桃李满天下

周廷儒早在中学毕业后，就在本县中心小学教过书。1935—1937年任教于浙江杭州高级中学。任教期间编写的中国地理教材立论极具特色。所教学生受其影响，上大学选择地质、地理专业并成就显著者，如周明镇（中国科学院院士、著名地质学家、古生物学家）、罗来兴（中国科学院地理研究所研究员）等。在抗战时期，他任教于西南联合大学，复旦大学史地系，特别是后来长期在北京师范大学地理系任教，为本科生讲授基础课、专业课，为博士生、硕士生开设学位课程，培养了许多的专业人才。

周廷儒是全国高等师范院校地理系教学计划的首任起草者。1952年秋，在苏联专家波波夫、普希金的参与下，周廷儒参照苏联列宁师范学院地理系1951年的教学计划，制订了北京师范大学地理学系的教学计划。1953年，受教育部委托，周廷儒负责草拟《全国高等师范院校地理系教学计划草案》。同年秋，教育部召开全国师范教育会议，会上，对周廷儒负责制订的教学计划进行讨论，略做修改后通过，于1954年由教育部正式颁布实施。新的教学计划充分体现了理论与实践的结合，并突出了师范教育的特点。

周廷儒是全国高等师范院校通用的"中国自然地理教学大纲"的起草人。1954年年初，受教育部委托，周廷儒负责拟定"中国自然地理教学大纲"，这个大纲经教育部召开会议讨论通过，于1955年正式颁布并在全国各高等师范院校施行。

1980年，教育部再次委托周廷儒拟定高等师范院校"中国自然地理教学大纲"。综合大学该课程的教学大纲由南京大学任美锷院士起草。同年5月，教育部在上海召开会议，周廷儒、任美锷两位先生商议，将综合大学、高等师范院校的"中国自然地理教学大纲"合并为一个共同使用的大纲。这一建议得到与会代表的一致赞同，顺利通过。

在培养人才方面，周廷儒特别重视加强其基础理论和野外工作能力的训练。早在1937年《地理教学》杂志第一卷第三期上，他撰写的《野外考察与地理教育》一文指出："现代地理学，不仅描述表面地景为已足，尤应以科学的解释为主干，而各种科学地理解释，须基于野外观察之所得，是故野外考察，实为地理教育之中心部分。"他进一步指出，野外考察能养成综合观察之能力；培养文化价值创造力；训练实际社会生活之知识及能力；养成深刻国家观念。该文直至现在还被一些书籍和刊物转载。他在任北京师范大学地理系系主任的30余年时间里，曾多次率领学生到晋北、内蒙古、胶东、辽东等地进行地貌、自然地理实习或考察。当时农村生活条件十分艰苦，师生不仅自带行李、干粮，还常常夜宿于野寺、村舍之中，但他总怡然自处，以苦为乐。在野外考察中，他不避风雨，不畏险阻，每遇重要景观，必亲自跋涉，甚至登不必有径，涉不必有津，常身先学生，或跃居危峰之巅，或屈行于悬崖峭壁之下，以求获得第一手资料。到20世纪80年代，他已古稀之年，但仍带领研究生、中青年教师，数次到秦皇岛、烟台等地，指导他们进行野外实践和收集原始资料。他自己的地理科学研究成果，也无一不是通过辛勤的野外实践而取得的。他的这种不畏艰险探索自然规律的精神，克服困难积极献身于科学的崇高品格，教育了一代又一代的师生。他备课认真，博览群书，利用他懂得多种外语的优势，每讲一课都有新的内容。周廷儒的学识、人品获得师生们的无比尊敬，并成为后辈学习的楷模。

我国著名地质学家、中国科学院院士刘东生曾说："周廷儒院士是我国地理学界的一位泰斗。他从地貌学走向自然地理学，开创了自然地理学的古地理。他是中国近代地理学发展时期第二代的地理学家。他在我国地理科学的研究和教育领域，特别是在创立新的学术思想和人才培养方面功勋卓著。他从1960年至1989年，在近30年的时间里不遗余力地发展古地理学。他是这门学科的一位孜孜不倦的倡导者，也是一位被人们衷心拥护的奠基人。"他对周廷儒先生一生的教学、学术研究做了全面评价。

2006年夏，北京师范大学原地理系校友为周廷儒先生立红铜半身雕像一尊，并出版《山高水长——周廷儒院士纪念文集》一书，以表对周廷儒先生永远的缅怀。

任森厚，北京师范大学地理科学学部教授。
文章曾收录于顾明远主编《北京师范大学名人志：大师篇》，北京师范大学出版社2010年版。此次收录有删改。

07 /

白寿彝

白寿彝（1909—2000），字肇伦，又名哲玛鲁丁。回族，河南开封人。历史学家、教育家和社会活动家。早年就读于上海文治大学，后于燕京大学国学研究所研究生毕业。曾任教于云南大学、重庆中央大学。新中国成立后，历任北京师范大学历史系教授、系主任、史学研究所所长，古籍研究所所长，兼任国务院学位委员会委员、中国民族史学会会长等职；是第三届至第六届全国人大代表，第四届至第六届全国人大常务委员，第五届全国人民族委员会副主任，中共十大代表。其著述丰厚，主要有：《中国交通史》《历史教育和史学遗产》《白寿彝民族宗教论集》《白寿彝史学论集》《中国史学史论集》《回族人物志》等，主编《中国通史》。

富有使命感的史学大家

/ 郑师渠

我考入北京师范大学历史系后，才第一次见到白先生，先生身材修长，眼睛高度近视，戴着一副玻璃片很厚的眼镜，动作舒缓，但说话声音洪亮，带着浓重的河南口音，虽身处逆境，依旧透着儒雅博学的风度。"文化大革命"结束后，白先生继续担任历史系系主任，诸事繁忙。我虽于1970年毕业后留系任教，但并没有与白先生接触的机会。记得大约是1981年，历史系在当时的新二阶梯教室召开"文化大革命"后第一届本科生毕业典礼，由系主任白先生讲话。这是我第一次听先生在公开场合做长篇讲话。讲话的具体内容现在想不起来了，只记得两点：一是告诫同学们，毕业出去后只会教现有的课本，不算本事，重要的是要有自我研究的能力，在今后的工作中不断发展自己；二是在讲话最后引了王国维在《人间词话》中提出的"人生三境界"说，勉励同学们在做学问的路上不断进取。他很流畅地背诵了以下的诗句：第一境界，"昨夜西风凋碧树，独上高楼，望尽天涯路"；第二境界，"衣带渐宽终不悔，为伊消得人憔悴"；第三境界，"众里寻他千百度，蓦然回首，那人却在，灯火阑珊处"。白先生的朗诵抑扬顿挫，因带有浓重的河南口音，吐字不易辨认，却让人印象深刻。这也是让我至今不忘的原因。

后来白先生不当系主任了，忙于主持《中国通史》的编纂工作，加之年事已高，一般很少到系里来。由龚书铎先生与唐赞功先生，前后继任系主任。所以，在很长的时间里，我还是没有机会接触先生。1994年我出任系主任，后又到学校工作，这才开始和白先生有了接触。因工作需要，常去看望先生，不时到家中请教，接触的机会多起来，自觉获益良多。20世纪90年代高校兴起教学改革热，有鉴于学界缺少大师，既有的大师多由民国时期走来，故包括清华大学、北京大学在内许多高校都雄心勃勃，纷纷推出了各种试验班，声言要致力于培养大师。当时这股风很盛，北京师范大学是不是也要办类似的试验班培养未来的大师？我在学校负责文科教学，心中没底，就去请教先生。记得当时先生只说了一句话，就让我茅塞顿开，断然决定北师大不跟风，不办这样的试验班。先生是这样说的："大师不是培养出来的。"话甚短，却极富哲理，堪称经典。后来我在许多场合都提到了先生的这句名言。是啊，大师之所以成为大师，哪一位不是经历了个性化的长期努力奋斗的结果？怎么可能由统一的教学模式来培养，犹如机器批量生产？更何况办班的人自己都不是大师，如何能培养出大师来？大师的产生需要主客观条件的统一，良好的社会土壤包括学习与工作的环境等，这些客观条件固然重要，但归根结底，还要取决于个人的主观努力与天赋。通过教学改革，为人才的成长创造尽可能宽松的学术氛围与合理的环境是必要的，但预设大师

培养的模式却是不科学的。梁启超也曾说过，"凡一位大文学家、大美术家之成就，常常还要许多环境与及附带学问的帮助"。作为学生，只有在学成之后，"常常找机会转变自己的环境，扩大自己的眼界和胸怀，到那时候或者天才才会爆发出来，今尚非其时也"[1]。此言与白先生的话是相通的。不久，清华大学举办纪念西南联大的讨论会，邀请了北京大学、南开大学、北京师范大学、中国社会科学研究院等单位的同志参加。我在发言中就发挥了白先生的上述观点，高度评价西南联大大师辈出，同时也强调其不可复制性。那天我看见何兹全先生与何师母也在场。有位先前从北师大转到清华大学的老师事后告诉我说"你的发言反应很好"。他当然不知道我只是发挥了白先生的思想而已。

人称白先生是史学界大师级的人物，这固然不错；但是，"大师"又不足以限先生。

陈垣（右二）和白寿彝（右一）等研究工作

一般说来，大师多指在某一学术领域学问专深，成就卓著者。白先生显然又超越了这一点，他同时还是一位富有使命感的历史教育家、富有改革思想与学术组织才能的史学界帅才。

对于历史教育的意义和重要性，近年来愈为人们所关注。但是，尽管如此，白先生在这个问题上的许多独到见解，对于我们今天仍然具有重要的启发意义。他说："历史学是一门研究社会发展规律、民族特点以及历代盛衰兴亡之故的学问。在正确的思想指导下，历史知识的传播有利于国家民族的相互了解，增进友谊，有利于国际的和平，有利于思想建设和文化建设。"[2]将史学和历史教育简单地理解为只是研究过去的事情与传授历史知识，这是错误的。史学工作者要有自己的使命感，即首先须明确史学是为历史教育总的目的服务。"历史教育从根本上说，是历史前途的教育。我们的祖国前途怎么样？我

们中华民族的前途怎么样？"[3]换言之，历史教育的总目的乃在于把握历史发展规律，推动国家与民族的发展。在许多地方，他又将之归结为培养国人的"历史感"和"时代感"的教育。他认为，史学工作者就是要引导年轻人认识当前的时代。"讲过去是为了建设现在，讲过去是为了掌握未来。要把过去、现在、未来挂起钩来看。这是历史家的任务。"[4]又说："培养咱们的下一代，培养他们有历史感，培养他们有时代感！这样一个教育的目的，关系到咱们的建国大计，不是随便在课堂上联系什么事，讲几句话的小事"[5]。有一次他曾对我说："古人云'尊师重道'，又说'师者，所以传道授业解惑也'。这种提法好。所谓'道'是第一位的，在今天，就是指马克思主义的指导与社会主义的方向。"白先生所说的"建国大计"和传社会主义的"道"，实际就是今天我们讲的发展中国特色的社会主义与实现中华民族的伟大复兴。足见先生

是怎样一位富有使命感的史学大家。

　　作为系主任，白先生从1980年起在历史系推行以课程结构改革为中心的教学改革，并于1989年获国家级优秀教学成果奖。今天的北师大中国史学科能成为全国"A+"一流学科，实受其所赐。这场改革打破了原先两门通史上四年的传统教学体制，形成了一、二年级以基础课为主，三、四年级以选修课为主全新的教学格局，从而不仅提高了教学质量，优化了学生的知识结构，而且极大地解放了教师，有力地促进了全系科研的发展，形成了教、研互动和出成果、出人才的良好机制，一直延续至今。可以说，这次课程改革是北师大历史学科发展史上的一个重要里程碑，没有当年的改革，就不会有今天的发展。不过，这里还需要指出两点：一是自20世纪50年代以来，白先生一直没有停止过关于教学改革问题的思考，曾发表过一系列文章，只因种种原因，未能付诸实践。改革开

放后两年，他便推出了这场改革，开全国师范院校历史学科改革之先河，绝非偶然，而是深思熟虑、胸有成竹的作为。二是也唯其如此，白先生历史教育思想丰富，例如，以下的说法都十分经典：传统的一门通史讲四年，"可以说是'通史'不'通'"；"小通史要讲得好，是要在轻重去取之间，在脉络贯通之间下功夫，这需要有较高水平的历史见识。钟点少了，要求却是高了，教师要有点'别识心裁'"[6]；学生须读书，"历史学家不是听出来的"；不必上那么多课，学生须有自学的时间，没有自学的时间，一切都是空的；以及他认为大学生必须具备科研能力，而其所达到的程度当依写出来的文章来衡量的观点；如此等等。1997年我写了《白寿彝先生的历史教学改革思想》一文送先生指教，没过几天，我便收到了校办转来本文及先生向学校推荐发表此文的一封信，这令我深受鼓舞。先生教育思想是值得我们去进一步总结和加

以继承发扬的。

白先生的另一句名言是："我真正做学问是从70岁后才开始"。此话可从三方面理解：一是如大家所言，是先生的谦逊；二是反映了先生学术追求老而弥坚；三是先生步入70岁是1979年，正是党的十一届三中全会召开后的第二年，显然是改革开放使他感受到了祖国春天的到来，故学术青春勃发，不知老之将至矣。需将这三方面综合起来，才能全面理解先生。在此后的20年里，白先生老当益壮，几乎是同时做成了两件大事：一是如前所述，1980—1989年在北师大历史系施行教学改革，令学科其命维新；二是1979—1999年，主持编纂出版了共12卷22册，约1400万字的鸿篇巨制《中国通史》，被公认为20世纪中国史学的压轴之作，至今依然是通史之林的巅峰之作。在新旧过渡，各方面条件都十分困难的岁月里，能组织全国500多名学者在整整20年间，同心同德，共襄盛举，实为学界佳话。它充分反映了白先生的人格魅力与卓越的学术组织才能。人们多将该书的出版视为先生对史学界一大贡献，洵为至论；但是，我还是以为，白先生晚年在史学教育改革与学术研究两大领域所完成的上述壮举，乃双峰并峙，共同展现了先生晚年学术生命之灿烂光华。2000年，即《中国通史》全部出齐之后第二年，91岁高龄的先生与世长辞。一个人的学术生命与其生物生命如此相终了，吾等谓白先生乃富有使命感的史界大家，不亦宜乎！

郑师渠，北京师范大学历史学院教授，研究方向为中国近现代思想文化史。原文曾发表于《史学史研究》2019年第3期。

注 释

1　丁文江、赵丰田编：《梁启超年谱长编》，1116页，上海，上海人民出版社，1983。
2　《白寿彝文集》第5卷，2页，开封，河南大学出版社，2008。
3　《白寿彝史学论集》上，220页，北京，北京师范大学出版社，1994。
4　《白寿彝史学论集》上，220页，北京，北京师范大学出版社，1994。
5　《白寿彝史学论集》上，220页，北京，北京师范大学出版社，1994。
6　《白寿彝史学论集》上，203—204页，北京，北京师范大学出版社，1994。

08 /

赵光贤

赵光贤（1910—2003），中国民主同盟盟员，历史学家，教授。曾任辅仁大学教授、北京师范大学历史系教授、中国先秦史研究会副理事长等职。专于先秦史，主要从事中国古代史，特别是西周史和孔子研究。他的著作，属于叙述性的史著极少，大部分是考据或论辩之作。其考辨的内容大体上包括文献和史事两个方面。代表性专著有《周代社会辨析》《古史考辨》《中国历史研究法》《亡尤室文存》等。

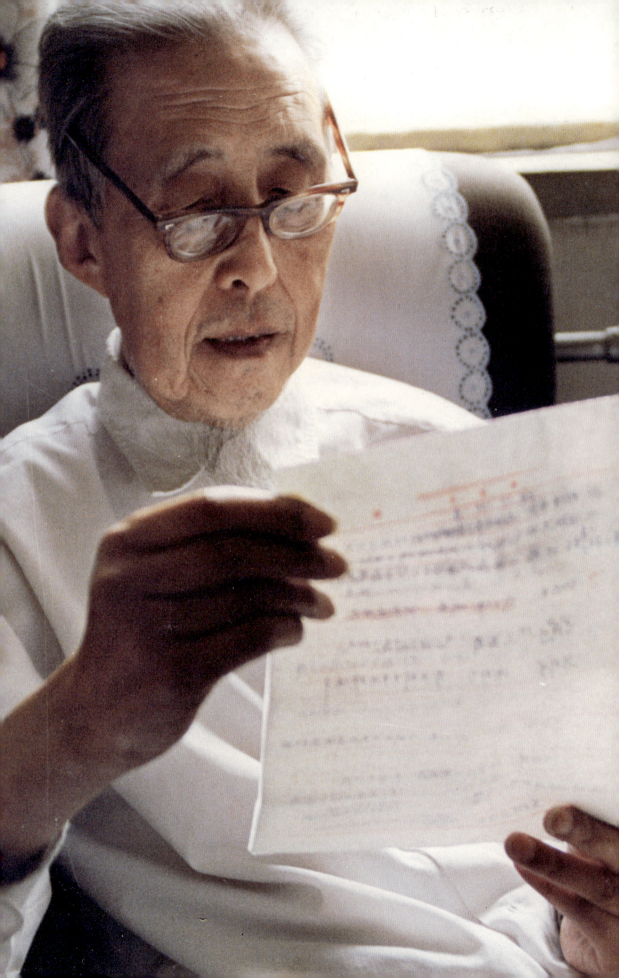

慎终追远　厚德载物
——追念赵光贤恩师

/ 王　和

2003年9月，我的导师赵光贤先生因病去世，享年93岁。导致赵师去世的直接原因是肺病感染，然据医生讲，实乃由于肠胃功能逐渐丧失而致长期营养不良。赵师数十年前即因胃溃疡而动大手术，将胃部切除四分之三，以羸弱之躯而得享高寿，已是奇迹。故最终去世的原因并非病患，实为天年已尽。多年以来，我目睹了赵师随着年事日高而逐渐衰弱、终至记忆不清神志衰退的全过程。特别是最后两三年，每见先生一次，便见他又衰老一层，心中往往百感交集。尝与师兄晁福林言：如果说生命的诞生和成长使人赏心悦目，那么生命的衰老和消亡则实在令人悲哀。

光阴荏苒，转眼之间先生逝世已近七载，而在师门受教和与先生相处的种种情景，却时时涌上心头，历历在目，因撰此文，聊寄对先生的怀念追忆。

一

先生于1938年秋考入辅仁大学史学研究所，师从陈垣（援庵）先生，本来是打算专攻明清史的，毕业论文《明失辽东考原》极为出色，获陈垣先生很高评价，因得以刊于《辅仁学志》。但从后来先生一生研究的主体看，他的主要成果却集中于先秦史。刘家和先生曾因此而问他："援庵先生从来不治经学，不谈先秦史，您是怎样用援庵先生的方法来研究先秦史的呢？把您的经验写出来，不是对于后学很有益的吗？"先生因此而先后撰写了《我的自述》《我是怎样向援庵师学习的》《回忆我的老师援庵先生》《陈援庵师轶事》等几篇文章，从不同侧面回答了这个问题。

先生入援庵师祖的门下是在1938年，但仰慕援庵师祖的学问却是远远在此之前。先生自幼便喜欢历史，上中学时，对梁启超的文章尤为崇拜。1922年，梁启超的新作《中国历史研究法》出版，先生买来之后一口气读完，对其中的议论和史事考证深为佩服。例如，书中讲到梁启超为唐玄奘法师做年谱，在所参考的几种重要的书中，都说玄奘西行赴印度求佛法的出发之年是贞观三年。但梁任公（梁启超，号任公）却看出此种说法可疑，遂遍查诸书中的有关材料，最后得出结论：玄奘西行的出发之年应是贞观元年，而不是三年。而其最主要的根据，是《新唐书·薛延陀传》所说"值贞观二年，突厥叶护可汗见弑"。突厥叶护可汗既然于贞观二年见弑，那么诸书所说玄奘于贞观三年出发，到西突厥见到叶护可汗，便为不可能之事。所以梁任公认为他的考证"殆成铁案"，无可动摇。先生看了梁氏的考证之后，佩服得五体投地，以为在当时的中国，讲研究历史，梁启超应当是泰山北斗，无人能够超越了。不想两年后，先生拜读了援庵师祖发表于《东方杂志》的《书内学院校慈恩传

后》，文章举出极为坚实的证据，将梁任公认为"殆成铁案"的几条考证一一驳倒。特别指出突厥叶护可汗见弑一事，根据《通典》和《册府元龟》诸书的记载，被杀的是统叶护可汗，而玄奘于贞观三年出发到西突厥见到的叶护可汗，是统叶护的儿子肆叶护。一字之差，遂成大错。这在当时给先生的感受便是：原来在中国研究历史还有比梁启超更为高明的人！这真是强中更有强中手。

　　按照先生的体会，他从援庵师祖那里学到的最为重要的东西，便是学习和研究历史的方法。尤其重要的是：搞考证必须遍览群书，认真核对。如前例中统叶护与肆叶护的一字之差，据援庵师祖分析，就是因为梁任公漏看了《册府元龟》，而《册府元龟》和一般的类书的不同之处便在于，其中保存了很多关于隋唐历史的重要材料，是研究隋唐历史学者的必备之书。梁氏疏漏了此书，结果就得出了错误的结论。

当时援庵师祖为研究生所开的一门主课是"清代史学考证法"，而采取的方法是让学生们读顾炎武的《日知录》，主要工作是将书中每条引文都找出原书核对一遍，并写出笔记。这种工作看似简单，其实做起来往往非常困难。比如有时只有一个人名，其余年代籍贯行事著述全然不知，查起来便如大海捞针。学生们每读一卷，即翻检群书一遍，这样读下来，很多书自然就熟了。援庵师祖再根据学生们的笔记给予指导，一一指出哪条写得对，哪条写得不对，应当如何写，等等。这样一个过程，实际上就是训练学生查找材料文献、打下做考证扎实基础和培养良好习惯的过程。

有一次，先生查找《日知录》中的一条故事，为走"捷径"翻检《辞源》，《辞源》说见《说苑》，一查《说苑》果有此条，即于笔记中写见《说苑》某篇，当时还"自以为得计"。不想援庵师祖看了之后说：不对，此条最早见于《吕氏春秋》。《吕氏春秋》在前，

《说苑》在后，所以应写见于《吕氏春秋》某篇，这是做考证的规矩。还有一次，一位同学于笔记中写某条见于《辞源》，援庵师祖看了说不行，说自《康熙字典》以下，凡晚近所出的字典辞典只能供翻阅，不能做出处引用，这也是做考证的一条规矩。又说古人的字典如《说文解字》之类可以做出处引用，因为许慎所见的书大半已亡佚，今日无法看到，所以我们今天可以将《说文解字》作为权威出处；但清人所见书我们差不多都能见到，因此一定要去查找能见到的古书。而且此类近世的字典辞典错误常见，不核对原书是要上当的。

援庵师祖的这些话看似平常，却对学生们有极大教益。先生后来因工作需要，改而研究先秦史，之所以硕果累累，就全赖从援庵师祖那里学到的这种一丝不苟的研究态度与考证方法，并加以继承和发扬。而先生后来又将这套行之有效的方法原汁原味地传授给我们，使我们终身受益。

二

先生晚年，多年担任先秦史学会常务副会
长，故先生病逝后，《先秦史研究动态》曾出
纪念专号，我因此写了一篇小文，其中有如
下一段话：

　　先生是陈垣先生的高弟，一生都对因受
到陈垣老的赏识提携而得以走上学问之路念
念不忘，感戴不已。我则因先生不弃而得列
门墙，从而得以研究自己所爱好的历史，故
对先生同样充满感戴之情。

先生曾说，是援庵师祖把他引进史学的殿
堂，所受教诲使他一生沾溉无穷。先生于我
同样如此。我在先生门下直接受教的时间虽
只短短三年，但却因此获益终生。特别是，

我与先生所收头两届研究生的同门师兄们的
迥异之处在于：他们都是大学本科毕业，独
有我一人为自学出身，以"同等学历"的资格
考入师大，得列先生门墙[1]，故我对先生尤为
感激。今人有言：兴趣与职业的一致是人生
最大福气。正是先生的奖掖提拔，改变了我
的人生道路，使我有机会学习与研究我所喜
爱的历史。回想起来，是何等的幸运！

我在甫入师门的时候，因自身基础很差，
学术根基远逊于诸位师兄，故先生在我身上花
费的力气最多，每每单独将我叫到家中进行个
别辅导。当时我的各位师兄，如晁福林、沈长
云、王冠英等，都有厚重的学术根底，经史子
集、音韵训诂无不娴熟，了然于胸。而我不过
是一名"老三届"的高中生，故我与他们之间
的学养差距实不可以道里计。但另一方面，恰
恰由于我过于无知，反而不知天高地厚，什么
都敢尝试，什么都敢怀疑。俗语有云：初学三
年天下去得，再学三年寸步难行。又有云：无

知者无畏。讲的大概就是这个道理。现在回想起来，当时由于根基过于浅薄，所犯的幼稚错误至今令我汗颜。

记得当时初读《左传》不久，便自以为发现了问题，模仿《廿二史札记》写了两则"考辨"。一则是庄公九年："夏，公伐齐……，我师败绩。公丧戎路，传乘而归。秦子、梁子以公旗辟于下道，是以皆止。"我所考辨为"传乘"二字。传乘：杜预解释为"乘他车"；清人刘文淇以为"传乘即国君之佐车"亦即副车；洪亮吉则以为是"乘驿传之车"。我认为就"传"字而言，上述解释均不正确，故疑"传"字乃"傅"字误写，由历代传抄而讹。因"传"字（繁体）与"傅"字无论篆文隶书，二字之形均极相像，故误写是完全可能的。"傅"同"附"，《左传·僖公十四年》"皮之不存，毛将安傅"，即此义。所谓"傅乘而归"，即附乘他人战车而逃归。这样解释方能与当时战场的紧急情状相符：公丧戎路，傅乘而归——鲁君丧失自己的战车之后，连忙爬上近旁的其他战车逃归。倘若此说能够成立，则还可以进而做另一推论，即杜预所见之《左传》本来就是"傅乘"而非"传乘"，杜预解释的"乘他车"即为"傅乘"的直译；由此当可推知讹"傅"为"传"的年代至少应在杜预之后。

另一则是隐公十一年："秋七月，公会齐侯、郑伯伐许。庚辰，傅于许。颍考叔取郑伯之旗蝥弧以先登，子都自下射之，颠。"我所考辨为"蝥弧"。蝥弧，历来解释均为郑伯之旗的名称，但我当时却认为这种解释不对，因为蝥是一种善于弹射的小虫子，以此作为国君之旗的名称，我认为未免匪夷所思。故而异想天开，将蝥弧解释为一种登城的方法，以为类似于今日之"撑杆跳"。许是小国，城墙不高。所谓"颍考叔取郑伯之旗蝥弧以先登"，即颍考叔挥舞郑伯之旗，以旗杆为工具，用"撑杆跳"的方法率先登上许城。

我拿着这两则"考证"兴冲冲去见赵师，结果前者被评为"虽可备一说，但无扎实硬证"；后者则被先生斥为"胡思乱想"的"无根之谈"。因此之故，先生又专门格外向我强调了最基本的考据方法和原则的重要性：言必有出处，言必有根据，尽量减少主观臆测的成分；做翻案文章尤需如此。郑伯之旗以"蝥弧"为名的原因虽已不可知，但历来解释如此，我新解为登城之法，有何依据？仅以字面之义便将"蝥弧"释为"撑杆跳"，岂非异想天开？听了先生的教海，我深感自己的浅薄无知，暗中惭愧不已。

但先生同时也给了我很大的鼓励，说："你的特点是有想法，这很好，有想法才能发现问题，所以一定要保持自己的这个特点。基础差点没关系，可以慢慢赶上。关键是要掌握正确的方法。"

后来先生常讲古人所说史学、史识、史才三者的关系，学不足可以弥补，勤学即是；才不足文虽不美，表意即可；唯有见识最为重要，因为倘无见识则不能发现问题，纵然经史烂熟，也不会有独创的心得，徒然重复旧说而无新意。后来，先生于《我的自述》中开篇就强调"学史贵有心得"，表达的是同样的意思。

先生于讲课时还曾多次引用胡适先生所说"大胆假设，小心求证"，而所谓小心求证，即"有一分证据，说一分话；有十分证据，才说十分话"。这种研究方法，就是史学工作者必备的最基本方法。换言之，凡不认同这种方法且在实际研究中不能切实运用这种方法的人，严格地讲便不能算作史学工作者。

多年以后，当"后现代史学"在中国影响日增、同时受到的批判也愈益激烈的时候，出于对史学理论的兴趣，我认真阅读了一些后现代史学的著作，发现即便是后现代的代表人物海登·怀特（Hayden White）也并不否认这种方法。例如，波兰学者埃娃·多曼斯卡（Ewa Domanska）在采访海登·怀特的时候，对被采访者说过这样一段话："我认为，倘若我们可以说历史学有两张面孔的话，那我们也可以说，在一个历史学家从事他的研究的时候，那是科学的面孔。我的意思是，他得运用科学方法来分析史料并审查档案。然而，当他写作历史并以此种方式来表达研究结果时，要做这件事情只有一个办法——叙事，而这是一张艺术的面孔。我们无法将这两面区分开来，它们总是彼此相连。"而海登·怀特的回答就是："是的，我同意你的看

法。"[2]说明即便在后现代史学看来，也必须是要运用科学的方法分析史料和审查档案的。而所谓"科学"，按照罗素（Russell）的定义，是指"确切的知识"，这也就是考据学所说的"证据"。

先生的这种教育，对我后来的学习和研究起到了极大的帮助。可以说，在师门学习三年，先生对我的最大教益，便是使我了解和掌握了学习和研究历史的方法，初步实现了从"外行"到"内行"的跨越。关于这一点，我在那篇纪念小文中也曾提及：

　　先生每见学生但有寸进，都极为高兴。记得多年以前我的《金文月相管见》发表，拿去请先生指正。先生看了以后非常兴奋，曾先后向数人介绍，给予了令我汗颜的评价。其后又当面问我：他并没有教我历象之学，我从何而知晓，且能独立进行研究？我答：正是由于从先生处学得研究历史的方法，故得稍能触类旁通。

先生自20世纪70年代末开始带研究生，教诲学生严格而不古板，重在引导学生掌握研究方法；且无门户之见，并不要求弟子一定要遵从己说。正因为如此，才使弟子们没有思想束缚，在先生面前毫不拘谨，敢于畅叙己见。

记得有一次向先生请教《左传》中后人篡入的文字成分，我以为不单是解经语和解传语，包括一些脍炙人口的著名故事，比如《曹刿论战》(见《左传·庄公十年》)，其实也是后人附益的战国传说，而非左氏原文。先生听了不以为然，说《曹刿论战》在文字上并无破绽，问我有何根据。我说："根据没有，但我觉得于情理上说不通。您想啊：古时两军对阵，以金、鼓传达作战命令，鼓进金退。一方既然击鼓，肯定是全军立即发起冲锋，战车滚滚，千军万马蜂拥而至，鲁军就是不想打也不成啊！怎么可能齐人三鼓双方还打不起来呢？如果真是非要双方都击鼓这仗才

打得起来，那么如果鲁人始终不击鼓，是否仗就不打了？"先生想了想，笑对我说："你讲的有些道理，可以再仔细想想。"

还有一件事，也使我印象至深。我自忝列门墙，便由先生亲自教授"中国历史研究法"，因此而得窥如何研究和考证历史的门径。根据先生的教诲，做研究和考证首在史料的分析和鉴别，以此为基础才能进而判定史料的价值。凡是由事件发生时的当事人、当时人记述的史料，都是所谓第一手史料，其价值最高。特别是亲历其事的当事人的记述，其中虽然会有这样那样的偏见，但较之其他史料仍然最为可靠——这一鉴别史料的原则，当时曾被我奉为圭臬而不敢稍有怀疑。其后到了20世纪80年代后期，当现代的史学认识论传入国内之后，我才感到对于一切"历史记述"之中可能存在的"偏见"，过去似乎考虑不足，应当予以高度重视。因为历史告诉我们：亲身经历了同一事实的人们，由

于立场、思想、感情、利益、方法、角度与条件的差异，对于历史的解释可能是完全不同的，那么孰真孰假、孰对孰错便大可考虑。

三

先生是典型的儒者风范，立身行事追宗孔孟。平生为人耿介，崖岸高峻，率直敢言而不媚流俗，尤其对功媚取容、阿谀奉承那一套深恶痛绝。这无疑是因深受儒家学说的影响。《论语》载孔子有言："巧言，令色，足恭，左丘明耻之，丘亦耻之。"《孟子》亦言："人不可以无耻。"对于孔孟的这类教诲，先生不但谆谆教导弟子，自身也是身体力行、执着遵守的模范。每念及先生生平，我常常有"时也、运也、命也"的感慨；再想到我们中国人于"福禄寿考"之中尤重"考终命"，又不禁为先生的晚年际遇而庆幸欣慰。

先生书法功力甚深，早年曾有较大名气，学术界凡知之者（如先生的好友启功先生）均评价很高。但先生极少以字赠人，晚年尤甚，惜墨如金，故后来一般人并不知晓。我向先生求字，先生思之再三，写了一副对联给我："胆欲大而心欲小，智宜圆而行宜方。"此联取自《聊斋》，语虽平易，内中实蕴含着做人做事的深刻道理。因先生极喜《聊斋》，故书此联以赐我。尝与我言："《聊斋》文笔师法《左传》，熟读揣摩可受益无穷。"我自幼喜读《聊斋》，此后更着意遵照先生的话去做，从写作行文的角度去体会《聊斋》，后来感觉的确受益匪浅。

先生为人方正，不苟言笑，我想这是先生的性格、经历和所受教育使然。但先生行事并非处处刻板，对门下弟子尤为亲切，平日除学问之道以外，家长里短无所不谈。故而，我自忝列门墙之后，与先生便始终保持着较为亲近的关系，无论学问之道以及家事、国事、天下事，均乐于向先生直抒胸臆，一吐为快。

偶尔，先生还会露出真性情甚至童心，令我感到非常有趣。记得1982年夏读研期间，我与诸位师兄随先生去河南和陕西考察。在停留于洛阳的时候，一日清晨我们走出旅馆，恰逢对面一个年轻女孩子出来倒水，那时的我们都还年轻，沈长云师兄或许是触景生情，口中不由得便吟出王维的"洛阳女儿对门居"，先生听后大笑，给我留下了很深的印象。还有一次，即先生写上述那副取自《聊斋》的对联给我的时候，我因对《聊斋》很熟，当时便不禁和先生玩笑，也引了一副《聊斋》的对联说："您何不写'一身剩有须眉在，小饮能令块垒消'？"先生听后也是大笑。从这些地方，使我了解到先生性情中的另一面。

先生治学严谨，学问精深，小学之道尤为深邃，而文笔亦绝佳。忆昔甫入师门，拜读先生《明失辽东考原》，一方面，感其议论精当，见识高远。特别是指出历史现象之因果错综，往往由多种原因造成，"而史迹之背后，上述各因素常互为作用，交相影响；于是形成一时代心理或信念，而潜滋暗长于多数人之心中，久且根深蒂固牢不可拔。历史上人物之行动，社会之情况，皆反映于此时代心理或信念之中。故吾人若能识此，则过去史实之真实情况乃灼然可见，其因果关系亦得其解。"这真是极为精辟的真知灼见！即使以今日之观点视之，亦毫不过时落伍。

另一方面，又极为佩服先生文笔的既简约洗练，又韵味无穷。如文章结尾一段：

余草此文竟，不能无憾焉。往昔史家重视史实之物质原因，而于心理原因则若无睹。治清史者，每惊于建州以蕞尔小邦，不惟蚕食全辽，竟能鲸吞中土，以为武力胜于一切，此不明历史真相之言也。明人有言：非奴亡辽，辽自亡之。吾人则曰：非辽自亡，明人亡之。盖物必先腐，而后虫生。明人谋国不臧，致予人以隙，授人以柄尔。余故举当时明廷政治、经济之一般情况，与夫辽人之特殊心理，条分而缕析之，并广搜当时之奏议史乘，一一为之证明，俾学者知所省览焉。

这种文笔，语极精练，几乎无一赘字。后来我做编辑，强调"论文提要"应尽量精练，"删去一切可有可无的字，直至无字可删"，就是得益于先生的启示。

先生的学问博大精深，内容涵括从微观的名物考证到中观的事件分析和典章制度研究，再到宏观的理论探索等各个方面。从今天来看，就学术史的角度而言，凡先生所撰名物考证及事件分析和典章制度研究的文章，很多皆具有"传之后世"的超时代价值。如《释"蔑历"》《从天象看武王伐纣之年》《〈左传〉编撰考》《明失辽东考原》等著述，相信不唯今日，纵然千百年后，凡研究该问题的学者都无法绕过，必要参阅。

但是另一方面，凡属理论探索的文章就不可作如是观了，包括《周代社会辨析》这部当年曾受到极高赞誉的高水平理论著作，其时代的局限性也十分明显。由今天的眼光看，其中固然不乏至今仍被认同和具有魅力的真知灼见，但更多的却是已经"淡出历史"的内容。它们向今人揭示着"一代人有一代人的学问"的真实与残酷，也促使今天的学人更深入地思考薪火传承与学术积累的意义问题。何以有些学问能够具有为后代所传承的价值，而有些学问则成为转瞬即逝的一时之学？相信今天的史学工作者经过认真思考之后，会从中得到有益的启示。

与先生的学问相比，浅薄如我往往深感愧

怍。我经常这样想：以先生学问之精深，比之师祖陈垣先生已有不逮；而以我之浅薄，较之先生更是有天壤之别。这样来看，学问之道岂非一代不如一代？但想开了又觉得不尽然：因为较之前辈学者，虽然我们的古文根底已难望其项背，但知识结构的迥异也是显而易见的。这大概就是"一代人有一代人的学问"的真谛。所可虑者，是我们这一代已多不具有前辈学者那种专心致志乃至废寝忘食地做学问的精神，这才是真正的差异所在，也是真正令我深感惭愧的地方。

四

先生是治《左传》的名家。其代表作《左传编纂考》名闻海内外，许多精到的议论见解皆发前人所未发。我自初从先生学习，便将《左传编纂考》作为学史门径，遵照先生教诲，尽可能广泛地阅读前人研究《春秋左传》的有关著作。在将近两年的时间里，我从藏书极丰的校图书馆里阅读了大量古籍和今人著作。记得当时读过的相关古籍，从杜预《春秋左传集解》和他的另一部著作《春秋释例》始，其大要者，有唐陆淳《春秋啖赵集传纂例》和《春秋微旨》，颜师古《匡谬正俗》；宋叶梦得《春秋考》和《春秋三传谳》，苏辙《春秋集解》，魏了翁《春秋左传要义》，程公说《春秋分记》，李明复《春秋集义》，萧楚《春秋辩疑》，吕祖谦《左氏传说》；明杨于庭《春秋质疑》；清毛奇龄《春秋占筮书》和《春秋毛氏传》，惠栋《春秋左传补注》，顾炎武《左传杜解补正》，万斯大《学春秋随笔》，惠士奇《春秋说》，侯康《春秋古经说》，赵青藜《读左管窥》，徐廷垣《春秋管窥》，刘文淇《春秋左传旧注疏证》，马宗琏《左传补注》，李富孙《春秋左传异文释》，臧寿恭《春秋左传古义》，沈钦韩《春秋左氏补注》，高士奇《左传纪事本末》，洪亮吉《春秋左氏诂），梁履绳《左通补释》，焦循《春秋左传补疏》，臧庸《春秋经传源流考》，崔述《洙泗考信录》，顾栋高《春秋大事表》，等等；乃至清季及晚近康有为、刘逢禄、章炳麟、崔适等人的著作。除此之外，还翻阅了大量经史子集和前人的考证笔记，如《经史问答》《癸巳类稿》《经义述闻》《退庵随笔》之类。

待得一部《左传》较深入地研读了之后，我也便初步实现了从"外行"到"内行"的跨越。这一过程从某种意义上说，颇有几分类似先生当年遵从陈垣师祖的教导研读《日知录》。个人深深体会：此种学史之方式，的确是极为有效的。

我受先生的熏陶教诲耳濡目染，多年来先后也写了几篇关于《左传》的文章，有《论左传预言》《左传材料来源考》《左传成书年代与编纂过程》等；目前正撰写《左传中后人附益的各种成分》。我准备集中使用今后几年的时间，完成久已想做却始终拖延的《左传探源》撰写。这虽不能报先生云天之恩于万一，但相信是对先生追念的最好方式。

王和，北京师范大学历史学院教授。本文写作于2010年，曾收录于孟世凯主编的《赵光贤先生百年诞辰纪念文集》，中国社会科学出版社2011年版。此次收录有删改。《左传探源》已于2019年出版。

注　释

1　关于我的自学经历，拙文《读史的愉悦与悲凉》曾有叙述，有兴趣者不妨参看，载《历史学家茶座》第2辑，济南，山东人民出版社，2006。
2　参见［波兰］埃娃·多曼斯卡编：《邂逅：后现代主义之后的历史哲学》，26页，北京，北京大学出版社，2007。

09/

何兹全

何兹全（1911—2011），原名何思九，字子全，后改名兹全，山东菏泽人，著名历史学家。高中在山东省立六中（今菏泽一中）学习。1935年在北京大学史学系毕业后，去日本留学，翌年因病回国。何兹全主要集中研究汉唐经济史、兵制史、寺院经济和魏晋南北朝史几个方面。是国内最早倡导魏晋封建说的学者之一。代表作有《秦汉史略》（上海人民出版社1955年版）、《魏晋南北朝史略》（上海人民出版社1958年版）、《三国史》（北京师范大学出版社1994年版）、《中国古代社会》（北京师范大学出版社2000年版）、《何兹全文集》（中华书局2006年版）等。

念兹在兹：一个世纪的坚守
——何兹全教授百年纪行

/ 宁 欣

"我生的时代，是世界、中国千载不遇的大变动时代，也是一个大浪淘沙的时代"——何兹全先生的"时代情怀"伴随了他的一生。

一、大节的坚守

何先生最喜欢也是唯一会唱的歌是《苏武牧羊》，但我们却从来没有听他唱过，连哼唱也未曾听见过，在他仙逝后我们试着放了一次，曲调悲怆而苍凉，不忍卒听。师母郭良玉先生也是山东人，但在河南上的大学，最喜欢的是豫剧《花木兰》中的《谁说女子不如男》，却是不止一次听她在家中大声唱，据说在公开场合也唱过，博得满堂喝彩。曲调高昂、明快，听了还想再听。唱与不唱，或低或高，两位老人的"书生本色，爱国情怀"，全蕴含在其中了。

何兹全先生出生于1911年，山东菏泽何氏家族是大户人家，先祖何尔健，官至明朝浙江、湖广道监察御史，辽东巡按，大理寺丞，官声颇佳，有"铁面御史"之美称。何先生出生在中国最动荡的年代，人生面临着多种选择。何先生在《爱国一书生——八十五自述》中叙述了他一生中经历的几次重大的人生转折和抉择。

一是加入国民党改组派，投身革命

1928年，何先生称之为"动乱的一年"，他认为："这一年对我来说，还有一件大事就是加入（国民党）改组派。我在改组派中虽然没有参加什么实际政治活动，但对我一生的生活甚至作学问的学术思想，都有很大的影响。"

1928年是中国现代史上特殊的一年。这一年，国民党和共产党已经公开决裂，共产党人夏明翰、罗亦农、向警予和举行刑场婚礼的周文雍、陈铁军分别被国民党杀害于汉口、上海和广州。这一年，毛泽东和朱德在

20世纪60年代何兹全（左）与
夫人（中）、儿子（当时在北大
历史系读书）合影

井冈山胜利会师，走上了农村包围城市的道路。这一年，蒋介石在徐州誓师，各路北伐军对北洋军阀政府发起全线总攻。这一年，清华学堂正式更名为国立清华大学，河南安阳殷墟开始发掘。这一年，奉军首领张作霖被日军炸死。这一年，何先生已经成长为不忘情国家的热血青年，他的心和热情随着北伐军的前进而沸腾。

对少年时代就加入了国民党这件事，何先生并不避讳，他的解释是：当时国民党和共产党都是吸引进步青年的组织。1926年，刚上中学不久，他就加入了国民党。何先生认为，中国需要民族主义，以反对帝国主义的侵略和欺压，需要民权主义，以打倒军阀，实行民主；中国应该走社会主义道路，不能走资本主义道路；中国需要民生主义，以建设人民和平幸福的社会主义社会。

二是放弃仕途，走向学术之路

何思源是何先生的堂兄，当年何先生考上北大后，生活费用和教育费用完全由"仙槎大哥供给"。师母郭良玉先生从小受穷受苦，经常对我们说："你们先生（何先生），从小都是家里做好饭，摆好盛放菜饭的碟碗，只等他一人来，他每样尝一口，大家才开饭。上大学，大多是穷学生，但你们先生有仙槎大哥的资助，每年200大洋，过得很舒服，根本不用为学费和生计发愁。"何先生后来出国留学，也仍然是得到何思源先生的资助，才得以成行的。

北大上学期间，何先生确定以中国社会经济史为主要研究领域，选择的初衷就是对第一次国内革命失败后的反思。何先生看得很清楚，他坚持留在重庆，与战时陪都的老百姓一起经历了那场震惊世界的重庆大轰炸，断壁残垣，尸横街巷的惨烈场面，几十年后仍历历在目。选择了重庆，也就是选择了未来，在民族危亡和个人命运的关键时刻，何先生用坚定的毅力和敏锐的洞察力，保持了民族气节。

傅斯年先生籍贯山东聊城，距菏泽约一百公里，何先生可以说是傅斯年的小同乡。何先生考上北大时，何思源正任国民党山东省教育厅厅长，便将其托付给在北大任教的傅斯年。傅斯年成为何先生走上学术之路的关键人物。

1944年，何先生在重庆又面临人生重大的选择。时任国民党山东省主席的何思源来到重庆，他看到何先生生活窘迫和前途迷茫，劝何先生和他一起回山东做官，也好有个照应。这是一条路。还有一条路，历史语言研究所（简称史语所）已经随迁到重庆李庄，傅斯年还是所长，也欢迎何先生去做研究。何先生对师母郭先生说："回山东，眼前光明，前途黑暗；去史语所，眼前黑暗，前途

光明。"53年后，何先生对这次选择无比感慨："这是一次命运攸关的重大决策。这决策，决对了，才有今天的我。"正可谓"治中西学成一家言，功在史坛称巨擘"的成就，恰恰缘于这一次命运攸关的选择。

三是走向新中国

1950年，对何先生来说又是重新选择的意义非凡的一年。何先生回顾这又一次命运抉择的"三岔口"，仍然保持着冷静的头脑："1950年前，摆在我面前的也是摆在大部分在美国的中国留学生面前的路，有三条：一是回大陆，二是留美国，三是到台湾去。"继续留在美国，毫无问题，当时何先生已经在霍普金斯大学国际学院取得研究基金，一年2000美元，工作稳定，足可以养家糊口。师母当时带着芳川大哥在国内生活艰辛，也希望能到美国团聚。去台湾，也没有障碍，傅斯年在国民党从大陆大规模撤退时，已经带

着史语所的大部分研究人员退到孤岛台湾，继续保留名称、编制和人员，史语所还保留着何先生的职位。回大陆，应该说是最难和最需要勇气的，但所有的顾虑都因"爱国"这两个字而无足轻重了。

二、学术研究的大视野

何先生年轻时，好读书，不喜闲谈，凡有人来访，若无具体谈资，则不置一词，空耗时光，大小眼相瞪，直到来客自觉无趣而悻然告退。仙逝后，灵堂后告别大厅中挂的是他手不释卷的大幅照片，天上人间都是书生。

何先生最好讨论大问题，动辄涉及几千年历史发展，涉及中外历史比较，涉及学派源流，涉及意识领域异同。近一个世纪的纷争都在他的视野范围和学术思考中。学术视野和学术研究因人因事是有层次之分的。何先生在学术研究中始终坚守的三点最为人称

道：一是大局观，二是注重研究有关国计民生的大事，三是将中国历史放到世界史的整个进程中考察。从他所写文章的题目也可略知一二。

何先生在85岁时，对此后的学术事业还有很多规划。

一是写一本通的中国寺院史，这个源头可以上溯到20世纪30年代对寺院经济的拓荒，为此何先生制订了详细的工作计划，有编写计划的缘起、具体工作计划、参编人员等。

二是抢救中国尚存的寺院，计划对中国尚存或虽不存但有记载的寺院进行全面、大规模的考察，整理出《中国寺院大全》，这一想法是有可能落实的。20世纪80年代，何先生对我简单说了这个计划，希望我们这些学生也能参加，我很高兴，幻想着走遍中国大地的山山水水、沟沟坎坎，寻访那些或香火不绝金碧辉煌，或岁月久远断壁残垣，或隐在深山老林，或仅剩传说的那些神秘的寺院。

迟迟没有下文，幻想仍是幻想。后来得知，是因为海外资助方有些强人所难的前提条件，何先生婉言拒绝，计划自然也就搁浅了。

三是续写《中国古代社会》的姊妹篇——《中国中世社会》。这一计划应该是何先生90岁以后开始着手的。我们找到了他的手稿，400字稿纸，约10万字，一笔一画，可惜只完成了绪论和第一章"古代社会走向中世纪（三国两晋）"，列出章节的还有第二章"四世纪初到六世纪末的北方社会（十六国、北朝）"，第三章"四世纪初到六世纪末的南方社会（东晋、南朝）"，第四章"城市的复兴和依附关系的衰歇（隋唐时代）"。

四是写历史通俗读物。何先生曾经说过："将来我老了，我要写一套章回体通俗本中国通史。"这个计划一直没有着手，师母郭先生倒是写出《唐太宗演义》《唐明皇》《女皇武则天》《朱元璋外传》《中唐演义》《先秦宫廷秘史》等，都是采用章回体撰写的通俗历史读物。

何先生几十年来反复思考的还有几个问题：一是共产国际和马克思主义的发展历程，二是中国历史学发展的历程，三是自己的学术和人生道路，四是对自己人生的定位"大时代中的小人物"命运的反思，五是对20世纪30年代以来中国革命和中国命运的思考。在他学术生涯的最后几年，他经常强调的是世界必将走向大同。

三、"小人物"的"大民生"

"勿以善小而不为"是刘备临终前给其子刘禅遗诏中的一句话。

这句话何先生和师母经常挂在嘴边、书写在纸上、落实在行动上。善事虽小，民生为大。在何先生和师母的遗物中，有很多新的发现，其中就包括几次捐献后的收据，最"古老"的就是为抗美援朝、保家卫国而捐出的19两黄金，泛黄的纸本，居然还完整无损地保留下来，足以见何先生对这一纸收据的珍爱，这是当时何先生和郭师母的"老底"了，最困难的岁月也不曾动过的"老底"，慨然捐赠，想来是深植于心底的"天下兴亡、匹夫有责"的士大夫的忧患意识所然，与全国人民"共赴国难""保家卫国"的大义使然。从遗物中还找出捐给菏泽一中的1000元的证明，时间是20世纪60年代，那时的1000元，可以折算成一个普通教师月工资的20倍。

最后的一次捐赠是2008年汶川大地震发生后，何先生捐出特殊党费1万元，支援灾区人民。这次，得到的是烫金大红封面的捐赠证书。斯人已逝，时光不再，但心在，精神永存。

民生为大，不废细流。何先生为人排忧解难，助人为乐，其实很多时候都体现在细微之处，无论是司机班的师傅，校内维护花草的工人，实习餐厅的小姑娘，医院的小护士，都是何先生和师母呵护和关爱的对象。

司机班师傅最喜欢为"何老"出车，实习餐厅的小姑娘每到过年都会收到"红包"，医院的小护士亲热地问爷爷感觉怎么样，何先生每每都伸出左手（因中风右手功能受损）用力握住她们伸出的手，温暖而有力，尽量不让她们为自己担心。

日理一"鸡"

何先生和郭先生待学生热情有加，"日理一鸡"传诵甚广。说的是，何先生夫妇两人生活简朴，饮食清淡，有人向他们请教长寿之道，答案是：棒子面粥加红薯，但又担心学生的营养不够，便经常请到家里吃饭，每每做很多菜，还不断为学生夹菜。据我的师兄于琨奇和薛军力讲，有一次在何先生家用餐，先生和师母精心准备，并坚持让每个人吃下一只鸡，不吃不行，以致吃完都要走不动路了。于是戏言："都说日理万机，我们到了何先生家是日理一'鸡'。""日理一鸡"成为何门弟子中广为传诵的"名言"，伴随着我们在何先生家的小红楼度过了数不清的美好时光。2006年，何先生唯一的爱子何芳川老师不幸病逝，2007年，师母过世，但"日理一鸡"的传统仍然在何先生居住的小红楼持续发扬。因为我的父亲年纪也大了，身体不好，很多时间我要回首都师范大学的家照顾父亲，我就经常利用上课后的时间去看望何先生，何先生盼望着我的到来，并且和我约定，下课后一定到他家里吃饭。每当我上课的日子，他都会嘱咐保姆（岳）兰蓉，要准备好饭菜，必须有荤有素，不管我下课多晚，都一直等我一起吃。如果觉得肉菜少了，就会埋怨兰蓉，他自己其实吃得不多，但总是盯着我吃，希望我多吃荤菜。如果有其他学生来，也一起邀到桌前进餐，还会催促兰蓉加菜，弄得兰蓉每次都有些紧张，生怕饭菜准备不周而引起何先生不满。尽管我们的收入比起之前提高了很多，但他仍然执着于把我们的肠胃塞满，据曾任历史学院院长的杨共乐老师说，他曾经在何先生和师母的"监督"下，整整吃了一大盆饺子，足够两位老人吃三天的。收入高了，生活好了，何先生仍然保持朴素清淡的饮食习惯。有客人来，年纪大了，做不动了，就请到学校的实习餐厅，不管剩多剩少，坚持要我们这些学生打包带走。有时候往往只剩下些汤汤水水，也要一律打走，照先生和师母的说法，"以免暴殄天物"。

在天愿做比翼鸟

通过平时的闲谈话语得知，何先生和师母郭良玉先生都是山东人，在读书期间，因同乡而结识。郭先生幼时家贫，母亲希望她辍学，她一怒之下逃离家门，独自在外求学、打工，后她写的自传体《黎妮的童年》一书，记录了她童年时艰苦坎坷、奋争自强的经历，非常值得一看。据说当时追求郭先生的大有人在，何先生是其中之一。师母郭先生在河南大学上学时，美丽、端庄、聪慧而又有个性，吸引了不少追求者。何先生年轻时风流儒雅，一表人才，世家出身，学养品质上佳，郭先生最终选择了锲而不舍、儒雅忠厚的何先生，开始了两人携手80年的恩爱岁月。何先生经常在课余时间走上一段路去看郭先生，两人漫步在乡间小道上，他们谈理想，谈学业，谈未来，谈到今后的牵手……

何先生是山东大户人家的子弟，虽然父亲官职不显，但何思源出道早，对这个堂弟呵护有加。两人的姻缘始自何时何事，已无法考证。

两人在1949年前度过的艰难岁月，战乱时的颠沛流离，李庄的潜心，远渡重洋的历练；1949年后的个人命运的沉浮，在我进入北师大时，都已经成为并不如烟的往事，我看到的是慈眉善目的长老。

我到北师大是1986年，两位老人已经都70多岁了，经常可以看到他们携手漫步在小红楼周围的林木丛中。我们去家里求教时，也经常看到师母郭先生给何先生按摩，先从头部起，再到肩部和胳臂，一边按摩一边唠叨："你们先生啊，就是个享福的命，从小就没吃过苦。"何先生坐在属于他的那把太师椅上，双目微闭，满脸笑意，享受着师母的按摩和唠叨。

2006年爱子何芳川老师去世后，两位老人仿佛一下衰老了，相濡以沫之情更加浓郁，几乎形影不离。尤其是师母郭先生，不仅精神受到打击，身体也渐渐不支，患上绝症住进了医院后，何先生就成了"全陪"。日常治疗和护理有医护人员和保姆，何先生就是每天陪坐或陪卧在师母身边，除非有来探望的客人，何先生会起身接待，其他大部分时间，两人手拉手，互相望着对方，或说话，或不说话，就这样静静地度过两人共同的最

何兹全及夫人与本文作者（中）合影

后时光。在师母离世前的半个月，何先生用颤抖的手书写了一首诗，表达了希望和师母"化作双燕子，比翼飞宇宙"的生死相依之情。师姐薛振凯老师曾经说过，山东电视台专门到北师大拍摄何先生的专题片，最后的一组镜头是两位老人在月季花和葱茏的林木中携手渐行渐远的背影。

北大早年校歌《燕园情》中有如此一段：

红楼飞雪，一时英杰，先哲曾书写，爱国进步民主科学。
忆昔长别，阳关千叠，狂歌曾竞夜，收拾山河待百年约。
我们来自江南塞北，情系着城镇乡野；
我们走向海角天涯，指点着三山五岳。
我们今天东风桃李，用青春完成作业；
我们明天巨木成林，让中华震惊世界。

燕园情，千千结，问少年心事，
眼底未名水，胸中黄河月。

如今，何先生已经走完百年人生。如今，他和郭先生携手飞向了天堂，再续百年恩爱。

宁欣，北京师范大学历史学院二级教授、博士生导师，中国古代史研究中心副主任。原文发表于《人物周刊》，2011-03-26，此次收录有删改。

10 / 启功

启功（1912—2005），字元白，也作元伯。满族、北京人。教育家、国学大师、古典文献学家、书画家、文物鉴定家。曾任北京辅仁大学、北京大学副教授。1952年后任北京师范大学副教授、教授、博士生导师。曾任全国政协委员、常委，九三学社中央委员会顾问，中央文史研究馆馆长，国家文物鉴定委员会主任委员、中国书法家协会主席等职。主要著作有《读红楼梦札记》《古代字体论稿》《汉语现象论丛》《启功韵语》《启功絮语》《启功赘语》等。

一代宗师　教泽宏深

/　侯　刚

启功先生不仅是享誉海内外的书画家、文物鉴定家和诗人，还是一位深受学生爱戴的教育家。他在中国古典文献学、中国古代文字学、汉语文字学和中国史学方面卓有成就。他从教70多年，爱岗敬业，尊师重教，桃李满天下，为国家培养了一批古典文学的教师和科研人才。

作为一位德高望重的教育家，启功先生身上集中体现了正直、善良、宽容、博爱的美德，他以自己的学行，实践了他为北京师范大学拟定的"学为人师　行为世范"的校训，为我们树立了光辉的典范。

艰辛的少年时代

我听启功先生讲过他的身世。他出身于皇族的支系，先祖是乾隆皇帝的弟弟——和亲王弘昼。清乾隆以后实行降袭制，爵位逐渐降低，到他的曾祖父一辈，爵位的俸禄已经不够养活一家人，而要靠教家馆维持一家人的生活。他的祖父毓隆也只好请求革除封号，走上科举为官之路，曾任过四川省学政（相当于现在的教育厅厅长）。启功先生1岁时，他的父亲就去世了，此后便随曾祖父和祖父生活。4岁时入私塾读书，自幼受到严格的启蒙教育和良好的道德熏陶。不幸的是10岁时曾祖父和祖父又先后去世，家业因偿还债务而破产。一些亲戚也都冷眼相待。他随寡母和未出嫁的姑姑过着举步维艰的生活，姑姑为抚养他这个一线单传的侄子，始终未嫁。1924年有曾祖父和祖父的几位门生仗义捐款购买公债，获取利息帮助他们，他才得以到汇文学校小学部读书，1926年升入中学。但是由于家境贫困，他急于谋求一个职业以维持生计，养活母亲和姑姑，中学未毕业便辍学了。

幸遇恩师　情逾父子

辍学以后，最初随戴姜福（绥之）先生学习中国古典文学，习作旧诗词、文章。戴先生曾对他说："你已经18岁了，不易再从头诵读基本经书，就教你一个有效的途径。"于是拿没有加标点的古书，要他先从唐宋古文读起，自己标点。老师每天留作业，他在灯下点读，老师拿到他的作业后，发现点错的地方，一一给他指出，并加以讲解。启功先生回忆，他在戴先生的"追赶"下，先后读完了古文辞类、文选、五经等，遇到不懂的地方，自己会查资料，逐渐掌握了读书的要领。戴先生还经常出题命他作文、作诗、填词。由于戴老师的精心培育，加上刻苦自学，他从青年时候起，便在中国古典文学和历史领域打下了坚实的基础。

因为生活的困难，青年时代的启功还是急于谋求工作的机会。1933年，他曾祖父的一位门生傅增湘先生拿着他的作业和画作，把他介绍给辅仁大学的校长陈垣（援庵）先生。傅增湘先生回来后对他说："援庵说你'写作俱佳'，他的印象不错。可以去见他。无论能否得到工作的安排，你总要勤向陈先生请教。找到一位好老师，学到做学问的门径，这比得到一个职业还重要，是一生受用不尽的。"启功谨记傅先生的嘱咐去见陈垣先生。

初见陈垣先生肃穆威严，他未免有些害怕，但是陈先生开口说："我的叔父陈简墀和你父亲是同年翰林，我们还是世交呢。"一句话拆掉了师生之间一堵生疏的墙。经过见面，陈校长就安排他到辅仁附中担任初中国文教员。这是启功先生从事教育工作的开始。自此，从中学到大学，他始终没有离开过讲台。他认为"为人师表"是世界上最崇高的职业，他一生的座右铭是："职为人师，人之所敬，虚心向学，安身之命。"

启功（左）与陈垣先生在鉴赏书法

到附中以后，他遵照陈垣先生的教导，认真备课，认真教学，兢兢业业。他的国文教学，讲得非常生动，引人入胜。我曾看到中国科学院谢学锦院士回忆启功先生的文章说："我当年就是辅仁附中的学生，喜欢文学就是在启功老师的熏陶下开始的。我对文学，包括古代的和近代的，中国的和外国的，都发生了兴趣，不仅课本上所选的诗、词、文、赋及小说片段等，我认真阅读欣赏，而且还到学校图书馆去借阅各种文学书刊，大大提高了我的文学修养。"

陈垣先生善于发现和培养人才，他再次安排启功先生到辅仁大学教"大一国文"。这门课是陈校长亲自主持教授的重要课程，为了给学生以坚实的基础，陈先生自己编选课文，并随时召集任课教师研究和指导讲授方法。启功先生曾回忆当年接受老师"耳提面命"的情况时说："陈先生从一篇文章的章法，到一字一句的改法和用法，或文章的作法，都亲自给予示范；从一个文派学派的思想体系，到某些文章的风格特点，都十分具体地给以分析和指导。"

这一时期陈垣先生不畏权势的思想精神和严谨考证的治学方法，关心青年成长、循循善诱的长者风度，给了启功先生潜移默化的影响。在长期的交往中，启功与陈垣的师生情谊也日益加深。启功先生不止一次对友人说："我所以能有今天，是援师在我人生道路的关键时刻，给我指点迷津。"称誉与陈先生"师生之谊有逾父子"。

勤奋自励　务实求真

严酷的现实使启功先生认识到，自己是一个中学生，没有大学学历，想要在辅仁这所高等学府待下去并做出一些成绩来，必须比别人更加勤奋，以自己的真才实学，取得各方面的承认。从那时起，他即养成了在学术上务实、求真的精神，几十年从未放松过对自己的要求。

他善于以前辈专家为师。在辅仁大学，他结识了一批受人尊敬的前辈专家学者，像沈兼士、余嘉锡等诸位先生。沈先生是语言文字学的大家，在文字学、训诂学方面有很大贡献，平生最乐道以学之长给予提拔，特推荐启功先生到故宫博物院任专门委员。余嘉锡先生是目录学专家，读书广博，善辨真伪，做学问下笔不苟，对古人成说不盲从、不轻信。启功先生说："余先生这些美德对我也有很大影响。"启功先生还结识了于省吾、容庚、唐兰、郭家声等老先生。启功先生说："这些老先生用功之勤奋，学问之广博，治学之严谨，人品之高尚，都是我学习的榜样。"启功先生从他们身上汲取和继承了良好的学风和教风。

这一时期，他还结识了同宗远支的溥心畬、溥雪斋，不仅得到了诗文书画的传授，

而且开阔了视野，丰富了思路。启功先生在回忆中，对这种亦师亦友的学习氛围和情景有着非常高的评价。

他还善于向同辈人学习。在辅仁大学，启功先生也结识了牟润孙、台静农、余逊、柴德赓等一批当时还年轻但比他年长的同辈学者。他们经常在一起切磋学业，互相启发，确实收到解难析疑、相得益彰的实效，真是"谊兼师友"。

启功先生曾深情地回忆，他在辅仁大学的第一位相识是牟润孙，比他年长四岁；第二位是台静农，比他年长十岁。他们时常一起饮酒作诗，谈论古今，在这种无拘无束的交谈中，谈论学术问题。启功先生回忆这些交谈时说："从老师那里得来只言片义，而我正在不懂时，他们甚至用通俗的比喻解释一番，使我豁然开朗。"有时，他们在一起对一本书、一篇文、一首诗、一件书画各抒己见，轻松地评论，见解十分周密、深刻，使

启功获益匪浅。1949年，牟润孙去了香港，台静农去了台湾，他们很久未能联系。后来牟润孙也任全国政协常委，每年来京参加政协会议，与启功见面机会较多。改革开放以后，海峡两岸交流增多，启功先生通过朋友辗转打听到台静农的消息，并通过诗书交流离别之情。1990年，他在香港朋友许礼平家里，终于和台先生通了电话，但是台先生已重病在身，希望启功赶紧去台湾看望他。未料两位先生未能等到重新见面，台先生便于1990年11月仙逝了。启功先生让我把他执笔书写的挽联"河岳日星风期无忝，文章翰墨师友平生"传真给台先生的亲属。这副挽联记录了二位先生深厚的友情。

启功先生还经常以学生为师。他在教学中非常注意学生是否能明白自己的讲解，他认为如果不能够给学生讲明白，一定是自己没有弄清楚，需要进一步研究。他引用《礼记》中的话"学，然后知不足；教，然后知困。故曰：教学相长也"来说明这个问题。启功先生还举例说："我的字就是在教学相长的氛围下得到大幅度提高的，当年有学生把我的批语裁下来拍成照片，心里很不安，生怕哪个字写错了或写不好，自己就加倍的努力。"他也回忆最初教"大一国文"时，陈垣先生对他说，教师批改作业时，如果字写得不好，让学生给比下去怎么对得起人家？启功先生听了老校长的话震动很大，就在批改作业时努力把字写好，至少要比学生写得好，努力了几年，终于能写出很好的批语了。启功先生还善于在实践中学习，拜有实践经验的学生为师。启功先生经常谈起，他的许多知识是在琉璃厂的书店中学来的，是在故宫的书画展览会上学来的；教学之余他经常与几位好友去琉璃厂逛书店，有时也带上自己的书画作品去荣宝斋换钱，然后到对面书店去买参考书；琉璃厂确实"是一座开架图书馆"（鲁迅言），在那里可以看到珍稀的古籍、碑帖、字画，店里的老先生热情地介绍古籍各种版本的特征，比较它们的优势，指出哪件字画是真迹，什么样的是赝品，每去一次都能开阔眼界，还可以用自己的作品换回急需的图书资料，真是一举数得。

启功先生还说："新中国成立前故宫博物院定期举办故宫珍藏文物和书画展览，并经常更换展品，到更换展品时，他都要陪同老师们前去观摩欣赏。参观过程即是听取老师们分析评论一些作品的不同看法、不同见解的过程，对一些疑问可以及时求得老师解答，许多书画知识就这样日积月累，融合消化，变为自己的了。"

学无止境　笔耕不辍

启功先生认为，具有深厚广博的知识，是作为一名教师的基本要求。因此，他在长期的教学中，很注意教学实践和科学研究的密切结合，从教学实践中总结经验，探索规律，再用这些经验去丰富教学内容，提高教学水平。几十年来，他以科研成果促进教学，在许多方面都有创建。例如，他的《古代字体论稿》，用大量的文献资料和实物相互印证，对古代字形、字体方面存在的问题，尤其是文献记载的字体名称和形状的变化，从实物和资料两方面做了综合考察，探索了古代各种字体的名和实、体和用的关系，使千年乱丝条理清晰了。这部专著已成为当今研究古代字体的学者和教学工作者必读之书，在20世纪80年代举行的学术研讨会上，受到许多专家的好评。启功先生的《诗文声律论稿》，探索了古典诗、词、曲、骈文、韵文、散文等各种文体的声调，特别是律调的法则，归纳出其中的规律，为古诗词研究和教学提供了驭繁于简的重要工具。

20世纪80年代以后，启功先生开始整理自己一生的研究，教学、学习的心得和经验，尽可能把这些留给后人。但是在指导研究生和繁忙的社会活动之外，还要拿出相当多的时间接待慕名来索字的人，他越来越感到时间不够用，为了整理论文和书稿，经常在晚上加班加点，有时为不断思路，竟通宵不眠。这样紧张的工作，使当时已年过八旬的老人几次住院。1991年，总结他几十年汉语教学实践经验的专著《汉语现象论丛》出版。启功先生对汉语词汇的特殊容量、汉语结构的特点，以及汉语特有的声律、骈偶等修辞现象的内在规律，都有深入的研究和独到的阐述。在这部书的出版座谈会上，与会专家认为启功先生"在三个方面有所突破：（一）尊重研究物件的实际。过去流行的'外国理论汉证'方法，很难适合汉语实际，像贴标签，启功先生对这似是而非的做法，提出了全面的批评。过去没有提出韵文语法，启功先生第一个提出了。（二）字本位和词本位问题。汉语中字、词混合，字词活用，同形词、同

字词很多，容易混淆，对此启功先生在《论丛》中提出一条新思路。（三）训诂、语法、修辞的一致性问题。以上语言学的这三个领域各有侧重，但根本目的是一致的，任何一方都不足以充分认识语言现象，应改变过去的学科分裂状况，把这三个方面更好地融合起来，启功先生在这里做出了贡献"。

循循善诱　因材施教

正因为启功先生有丰富渊博的知识，他的教学深入浅出，综合利用，深受学生们欢迎。他先后开过历代韵文选、中国文学史、中国美术史、历代散文选、中国古典文学、历代诗选、唐宋词等诸门课程。无论教什么课，他都能得心应手，独具风格，经常有理科系的学生也来听他讲课。

1982年他创立了北京师范大学中文系古典文献专业硕士点，1984年经国务院批准为

博士点，多年来培养了一批古典文学的教学和科研人才。他们在工作岗位上做出了突出贡献，分别被评为讲师、副教授、研究员、教授，有的还被聘为博士研究生导师。2004年，启功先生年事已高，92岁高龄还在家中坚持给研究生上课、答疑。先生身体已经很弱，走路已用助步器，但思维仍很敏捷。因白内障和黄斑病变严重影响视力，他就用高倍放大镜读书看报、查资料。难以再用毛笔写字，他就改用塑料头硬笔写文章，或用口述录音方式，请学生代为整理，2002年以后先后发表了《读〈论语〉献疑》《汉语诗歌的构成及发展》《〈文史典籍整理〉课程导言》《"八病""四声"的新探讨》《谈清代改译少数民族姓名事》《启功人生漫笔》《北京师范大学百年纪念私记》等论文，并修订再版《诗文声律论稿》。

启功先生教书育人的突出特点，就是循循善诱，因材施教，体现了他对学生的亲切关怀，显示出他教学的原则和科学方法。他总是从社会的实际需要和学生的不同水平出发，有针对性地给学生传授知识。他上课从不照本宣科，人云亦云，而是讲自己独到的见解，讲活知识、活方法。他提倡博览群书，主张通学，例如，他发现学生古典文学的基础知识比较差，就为学生开设国学基本知识课程，称之为"猪跑学"（俗话说：没有吃过猪肉，难道还没有见过猪跑吗？），意思是追随前人开拓的道路朝前跑。他要求学生对各种学科广为浏览，把握各种学科的相通之处。他每周都要把学生招到家里来上课，一讲就是半天。我有幸旁听，他讲的内容涉及很广。纵的方面，讲先秦以来中国文化的变迁；横的方面，涉及文字、音韵、训诂、目录、版本、校勘、官制、地理、典章、文化习俗等。他甚至教学生怎样查资料，怎样使用《康熙字典》。启功先生认为，文史专业的学生读点古书，是最基本的功夫。他针对每个学生的情况开列书目，指导阅读，还亲自指导学生作古文、写古诗、填词曲，对学生的作业一字一句地批改。这些措施为的是培养学生的国学基础。他给研究生上课，大都采用讨论的方式，从最切合学生本人需要之处入手，解决每个学生各自的问题，对学生在讨论中说得不对的地方，都是耐心平和地指出来，启发学生自己寻找正确的答案。每次讲课结束前，都要留出一些时间，要学生提问，他一一作答。

启功先生社会兼职多，社会活动也多，常常是家中宾客盈门，但是无论多忙，他从不拒绝学生的请教，无论多累，他总是热情地接待学生来访。遇到当时找不到满意答案的问题，也要记下来，详细查找资料，下次回答，或以通信方式给予指导。有时为了一个问题给外埠学生写信数次，每次都超千字。有个学生写毕业论文需要参考日本学者的研究资料，启功先生就利用访日的机会，四处为这位同学找资料，并介绍国外学者与这位同学建立联系，具体有效地帮助这位同学完成了毕业论文。启功先生从未因自己个人的事去求人，但为了学生的成长，他多次请朋友帮助；为了学生学术成果的出版，也亲自向出版社推荐。在学生们成长的背后，有着启功先生辛勤耕耘的功劳。

不忘师恩　捐资助学

如前所述，启功先生博大精深的学问，来自他数十年厚实的积累和刻苦深入的研究。他青年时代的勤奋和虚心求教，也给他打下了厚实的基础。他经常向周围的朋友谈起，他之所以能有所成就，是遇到了几位诲人不倦的恩师。

启功先生感恩于陈垣老师对自己的培养，决定捐资助学。1988年8月的一天，启功先生将他拟订的捐献计划书拿给我，让我呈交给当时北师大的王梓坤校长。他说："很久以来，我就想找一种办法来永久纪念老师的教泽，这种纪念要不同于一两次的会议活动，便想到了用举办书画义卖的方式，筹集一笔基金，捐给学校，定期赠给学习、研究、教学有卓著成果的学生或青年教师，借以绵延陈垣老师的教泽，为国家培养更多人才，以报效师恩于万一。"他在计划书中提出"给北师大创作书法作品100件、绘画10件，举行义卖后的全部收入和应社会各界题字要求书写作品100件由学校代收酬金，两项收入全部捐给学校，再捐出现金1万元作为装裱费"。我将计划呈给王校长后，校长十分感动，在计划书上签名后召开校长办公会，决定接受先生的捐献，并指定校长办公室协助先生处理义卖的具体事务。

1990年陈垣先生110年诞辰时，启功先生在香港举办书画义卖展，共筹得资金1631692元，全部捐给学校。学校决定命名为"启功奖学金"，先生坚决不同意用他的名字命名，他说："捐这点钱是为了纪念老师，就用老师'励耘书屋'中的'励耘'二字命名为'励耘奖学助学基金'吧。"启功先生感恩于老师对自己的培养，把继承和发扬老师辛勤耕耘、严谨治学、奖掖后学和培养后学的精神，永远铭刻在心中。

在组建基金会理事会时，学校请启功先生担任理事长，他又婉言辞谢，他说："我只管筹款，至于如何管理，如何评选，如何发放，我都不参与。"他推荐陈垣先生的弟子周绍良、单士元、萧璋、刘乃和、郭预衡参加理事会。

1992年是北师大建校90周年，学校举行了"励耘奖"首届领奖申请、评审。整个颁发过程严肃认真，向师生传达了尊师重教、弘扬励耘的精神。"励耘奖"每两年评选一次，至2005年启功先生逝世时，共评选过七届，先后有110名优秀青年教师、110名优秀研究

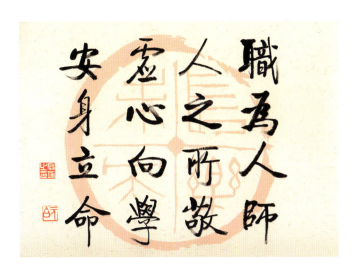

生、153名优秀本科生和32部优秀学术著作的作者获奖。启功先生还特别关注从贫困地区报考来的学生，从1996年开始，增设特困生助学金，每年给50名新入学的贫困生每人颁发500元助学金。

启功先生捐资助学的义举被媒体报道后，在社会上反响强烈，启功先生尊师重教的高风亮节，在教育界传为佳话。

学为人师　行为世范

1997年，为迎接北京师范大学建校95周年，学校征集校训，作为学校培育人才的指导思想，也是师范生的奋斗目标。许多师生积极响应，提出所拟的草案，最后经过学校讨论，选定了启功先生提出的"学为人师　行为世范"，这八个字简明扼要地概括了对全校师生的要求和期望。

启功先生讲他对这八个字的理解时说：

"学，是指每位师生应具有的学问、知识以及技能。仅仅具有还不够，需要达到什么程度？校训讲得明白，是要能够成为后学的师表。而师表的标准，我们能理解，绝不是'职称''级别'所能衡量和代表的。

"行，是指每位师生应具有的品行，这包括着思想、行为、待人、对己。方方面面、时时刻刻都光明正大，能够成为旁人对照的模范。"

　　这是启功先生对学校师生的期望，也正是
启功先生自己学行的写照。

侯刚，曾任北京师范大学校办主任，启功先生助手。原
文曾发表于《西泠艺丛》2020年第1期。此次收录有删改。

11/

彭飞

彭飞（1914—1991），北京师范大学心理学教授、心理学科建立主要推动者、心理学系首任系主任。1937年加入中国共产党。先后在解放区华北联合大学（中国人民大学前身）、华北大学（中国人民大学前身）任职。新中国成立后任中国人民大学心理学教员（率先按苏联心理学体系编写讲义授课）。1952年调任北京师范大学心理学教授兼教育系主任。受教育部委托聘请苏联心理学家授课，组办大学教师心理学进修班和研究生班，在推动以马克思主义思想为指导，学习苏联心理学上做出了贡献。

引导我"走进心理学"的第一位老师

/ 彭聃龄

2012年年底，我主编的《普通心理学》教材（第三版）获得北京市教育教学优秀成果一等奖。饮水思源，联想起50多年前引导我"走进心理学"的第一位老师——彭飞教授。

我好奇地上网查询了一下，同名同姓的人很多，有篮球运动员，有教练，有公司经理，有小学生，还有一位日本学者，而关于我们熟悉的彭飞老师的条目，却少得可怜，只在北师大心理学院的发展史上，提到了一句"他是教育系的系主任，兼心理学教研组组长"。我搜索"北师大教育学部"和"北师大教育学院"，也没有找到介绍彭飞老师的资料。

1954年9月，我来北师大教育系学习。在迎新会上，我见到了彭飞老师，他当时是教育系系主任，兼心理学教研室主任，学生和老师都尊敬地称他为"彭主任"。当时的教育系被称为全国教育科学的"母机"，系里邀请了许多著名的苏联心理学家和教育学家来系里讲学，办了多个心理学进修班、专修班，也办过校长培训班，在全国产生了很大影响。我中学时的校长就因为来北师大参加培训，仰慕教育系的盛名才推荐我报考的。来教育系后，我们上的第一门专业课就是普通心理学，由彭飞老师主讲，孙昌识老师辅导。彭飞老师讲课很有风度，高高的脑门，时常穿一件长大衣，讲话快慢适度，言简意赅，逻辑性很强，常常能给学生一种震慑力，学生都爱听，笔记也好记。1958年，我毕业后，留校任教，系里安排我辅导普通心理学，跟随彭飞老师。当时班上有一位从新疆来的维吾尔族学生，听课有困难，记不下笔记，彭飞老师特别叮嘱我去帮助她，每次课后我都要安排单独的辅导和答疑。1981年以后，我也担任了近10年的普通心理学教学工作，主编了《普通心理学》教材。可以说，彭飞老师是引导我"走进心理学"的第一位老师，也是指导我从事普通心理学教学工作的第一位老师。"文化大革命"后，彭飞老师还参加了曹日昌教授主编的《心理学》教材，这部教材奠定了《普通心理学》教材建设和课程建设的基础。以后我主编《普通心理学》教材和担任这门课的教学工作，正是得益于彭飞老师当年的指导和帮助。

有一次我在校园内见到陈琦老师，她早我两年，是1952年入学的，担任过心理系的副系主任，她上大学后的第一门课也是彭飞老师主讲的普通心理学，章志光老师辅导。陈琦老师说："彭飞老师的课讲得很好，很有吸引力，在当时系里开设的课程中，我最喜欢心理学，这门课也引导我以后从事心理学的教学和研究工作。"

1960年，在彭飞老师的主持下，北师大教育系在国内成立了心理学专业，为我国心理学人才培养建立了基地，为心理系的建立打下了基础。在心理学专业建立的同时，他还主持开办了心理学研究生班。彭飞老师从校外聘请了多位老师给研究生班上课，如荆其

诚老师、李心天老师等，并安排从苏联回国的王文宁老师担任班主任。后来这个班的学生在我国心理学事业中发挥了重要的作用。

在彭飞老师和心理学专业老师的努力下，1980年学校建立了心理学系，彭飞老师任首届心理学系主任。那时心理学刚刚恢复，百废待兴，彭飞老师积极带领我们进行心理学的课程建设、制度建设和队伍建设。他为人谦虚，胸怀开阔，作风正派，办事公允，关心年轻人，注意团结系里方方面面的老师共同工作。他关心中青年教师的成长，安排中青年教师出国学习、访问。正是在他的安排下，张厚粲老师、陈琦老师、我、郭德俊老师、张必隐老师才先后有机会出国学习进修，时间有的一年，有的两年；朱智贤老师、高玉祥老师、冯忠良老师也都先后出国访问。这对"文化大革命"后心理学的恢复和建设起了重要作用。我记得"文化大革命"后，彭飞老师推荐我参加了出国的外语培训

和考试。为了支持我学好外语，他还把自己心爱的一部"熊猫牌"收音机借给我用。张必隐老师17年的两地生活也是在他的帮助下得到解决的。我们都有这样一个体会，彭飞老师看上去很严肃，其实很关心学生和年轻老师。他默默无闻地为北师大心理学系的建设和发展奠定了基础。

彭飞老师"骑鹤仙去"已经快20年了，他晚年不幸得了骨癌，这是一种很痛苦的疾病，每天都要注射止痛药才能安静地睡一会儿。20年之后，唯一能告慰彭飞老师的就是，他的学生们还在深深地怀念着他，也永远感谢他在人生的征途上给予我们的教诲、关心、帮助和鼓励！

彭聃龄，北京师范大学心理学部教授。本文系作者于2012年12月8日发表的博文，此次收入有删改。

12 /

卢乐山

卢乐山（1917—2017），湖北沔阳（今仙桃市）人，生于天津，北京师范大学学前教育系教授。著有《蒙台梭利的幼儿教育》《学前教育基本理论》《卢乐山文集》《卢乐山口述史》等。卢乐山被誉为新中国学前教育的「拓荒者」，她一生专一事，孜孜以求，为我国学前教育事业做出许多重大的贡献。

高山仰止，景行行止[1]
——怀念我的恩师卢乐山先生

/ 祝士媛

卢乐山先生1917年出生在一个教育世家。她的祖父卢木斋、外祖父严修都生于清朝末年。他们怀抱"教育救国"的理想，主张废科举、兴办新式学堂，努力探索适合中国国情的现代教育。卢木斋和严修都是实业家，他们几乎拿出全部家产兴办幼儿园、小学、中学乃至大学。其外祖父在家兴办的严氏家塾、严氏女学、严氏保姆讲习所及附设蒙养院（幼儿园的旧称），祖父在家兴办的卢氏幼儿园、卢氏小学，都是中国较早涉及幼儿教育的机构。她的母亲是严氏保姆讲习所的第一班毕业生，曾担任蒙养院教师，并开办过幼稚园。她的一位姑母和两位表姐都是幼儿教育工作者。在祖辈的"教育梦"和家庭浓重的教育氛围影响下，卢先生从小就进了母亲和姑母经办的幼稚园和小学，最后走上与母亲、姑母、表姐同样的道路，与幼儿教育结下不解之缘，成了一名终身的幼儿教育工作者。

中国学前教育事业的奠基者和开拓者

中华人民共和国成立时，卢先生正在加拿大多伦多大学儿童心理研究所进修。当她听到新中国成立的激动人心的消息时，正怀有身孕。当时她的姐姐、妹妹已定居美国，但她与先生却立即决定：毕业后就回国，要为新中国工作，要把孩子生在中国。卢先生于1950年夏回国后，很快就接到时任北师大保育系主任关瑞梧先生的邀请函，请其立即到北师大保育系报到。1952年，全国进行了院系调整，北师大在保育系基础上，在教育系成立了学前教育专业，卢先生担任第一任主任直至退休。她将一生都献给了北师大和全国的学前教育事业，成为我国学前教育事业名副其实的奠基者、开拓者和践行者。

我们称其为奠基者，是因为中国在20世纪50年代以前，大学没有学前教育专业。卢先生担负起建设学前教育专业的重任后，在国

卢乐山先生

内无法可依的状态下，只能借鉴苏联的相关资料，摸索着前进。短短的时间，北师大就形成了新中国第一个高等师范院校学前教育专业教学计划和以"三学六法"[2]为主干的课程体系，并编写了全部课程的教材。北师大学前教育专业教师不仅承担本校的本科生教学工作，20世纪50年代，还面向全国举办了两期专修班，为各省市培养幼儿师范和幼儿教育行政部门的急需人才，办了一期兄弟院校的教师进修班，为全国培训、补充学前教育的高等专业人才。

我们称其为开拓者，是因为卢先生带领学前教育专业的同人，不断开发学前教育的新领域。1954年，卢先生受教育部委托，任《幼儿园教育工作指南》（以下简称《指南》）的主编。她在短时间内组织本校教师、进修员、京津两地的幼教工作者共90余人，共同学习、研讨，历时两年多，于1956年完稿。教育部领导认为这是新中国成立以来，第一部

幼儿园教育指导用书，是学习苏联与结合中国实际的具体体现，是理论工作者与实际工作者合作的成果，决定立即印发全国幼儿教育部门征求意见。虽然《指南》始终未能正式出版，但大部分内容还是被很多幼儿教育工作者采用了。作为主编的卢先生多少获得点心理安慰。

1982年，已65岁的卢先生，在我国学前教育领域，招收了第一批硕士研究生，卢先生被聘为首任导师；1985年，北师大又请卢先生负责招收了学前教育研究生班，为培养我国学前教育领域的高层次人才，开辟了新的途径。

卢先生在学前教育的科学研究领域也是开拓者。学前教育教研室在20世纪50年代，几乎没有进行过任何专题的科学研究。1959年开始，一些留苏的副博士陆续回国，她就让这些老师带领我们四年级的学生学习科研方法，做小课题的研究。进入20世纪60年代

后，卢先生亲自带头到北师大实验幼儿园与教师合作，连续两年进行"通过自我服务培养4岁幼儿的独立性"和"通过游戏培养幼儿互助友爱"的实验研究。当时，卢先生在缺乏现代科研方法和现代测量手段相关资料的情况下，就把这些实验研究视为一次自主学习和探索性研究。首先提出假设，然后靠自己观察、记录的材料，进行整理、归纳，最后写出实验总结报告。这些科研报告把课题研究获得的幼儿表现特点加以概括、总结，提出如何采用相宜的方法施教的建议，供幼儿园教师在实际工作中参考。

在卢先生一生从事的研究领域中，游戏的研究占有突出的位置。20世纪70年代末，卢先生又开始学习西方一些心理学家和教育家有关游戏的论述，审校了由周俐君翻译的《锻炼儿童思维的游戏》一书。她在指导硕士研究生的论文时，其中一个题目是"幼儿游戏研究"，在指导这位研究生过程中，教学相长，共同研究，该生不仅在毕业时写出了有质量的论文，现在也成为国内有名的幼儿游戏领域的专家。

进入20世纪80年代后，卢先生以开放的眼光，关注国外幼儿教育思想发展的研究。她发现自己过去熟悉的蒙台梭利教育，在世界范围被肯定、否定的几次反复中，又出现在世界舞台上，特别是在美国衰落一段时间后，又获得了复生。她决定对这个曾风靡世界的意大利女教育家，再进行一次深入、客观的研究。她不惜费时、费力、广泛搜集有关蒙台梭利研究的新资料，包括国内外的家人、朋友提供的有价值的资料之后，写出了《蒙台梭利的幼儿教育》[3]。该书客观、全面地介绍了蒙台梭利的教育思想和方法，在最后一章的"简评"中，卢先生指出：蒙台梭利毕生从事儿童教育事业，经过长期的实验研究，提出了个人独特的见解，在幼儿教育改革方面做出了一定的贡献；她的教育主张有很多值得我们参考和借鉴的内容，但也有不少地方是错误的，甚至是荒谬的；建议国内对蒙台梭利教育有兴趣的幼儿教育工作者，取其所长，去其所短，做到洋为中用。

1987年，卢先生以70岁高龄正式退休。一贯以事业为重的卢先生，一点没有从此颐养天年的想法。她决定自己挂帅，在学前教育的理论层面做些建设性的工作。她认为要深化教育改革，探索有中国特色的教育发展道路，既要吸收别人的经验，更要走自己的路。做到这一点，首先应在理念上提高认识。她决定邀请北师大学前教育专业部分教师编写《学前教育原理》，试图借鉴古今中外有关教育的理论和科研成果，并结合我国当前学前教育的实际，来阐述有关学前教育理论中的一些基本问题。其目的在于根据我国社会的需要，按照婴幼儿生理和心理的特点及其发展规律，请老一代学前教育工作者提出自己的见解和教育建议。《学前教育原理》[4]分12个专题阐述学前教育的基本问题。它的结构和章节内容与苏联模式的学前教育学相比，有很大的突破。

进入20世纪90年代，卢先生在兼任全国妇联副主席期间，创建了中国家庭教育学会并任首届会长，同时担任《中华家教》的主编，在全国范围内开创了儿童教育领域的家庭教育研究；组织了一批儿童教育专家、学者和有经验的教师，共同编著了《城乡婴幼儿教育指南》《家庭优生优育优教知识》《小学生家庭教育丛书》《中国学前教育百科全书》《中国女性百科全书》等著作。她在低幼儿童层面家庭教育的出色研究与传播，被全国妇联、国家教委授予"全国家庭教育工作园丁奖"；国务院妇女儿童工作委员会向她颁发了"热爱儿童"荣誉奖章并授予其"全国有突出贡献的儿童少年工作者"称号，全国妇联赠予"在20世纪中国妇运史上记载着您创造的辉煌"奖盘。

进入21世纪，《卢乐山文集》于2002年8月由北京师范大学出版社出版。2004年11月，卢先生获"第四届中国内藤国际育儿奖"。2006年9月，卢先生获中国老教授协会的第三届"老教授科教工作优秀奖"。2007年，卢先生90岁华诞时，北京蒙台梭利教育科技中心授予其"终身成就奖"荣誉称号。2009年，卢先生又被中共北京市委教育工作委员会评为"首都教育六十年人物"。

深耕在一线的践行者

我们称其为践行者，是因为卢先生一直在教学第一线耕耘。1950年她刚到北师大任教，就一人教三门专业课。1956年我们这一届同学入学后，从一年级开始，就由卢先生给我们主讲学前教育学这门课程。那时还是全面学习苏联时期，虽然她指定的参考书是苏罗金娜的《学前教育学》，但她在教课中，不是盲目地照搬，而是结合她在国内外所学的学前教育理论，结合自己任幼儿园教师积累的经验，客观地介绍国内著名幼儿教育家的教育思想，介绍国外幼儿园如何尊重儿童，如何在日常生活中让孩子有自由选择机会等做法。在学生们听来，卢先生的课不仅理论紧密联系实际，而且让我们开阔了眼界。我国改革开放后，有不少人对苏联的教育理论全盘否定，她不跟风，而是冷静、客观地分析，认为20世纪50年代学习苏联的教育理论，对我国学前教育起过促进作用，并总结出苏联学前教育理论中，哪些方面是可取的，值得我国学前教育学习，哪些是不可取的。当时来华的两位苏联专家都强调"苏联的教育理论是唯一正确的"，全面否定西方的教育理论。她当然是不能接受的。她指出：我国的幼儿教育界也曾一度全盘否定西方的教育理论，否定1949年前自己的教育理论和经验等，这都是错误的。对有些人在学术问题上轻率否定、肯定，缺乏严谨的科学态度，卢先生一直持反对态度。这就是她一贯的学术风格，彰显了一个正直学者的风范。

在其任学前教育教研室主任的几十年中，她对教师的教学大纲和讲义，均认真审核。记得20世纪60年代我开始讲授儿童文学这门课时，曾提到如何让幼儿掌握作品的主题思想。卢先生阅后认为不妥。她从幼儿逻辑思维水平较低的角度指出：主题思想是对一篇作品的概括，是抽象的概念，幼儿恐怕难以真正掌握。后来，我在指导学生做毕业论文时，研究过幼儿理解文学作品的特点。研究结果证实：卢先生指出的问题确实是值得重视的。卢先生这种严谨、负责的治学精神，让人心悦诚服。

"活到老，学到老"，是卢先生的座右铭。她92岁学会使用电脑，95岁学会用Ipad，97岁会用微信与家人和朋友传递信息。在一位博士生帮助其写"口述史"的过程中，她以93岁高龄，自己动手写了8万字的史料。她70多岁的时候，张雪门先生[5]的学生编辑了两大本《张雪门教育文集》，请卢先生写序言。她在燕京大学学习期间虽然学过张雪门的教育理论，但时间已隔40多年，只能再次学习两本文集，重温张雪门的教育思想。尔后撰写出涉及"张雪门先生其人""张先生对幼儿教育的主张""张先生对幼儿师资的培训""张先生的《幼稚教育行为课程》"等洋洋8000多字的文章。本来可写成一篇通常的序言，卢先生竟把其当成了一项研究，写成了一篇很有价值、分量厚重的长篇序言。此文后来在"张雪门先生诞辰105周年幼儿教育思想研讨会"上发表，接着她又在许多会议上介绍自己学习张雪门教育主张的心得。卢先生的许多专著、译著以及主编的大型工具书，大都是在她70岁至90多岁期间完成的。她所践行的不只是"活到老，学到老"，我认为还应加上一句"研究到老，工作到老"。

爱人者，人恒爱之

卢先生是具有大爱之人。她在燕京大学学习时，本应该在校内的附属幼稚园实习。但她看到本校院内的幼儿大多是大学教师的子女，在幼稚园受到良好的教育，过着愉快的生活，而校外成府街上有些贫苦人家的孩子，整天在外边闲游、打闹，无所事事，身上很脏，有时见了人还说些脏话。当时她就感觉燕京大学墙里和墙外差距太大了，她决定和一位同学一起，在燕大附属幼稚园之外，另办一所幼稚园，作为自己的实习园地。这个想法得到了指导教师的同意，并给予了物质方面的支持。于是卢先生办起了一个免费的半日制幼稚园，使燕京大学墙外几十个贫穷幼儿，有机会受到一段难得的良好教育，显示了她对下一代博爱的胸怀和美好的师德。1966年上半年，北师大教育系曾到山西临汾农村进行较长时间的教育调查与实践。卢先生与我们同行，她又带领我们在所住的村子里办起了一所幼儿园。先由我们任教，然后手把手地教当地的女青年学习怎样当老师。20世纪70年代，大学曾实施开门办学，经常下乡，每到一处，只要有时间，卢先生就会与师生一起，培训当地的农村幼儿教师。只要有机会，卢先生就要带领我们为基层的幼儿教育做些有益的工作。

卢先生一生有许多挚爱的同学、朋友、学生。她在燕京大学上学，在成都树基儿童学园和四川省立成都幼稚师范学校工作期间，与她的许多同学、同事都保持着终生的交往。她在树基儿童学园的亲密的同事兼朋友中，有两位与我也相熟。一位是原西南师范大学俞锡玑老师。她一生未婚，是我国学前教育资深专家，与卢先生感情甚笃。几十年间，卢先生每年2月1日都要给她过生日，从未间断，直至俞老师过世。另一位是从北京市教委退休的、已过95岁高龄、仍健在的胡润琴老师，她与卢先生有72年从未间断的友谊，是一直互相关照的密友。

在卢先生百岁纪念画集《乐山集》中，学前教育专业各届校友发来的充满深情厚谊的献词、献画，反映了他们对卢先生一贯关爱学生的感激，是对卢先生发自内心的尊敬与热爱。对没有教过的学生，卢先生同样给予关爱。20世纪70年代，系里打破专业、年级界限混合编组时，她认识了不少外专业的学生，面对有困难的学生，卢先生无私地伸出了援手，如藏族学生次旺俊美（曾任西藏大学第一届校长）毕业回藏工作前，卢先生给其夫妇200元资助；一位汉族学生魏青平家庭比较困难，当其查出患结核病时，卢先生慷慨资助，让其能及时获得较好的营养。该生毕业回家后，她还继续给其寄营养品。卢先生这些善行，从未对任何人谈及，都是她去世后我们从这些学生那里得知的。

在我与卢先生相处的50多年中，她对我们一些仍在其身边的学生兼同事的关爱事迹数不胜数。她年过90岁，还把我们的生日记录在册，每年都按月在她家给大家过生日。对我个人来讲，一生不能忘怀的事情，是我1960年困难时期，生第一个小孩时，我住在离学校很远的地方，卢先生竟然只身一人，提着她全家一个月的鸡蛋来看我，感动得我热泪盈眶。对待自家的保姆，卢先生也充满关爱：北师大教师每年例行体检时，卢先生一定给保姆出资让其和教师一起体检；保姆每年回四川探亲，费用均由她全包；保姆生病住院动手术，费用亦由她全部支付；有一次保姆粗心，将其家中祖传的清代乾隆年间的青花瓶打碎，卢先生极其淡定，一句抱怨的话都未讲。其宽厚的品格让人敬佩不已。2017年上半年，卢先生得知中国下一代教育基金会成立了一个"关爱启蒙者——流动课堂"讲师团，专门为贫困和民族地区培训幼儿园教师，即慷慨解囊，拿出自己多年积攒的10万元，捐助给广西河池地区幼儿教师培训班，使11个区县9个民族的500余名幼儿园园长和骨干教师得到了一次学习的机会。卢先生的大爱，已从北师大惠及祖国的边疆，已从对个别人的关怀，惠及广大幼儿教育事业的接班人。

直到临终，她还在为国家而看淡自己的生死。她觉得自己的病已不可治，多次要儿子去求大夫停止救治措施。一次我去看望他，她又求我去找大夫说：别再治了，别再浪费国家资源了。语气恳切，感人肺腑。而且，卢先生已于去世前两年立下遗嘱：去世后，不举行遗体告别，不开追悼会，遗体捐献给北京协和医院[6]做医学研究。高风亮节，贯彻终生。

现在，卢先生已经仙逝，但她对学前教育事业的忠诚，她为人做事的美德，将永远留在后人心中。她留给我们的最宝贵的财富，是她言传身教，为学前教育专业培养了一大批终身从事学前教育的后继者。仅就其直接领导下的北师大学前教育专业教师来讲，个个都如她所望，终生献身学前教育事业，个个都有自己的专业特长，几十年如一日地恪尽职守，踵足恩师，为全国各地输送了一批批学前教育专业人才。20世纪90年代，以卢先生所带的学生为主体的北师大学前教育教研室，先后获得"全国巾帼建功先进单位""北京市模范集体"的称号。

卢先生与世长辞5个月前[7]举行的"北京师范大学学前教育专业成立65周年暨卢乐山先生百岁华诞庆典"中，卢先生的即席答谢辞，是她留给我们的最后遗言（摘录）：

"今天承蒙诸位祝贺我的百岁生日，我确实受之有愧。回顾我的一生，无论是在学习方面，还是在工作方面，都曾有过非常好的时机和条件。但是我并没有做出应有的贡献。我受到的恩惠很多，我得到的帮助很多，我获取的很多，但是我付出的太少。我应该感恩，同时还要学习。不但要学习知识，更要学习做人。我要活到老，学到老，不学到老，没有资格活到老。

65年来，虽然经过了风风雨雨，但始终是在不断革新，不断发展。回顾过去，展望未来，今后我们的条件会越来越好。有国家的重视，有社会的支持，现在更有很多年轻的朋友们加入我们这个队伍中来。我相信，只要我们大家共同努力，同心协力，今后一定会做出更优异的成绩来。"

让我们牢记恩师的遗言，脚踏实地，献身学前教育，无愧于卢先生的在天之灵。

祝士媛，系卢乐山先生的学生，北京师范大学教育学部教授。原文曾发表于《人民教育》2018年第10期。此次收录有删改。

注释

1　"高山仰止，景行行止"：品德像大山一样，就会有人敬仰他；行为光明正大的人，就会有人效法他。
2　"三学"为学前教育学、学前心理学、学前卫生学，"六法"为学前儿童语言、数学、科学、体育、音乐、美术教学法。
3　1985年由北京师范大学出版社出版。1987年获北京市哲学社会科学和政策研究优秀成果二等奖。
4　《学前教育原理》1991年由北京师范大学出版社出版。1995年获北京师范大学优秀文科教材奖及国家教委第三届普通高等学校优秀教材二等奖。
5　张雪门，中国现代幼儿教育家。20世纪30年代有"南陈（鹤琴）北张（雪门）"之称。
6　1939年，卢先生曾为北京协和医院创办过幼稚园。
7　卢乐山先生于2017年11月9日逝世，5个月前系指2017年6月10日那天。

13/

郑敏

郑敏（1920—2022），祖籍福建闽侯，诗人、翻译家、西方文艺理论家。1943年毕业于西南联合大学哲学系，1952年于美国布朗大学获英国文学硕士学位。1955年回国，在中国科学院文学研究所西方组（现中国社会科学院外国文学研究所）工作，1960年到北京师范大学外语系任教，著有《诗集1942—1947》《寻觅集》《英美诗歌戏剧研究》《诗歌与哲学是近邻》等。1981年，郑敏与王辛笛、曹辛之、穆旦、杜运燮、陈敬容等合出诗集《九叶集》，他们因此被称为「九叶诗派」。

"只有我看得见的光"
——百岁诗人郑敏心灵肖像

/ 萧 莎

2020年7月18日，"九叶诗人最后一叶"郑敏先生在清华大学荷清苑家中度过了百岁寿辰。

郑敏是诗人，也是学人。她青年成名，诗作引燃了后来几代诗人的灵感，在中国现当代文学史上占有一席之地。她的诗论开20世纪80年代风气之先，将西方解构主义哲学引入对汉语文字、新诗创作、文学史观和中华文化传统的重新理解，在文艺理论领域引发深远回响。她的百年岁月如同一本厚实的书，记载着她独特的天赋才能、不懈的创作实践和求知努力，也刻写着与我们民族命运相呼应的沧桑，有坎坷，也有坚毅不屈的进取。

郑先生曾写下诗句：

不能忘记它
虽然太阳已经下山了
山峦的长长的肢体
舒展地卧下

穿过穿不透的铁甲
它回到我的意识里
在那儿放出
只有我看得见的光。

（《心象组诗》之一）

那束引领她前行不倦的光，让我们翻开诗人的岁月书卷去寻访。

一

郑敏的求学之路十分特别。她19岁通过西南联大入学考试，被外文系录取。报到注册那天，她念及自己的哲学爱好，想到自修哲学比外国文学难，便果断转入哲学系，改修西方古典哲学。

大学三年级，在德文教授冯至的指点和鼓励下，她开始在报刊上发表诗作。1947年，她的诗歌作品结集出版，收录于巴金主编的《文学丛刊》第十辑，题为《诗集1942—1947》。此时，郑敏不过27岁，俨然中国新诗界的一颗新星。

郑敏的诗作从一开始便风格鲜明，被称为"用清明的数学家的理智来写诗的诗人"。诗人唐湜如此评述道："她虽常不自觉地沉潜于

一片深情，但她的那萧然物外的观赏态度，那种哲人的感喟却常跃然而出，歌颂着至高的理性。"

情与理紧密交织并力求理智的超然和超越，这种美学追求脱胎于青年郑敏的个性，离不开她的哲学底蕴，不过，在某种程度上，它其实也是中国现代派新诗当时共同推崇的一种创作倾向。

20世纪三四十年代，以里尔克、艾略特、奥登为代表的欧美现代主义诗潮登陆中国。一批年轻诗人受其吸引，用心揣摩西方现代主义艺术经验，将其应用于汉语新诗的艺术探索。他们的创作试验各取一径，白话诗的结构、修辞、表达手法在他们手上呈现出多种样式的新发展。百花齐放的园地里，青年郑敏的诗作就是其中一枝生机勃勃、散发幽香的苍兰。

繁荣于20世纪40年代的现代派新诗有别于此前的浪漫主义或现实主义取向的白话诗。

它从中西诗歌艺术对话中提取灵感，尝试超越单纯的"我手写我口"或"我手写我心"，是中国现代汉语与当时的社会情景、人文思考以及诗歌特性的融汇和创造。用袁可嘉先生的话说，他们的诗是"新的综合"的艺术，它"包含、解释和反映了人生现实性"，同时"绝对肯定诗作为艺术时必须被尊重的诗的实质"。

二

郑敏先生十分喜欢海德格尔的名言"诗歌与哲学是近邻"，因为这句话恰当描述了她的心灵旅程。她一生在文学和哲学之间自由徜徉，得到了双向滋养。

郑敏在西南联大主修西方哲学，而她1948年前往美国常青藤盟校布朗大学继续学业时，又将研究转回西方文学领域，以论文《约翰·多恩的爱情诗》获得文学硕士学位。

1985年，著名美籍华人学者叶维廉邀请郑敏赴加州大学圣地亚哥分校用英文讲授中国现代诗歌。这是郑敏自1955年留学归国后头回访美。

30年过去了，旧日的学生已成长为教授，曾经的青年已两鬓染霜，可她对世界的好奇并未衰减半分。讲学之余，她抓紧一切时间收集浏览20世纪60年代以后的英美诗歌，勤奋研读正值黄金收获期的当代欧美文学理论。

有没有一种学理可以说清楚二元思维模式的起因，解除它带来的禁锢，把我们对于诗歌艺术的认识、对于文化兴衰的思考引向更深处？——这是郑敏先生从半生坎坷中萌发的困惑，也是她回到诗坛和大学讲坛后一直尝试求解的学术问题。或许是偶然，也可以说是有心追问的必然结果，法国哲学家德里达的解构主义论著适时出现，照亮了她的思考，解开了她长久的迷惑。那一刻仿佛她在诗里所写：

一只手

点燃一盏灯

黑暗缩向角落……（《灯》）

三

亚里士多德说："口语是心灵经验的符号，书写是口语的符号。"西方人自古相信，人类用声音命名世间万物，然后发明书写符号把声音记录下来，因此，声音比书写离真实更近。对于这种语音中心主义信仰，西方的基督教文化又给予了补充和巩固。依据旧约《创世纪》的记载，上帝一言创世，神言是宇宙的绝对开端。既然神言是神圣真理的载体，那么，书写模仿声音，离真理远一层，自然低一等。

到了20世纪初，法国语言学家索绪尔发现，语音和语义组成一个完整的语言符号，并不是什么共同本质或真理属性使两者一一对应、相互绑定；真相仅仅是任一语音都与别不同，任一语义也与别不同，两者任意搭配，约定俗成。也就是说，语言是一个完整自足的系统，其功能由符号内部以及符号之间的差异结构所决定，它并非神创，也不随人的主观意志转移。

20世纪60年代，德里达却指出，完整封闭的符号结构并不成立，语言也并不是一个完整自足的符号系统，因为语音和语义之间所谓确定的一对一关系只存在于假想之中，语音一旦发出，就会不断自我分解，衍生差异，将意义向后推延。索绪尔认为，语言系统中的差异是静态不变的，所以意义如同实体，确定无疑；德里达则提出，差异在时间中生生不息，在空间里不断扩散，意义在这个过程中变化不息、永不钉死，语言才成其为语言。

德里达认为，语言之源恰恰在于形成差异

的力量、产生差异的活动和差异本身，语言的本质恰恰是意义不确定也不稳定，也就是一直被西方人轻视的"书写"。口语和书写的等级关系，在德里达看来，代表着西方哲学范畴的普遍特点——一元为中心，居于主导地位，另一元在逻辑上和价值上处于低级地位，受前者支配和压抑；西方形而上学传统的一元权威中心、二元对立思维模式建筑在此地基上。而解构主义立场则与形而上学相对：时空、万物永远处于"书写"也就是无形的、不可见却无时无处不在的差异衍生运动中，一切中心蕴含着擦抹中心的力量。

解构主义虽然是20世纪的新事物，其观念原型却可上溯至古希腊哲学家赫拉克利特的流变说，只不过西方哲学对"存在"的信念和兴趣压倒一切，终使形而上学成为西方哲学主导体系。

德里达对索绪尔语言哲学以及西方哲学史的革命性解读，催生了解构主义学说。解构思想随后扩散渗透至西方各人文学科，再启发和衍生出多种改变世界的新理论，如后殖民主义、女性主义等。但在20世纪80年代，形而上学权威尚存，解构主义破旧布新之力虽然初显，却仍然是一种新鲜前卫的思想，即使在欧美，也有相当数量的人文学者不能予以正视。论年龄，郑敏先生比德里达还年长10岁。她年轻时所取法的西方现代主义诗潮高扬"客观性""智性""非个人化"旗帜，何尝不是崇拜超验一元价值的形而上学论调？然而，年过65岁的她以惊人的敏锐领会了解构思想的学术意义和潜在价值，毫无困难地完成了知识、观念和自我意识的更新。从80年代后期开始，她陆续在学术期刊上发表多篇论文，将解构理论引入对当下中国新诗写作、文学批评、文化传统等现实问题的讨论，成为解构主义中国之旅的开拓者。

四

文学生涯里，郑敏先生体会最深的，恐怕就是拘泥于非此即彼的二元对抗思维模式对新诗创作和批评的禁锢与伤害。改革开放前，把革命和艺术看作二元对立价值的文艺批评模式是一个例证，它导致许多优秀文学作品被简化、扭曲解读，最终被打入冷宫，也导致创作领域"假、大、空"盛行。改革开放以后，文坛兴起的反崇高潮流也是一个例证。虽然后者源起于反思历史、矫正僵化虚假文风的愿望，但它试图将崇高与卑微、高雅与低俗二元等级秩序颠倒过来，实际上不过是逆反心态的呈现。此外，20世纪90年代以后，知识分子写作与口语化写作、学院派与民间派纷争迭起，新诗各流派的"创新"宣言无不力求与某个想象的"落后"标靶划清界限，以示先锋。在郑敏先生看来，这里的写作心态仍然失之盲目，对文学创造力有害而

无益。为此，她发表了《今天新诗应当追求什么?》《中国新诗八十年反思》《时代与诗歌创作》等一系列文章，表明她对文坛现状的关切，进而阐述她的解构主义创作主张：主观与客观、个人与群体、宏大题材与个人独白、灵与肉、雅与俗并不是你死我活、东风压倒西风的关系，它们相互依存，在作品中相互交融、相互转化；切断二者的联系和对话，择其一而敌视另一端，必使诗人目光短浅、心胸狭隘，使诗歌丧失品质。

历史上遭遇过不公和冤屈的文学知识分子，有些人在平反后投奔文学意识形态的另一极——既然极"左"是错误的，那么越往右自然越正确；既然抹杀个人感性世界是错误的，那么，私人经验乃至感官感受自然高于一切，代表文学的天命。郑敏先生却始终保持冷静，不为逆向的情绪所动，坚持强调"诗人的心灵与时代的联系"。她在文章中指出，过去，整齐划一的宏大主题要求和创作形式规

范抹杀个性、压制想象，固然对文学创作造成了致命打击，但是，反过来，倘若以小小的个人天地为唯一创作核心，作品也不可避免地会流于平庸和狭窄，因为"两种相反的错误相互轮替并不能产生一个正确的至理"。

改变二元对抗思维，当然不仅仅是文学创作亟待解决的任务。郑敏先生铭记自己作为知识分子的文化使命和社会责任，再三撰文呼吁教育界和文化界突破新文化与旧文化、先进与落后等二元刻板认知，把中国人文教育和文化建设引向健康道路。

在郑先生看来，某些国人的文化自卑感和西方中心主义，是因为"对科学和民主的理解只停留在五四时期"、许多要紧的认识尚没有走出"新文化运动"历史阶段的表现。我们没能从20世纪初激进的自我批判和自省中走出来，进一步深化自我认识，故而陷入"新殖民主义"，故而轻易被西方设置的现代文明与落后民族等二元对立观念所俘虏，成为

驯服的信徒。

郑先生认为，我们首先必须理解并相信"文化传统与先锋并非二元对抗"，才能确保我们民族在精神层面的独立选择。同时，我们必须挖掘自己几千年的古老文化智慧，向中华优秀传统文化取经，赋予其符合时代精神的新阐释，才能抵抗"文化审美与追求受到消费市场的宣传操纵"，在现代化建设过程中走出一条自己的路。

五

假如今天有人回顾"解构主义在中国"的旅行和本土化发展，郑敏应该是关键的一个点。

青年时代，她对"先锋艺术"着迷，与时代的革命主旋律擦肩而过。暮年，赶上经济全球化浪潮，当文坛和学界以追随西方时尚为荣的时候，她又率先"泼冷水"，借西方之矛——解构主义——反西方中心主义。她不

惮其烦，撰文倡导从古典汉语文学和中华优秀传统文化中吸取现代性营养，阐述其对于提高国民文化素质、建构民族文化身份、重树文化自信的重要意义，以致被外国文学批评界同行讥为"新保守主义者"。

当然，这个外号郑敏先生付之一笑，并不在乎。从20世纪70年代末回到工作岗位起，她专心教学、研究和写作，一直与学科权力、学术名利保持礼貌的距离。

不浪费时间空谈，既是郑敏先生不明言的学术准则，也是她的教学准则。1986年，她开始在北京师范大学外语系指导博士研究生。从那时至今，她与学生一直保持着最纯粹的学术交流关系。

她仿佛理性的化身。指导论文的时候，她思维敏捷，逻辑严密。她的连环反问杀伤力强大，常常将准备不足的学生逼入绝境而迫使他不得不加倍用功。上课，课下交流，她几乎不谈自己的私事，也不怎么过问弟子

们的私生活。她从不沉溺于个人过往的得失而感怀念旧，好像没有念念不忘的得意功绩，也没有耿耿于怀的哀愁怨恨。她的兴趣和话匣子总是面对当下的公共领域，话题可以是任意一条阅读感受、学术随想、时事新闻、国际事件，也可以是由此延伸开的宏观论题——文学、艺术、文化、教育、民族素质、国家道路。讨论的时候，她总是开朗、愉快的，时而滔滔不绝，时而充满好奇和期待地探究年轻人的想法、与学生平等地辩论。

她永远平和、开放，身上没有老人的暮气专断，她总是对每个新日子、每个新现象感觉新鲜，渴望求索新知。对于她的学生们，这些正是她最具感召力和魅力之处，也是她影响最大而让人浑然不觉的东西。

郑敏先生指导博士生17年。在她的垂范下，师生同窗之间没有基于利益的往来，没有相互关照、一体共荣的私交。除了偶尔相约交流一下学术兴趣，多数时间，大家彼此

"相忘于江湖"。相聚也好，相忘也罢，郑先生均视为自然。郑先生再三明确表示，她不欢迎学生无事登门"请安"。她总是说："逢年过节，来往应酬，说些无关痛痒的话，最没意思了；你要来，就带着问题来，我们一起讨论。"正因如此，数十载师生情渗透灵魂深处，各人却依然是彼此尊敬的个体。

从世俗的眼光看，郑敏先生这些做派似乎过于严肃，有点不近人情。可是，只要靠近她的心灵，你就能感受她的温柔和情趣，被她吸引。她的客厅墙上，挂着淡雅的水彩画和素描。她的家具老旧，朴素而整洁，橱柜和台面上总有朋友送来或自己种植的鲜花静静盛放。客人到来，茶几上永远提前备好了香茗、杯碟和各色小点心，学生来上课也是

如此，因此，无论访客进门前多么忐忑，坐下的一刻便放松了。

不管是电话里还是面对面，她都声音柔和、甜美，字字清晰，语句永远自然流畅、从容不迫，有时说着说着自己先笑起来，笑声带着一贯的自信和果断。她的声音温柔而有力，仿佛智慧和意志渗透于每个语词，让人自然而然感受到分量。

她热爱古典音乐，留学美国期间曾经跟随老师学了三年声乐。不过，她从来不显摆这段历史，不在这个话题上高谈阔论。音乐起时，她合上眼帘静静聆听。过后，或许和同伴简短地交谈一两句，你可以从她脸上看出悠远的深思和心魂的沉浸。

郑敏先生在《贝多芬的寻找》一诗中写道：

用什么能拥抱亿万人们？/伸出多瑙河的手臂/点燃北斗的眼睛/用像海蚌一样开合的坚硬的嘴唇/申诉他对人们的爱，对黑暗的恨……

郑敏与本文作者（左）合影

郑先生和贝多芬一样，爱智慧，爱真理，爱人。她把爱写在诗歌中，论文中，正如贝多芬把他的爱写在交响曲中，耳聋也阻挡不住。这就是我们在百岁诗人郑敏的人生日历中找到的光。

萧莎，2000年毕业于北京师范大学，获文学博士学位，现为中国社会科学院外国文学研究所研究员，任《外国文学动态研究》主编。原文曾发表于《光明日报》2020年10月26日第11版。

14/

郭预衡

郭预衡（1920—2010），1945年毕业于北京辅仁大学国文系，留校担任文学院院长、国文系主任余嘉锡先生的助教。随即考上辅仁大学校长陈垣先生的研究生，1947年毕业于该校史学研究所。在此期间，郭预衡先生「替余老翻类书，校《世说新语》」；从陈老查史源，做考据」，广泛涉猎史部、子部、集部典籍，打下坚实的学术研究基础。1952年全国高校院系调整后，郭预衡先生一直在北京师范大学中文系执教。

人文学者的历史责任
——文学史家郭预衡先生的学术品格

/ 郭英德

郭预衡先生一生专攻中国文学史研究，是当代著名的文学史家，兼具史家之心、智者之思和文人之志。他拥有"史家之心"，在他的中国文学史著述中，呈现出由浅而深的三层内涵：一是走进历史现场，二是寻绎历史脉络，三是重构历史空间。他具有"智者之思"，修学好古，实事求是，审视社会的演变，洞察人性的精微，揭橥作家的心态，其著述堪称"世事洞明""人情练达"的大学问、大文章。他肩负"文人之志"，称许古代作家的"文采""才情""情致"，其中国文学史著述极富文采和情感，据事以类义，援古而证今，字里行间流淌着一股堂堂正正的"浩然之气"。郭预衡先生彰扬中国传统的人文精神，以丰厚的中国文学史著述，肩负人文学者的历史责任，形成独具风标的学术品格。

一、史家之心：涵泳历史海洋

郭预衡先生的《中国散文史·序言》开宗明义：

写这部中国散文史，曾有三点奢望：一是不从"文学概论"的定义而从汉语文章的实际出发，写中国散文的传统。二是不从"作品评论"或"作品赏析"的角度，而从史的发展论述中国散文的特征。三是不要写成"文学史长编"，但也避免脱离作品实例而发令人不知所云的长篇大论。[1]

这"三点奢望"，实为《中国散文史》撰写的三大旨趣，简明扼要地揭示了郭预衡先生作为文学史家的自觉追求。

郭预衡先生中国文学史著述的第一个特点，是注重征引丰富史籍，选录文学作品，搜辑前人评论，以此构成多姿多彩的文学史场景，引导读者走进历史现场，让读者亲身触摸和感受活生生的文学历史。

郭预衡先生虽然对文学史长编的编撰体例有所非议，但是为了引导读者阅读和掌握中国文学史的第一手文献，殚精竭虑地组织编撰了五大册300多万字的《中国古代文学史长编》。郭预衡先生在该书《序言》中说：此书"既不同于一般文学史，也不是资料汇编，而是介乎两者之间。既有文学史的基本论述，又附以相关的资料。论述部分，力求简要，引而不发，以供教者发挥，供学者思考。资料部分，摘引原文，力求精当。遇有歧义，则兼收数说，以供选择"[2]。

《中国古代文学史长编》内容简明、资料丰富，从实用的角度看，的确给讲授中国文学史的教师提供了授课的便利，给大专院校中文专业的学生提供了学习的便利，也给自学中国文学史的读者提供了研读的参考。而从文学史理念来看，此书的真正价值就是借助于征引翔实丰赡的第一手文献，将读者带进中国古代文学的历史现场，让读者在阅读中亲身体验和感受活生生的文学历史。

阅读郭预衡先生《中国散文史》的读者，大都会有一个直观的感觉：在厚厚三大册书中，选录了成百上千篇散文作品，有的是全篇迻录，有的是片段摘录。对于这种撰述体例，郭预衡先生曾有明确的解释。他说：《中国散文史》"注意列举作品，结合作品进行论断"，这样才能便于读者"具体领会"。"在散文史中如果不见散文，而只见一些关于散文的议论，则从这样的'史'中，读者是很难得到'史感'的。因此，我在一些论述中，尽量结合作品实例，务使读者知我何所据而云然。"[3]

《中国散文史》中选录的散文作品，是郭预衡先生在浩瀚的文海中精心择取出来的，并做了简要的评述，从而构成中国古代散文生动活泼的历史现场，为读者提供触发"史感"的鲜活媒介。试问，如果删除了这些散文作品，只凭撰史者自说自话，此书岂非只剩下一具骨架，还能葆有如此丰满、如此诱人的"史感"吗？

着力寻绎历史脉络，注重梳理文学史的发展过程，这是郭预衡先生中国文学史著述的另一个特点。

1963年，游国恩等先生主编的《中国文学史》出版，这是"著为劝令"的"高等学校文科教材"，全国通用。郭预衡先生在使用这部教材授课的过程中，撰写了《谈谈文学史教科书的编写问题——读游国恩等同志主编的〈中国文学史〉中"秦汉文学"一编》一文，主要阐明如何从"史"的角度来写文学史，强调运用"史笔"，构成"史的体系"。他认为，在文学史中评述作家作品，应该不同于一般的"作家评论"或"作品赏析"，这样才能更好地指出文学发展的脉络。郭预衡先生说：

　　在编写文学史的时候，就不应仅仅限于作品分析的范围，而是应该把一部作品放在全部文学史的发展长河中，看它究竟比前代的作品有了哪些新的成就、新的特点。例如关于《史记》中人物传记的描写，就不能不和前此的《左传》或《战国策》作些比较，从而具体地指出《史记》一书在描写人物方面究竟继承了什么，开创了什么。文学史评述作品，如能从"史"的发展角度落墨，我以为既可以区别于一般的作品评论，又可以更好地指出文学发展的脉络，从而也就有可能给予读者在一般作品评论中所不能得到的关于史的发展的知识。[4]

着力寻绎历史脉络，注重梳理文学史的发展过程，这在郭预衡先生《中国散文史》中有着大量精彩的实例。

例如，分析《国语》写作特征时，郭预衡先生指出其"记事之中，又侧重记载人的言论，从事件中引出教训。这和用于'教诲'的目的是有关的。《尚书》多训诫，《春秋》寓褒贬，《国语》记教诲，这是一脉相承的"[5]。

论及东汉末年曹操下令求贤、无所顾忌的文章，如《论史士行能令》《求贤令》《敕有司取士毋偏短令》《举贤勿拘品行令》等，郭预衡先生说："由于思想打破了传统，文章也就别具声色。两汉以来政令文章中那些天人感应、引经说教的习气，在这里清除得一干二净了。已经中断了几百年的战国诸子的放言无惮的文风在这里又露了头角。""其放言而无所顾忌，形式之自由随便，也可以说又恢复了先秦诸子文章的这一特征。"[6]

论述辛弃疾《美芹十论》《九议》等政论

文章的内涵时，郭预衡先生指出："（这）是北宋以来、包括苏洵的论政论兵之文的继续和发展……苏洵论兵，主要是考古证今；而弃疾论兵，则从现实情况出发，更切实际，其所达到的深度，又非苏洵可比。宋人论兵之文，从尹洙的《叙燕》《息戍》，到辛弃疾的《美芹十论》和《九议》，可以说是一脉相承，且有发展的。"[7]

辨析明中期散文家王慎中的审美倾向时，郭预衡先生说："慎中之为文崇尚曾巩，主要是崇尚他那儒者之文的'醇'风。这一点与金、元之儒以及明初杨士奇、李东阳等人论文的观点一脉相承。金、元之儒多讲'韩、欧'，而慎中则与杨、李偏重曾巩。"[8]

解读姚鼐《登泰山记》的写作特色时，郭预衡先生说："（此文）不似明人之抒写情趣，也不似元人之详记道里，而是随文辨证，意在征实。""这样的文章，思想深度和情感浓度虽然比不上唐、宋以来某些游记，却是有新的特点的。"[9]

在郭预衡先生的中国文学史著述中，这些精彩的作家作品评述，往往上下贯通，独具慧眼地寻绎文学发展的脉络，从而构成川流不息的文学历史。

当然，郭预衡先生中国文学史著述最为突出的一个特点，还是发挥自身的史识，重构文学的历史空间。

1962年12月，中国科学院文学研究所新编的《中国文学史》出版，《光明日报》副刊《文学遗产》的编辑约请郭预衡先生撰写一篇书评，于是有《从魏晋南北朝一代谈文学史的编写问题——读文学研究所新编〈中国文学史〉》一文的发表[10]。在这篇文章里，郭先生主要讲了两个方面，一是描述时代背景如何写出时代特点，二是评论作家作品如何顾及作品的"全篇"和作家的"全人"[11]。要之，在文学史著述中凸显"史识"，这是郭预衡先生的自觉追求。

具体而言，郭预衡先生的"史识"，集中表现为细致入微地解析历朝历代的文学现象，提纲挈领地概括历朝历代的文学特征，独具慧眼地揭示作家作品在文学史上的地位。

在《历代散文丛谈·序言》中，郭预衡先生简明扼要地概括了中国历代散文的主要特点。这些时代特点，在《中国散文史》每一编的概论中，扣紧各个时代的社会文化背景，有着更为详尽而准确的论述。

例如，谈到唐代散文的发展，郭预衡先生认为，唐初"由于破格用人，科举取士，士人从政的机会多了，作官的欲望也大了。欲望不得满足，形诸文字，就产生了怀才不遇的牢骚之文。这类文章，形式虽似六朝，实则不同于六朝，思想情感都是新的。这样的文章，与直言极谏之文虽不同调，却同属唐初治世的文学现象。因为这些作者虽发牢骚，却是出自从政的热衷。这种牢骚，乃是'不得帮忙的不平'"[12]。

又如，在《中国散文史》第六编"明代"的概论中，郭预衡先生指出："元季虞集、柳贯、黄溍、吴莱之文，都是'道从伊洛'、'文擅韩欧'的。明初之文，沿此余绪，固是文章自身的发展，有其承前启后的嬗变规律。但与此同时，也因为这样的文章恰好符合当时的政治需要，是和开国之君朱元璋的文教政策分不开的。"那么，朱元璋的文教政策有什么特点呢？郭预衡先生分析道：朱元璋固然"崇尚儒学，至为明显"，但不同于"唐太宗优容大臣，宋太祖不杀言事之人"，朱元璋不仅"雄猜好杀"（赵翼《廿二史札记》卷三二《胡蓝之狱》），"以文字疑误杀人"（同上《明初文字之祸》），而且对于文章写作，往往横加干预。在朱元璋政令指引之下，明初作家如宋濂、王袆等人，"秉笔写作，自然而为'盛世之文'、'治世之音'。其波澜意度，也自然更加步趋前辈儒者"[13]。

郭预衡先生指出："从一个作家的新的贡献和特异之点来论他在文学史上的作用，这是鲁迅的卓越的史识的一个方面。"[14]而这也是郭预衡先生卓越的史识的一个方面。他在评论古代作家作品时，往往"循其上下而省之"，"傍行而观之"（郑玄《诗谱序》），在纵横交错的历史维度中，确定作家作品的历史地位，以此体现文学史家的独特"史识"。

撰写于1982年4月的《"谀墓之文"和"以文为戏"——韩文异议》[15]，就是很好的例证。文章认为，宋人推崇韩愈的文章，认为《原道》《行难》《禹问》《争臣论》等论说文章，乃"诸子以来所未有"。其实不然。如《原道》，尊孔孟，排异端，但思想高度"并未超过一千年前的孟轲。道仁义，辟邪说，都和孟轲如出一辙。不同者，孟轲所排者'杨墨'，韩愈所排者'佛老'而已，理论上并没有多少新的创造"。而且，韩愈有的政论文章在理论上还自相矛盾[16]。因此，"韩愈为文，尽管有时剑拔弩张，但在理论上至少是不够严密的。这是因为他本来不是思想家，而仅仅是宋人所谓的'工于文字者'"。至于宋人认为韩愈散文的主要成就在于"赠序"之类，如苏轼就有这样的评论。但是韩愈"赠序"之类的文字大多"架空议论"，"铺陈过当，理不胜辞"。郭预衡先生推翻前人之说后，特别标举韩愈的"谀墓之文"和"游戏之文"，认为这两类文章是"韩愈散文的主要成就"。他认为："'谀墓'乃是撰写墓志的古今通例，自从蔡邕以来就是如此。一般说来，凡遇家属为死者求铭，作者总不能不多说好话。古人写墓志，正如今人写悼词，多说好话，乃是不可避免的。今人尚且如此，哪能苛责古人？"韩愈所写的墓志铭，"不仅是精彩的叙事文章，而且是传神的人物传记"。如《柳子厚墓志铭》《李元宾墓铭》《南阳樊绍述墓志铭》等，皆是如此。至于韩愈的"游戏之文"，则以《毛颖传》为最，"所有叙述，都是和毛笔双关的话。其中没有一点取自真人真事，但使人读了，又无一处不酷似真人真事……叙人事是真实的，说毛笔也是贴切的。其逼真的程度，简直令人忘为寓言，而以为实有"。《毛颖传》的意义，在于"痛切地有感于人材不尽其用"，"其典型意义是相当深广的"。因此，这样的文章，是"更高于真人真事的传奇作品、以至传记文学"。

郭预衡先生还擅长论作家而顾及"全人"，如《再论李清照》一文指出：

　　李清照的全貌是怎样的呢？她是南北宋之交历史变革时代的一部分贵族士大夫阶层的代言者，她的诗、词、文、赋的绝大部分反映了一部分贵族士大夫的思想情绪，反映了他们经不住时代巨变所产生的生活震荡，反映了他们在这个事变前后的生活变化以及事变中的悲伤和抱怨、愤怒和谴责。既反映了他们流亡中的消极悲观之感，也反映了他们背井离乡、热望恢复的爱国心情：李清照的作品将这一时代变革所加于这一部分人而起的心理变化、内心痛苦和愿望，反映得如此的真切，如此的深沉，以至于被后代的读者长期传诵，从而取得了杰出的艺术成就。[17]

这种对李清照"全人""全貌"的通观，无疑具有超乎他人的广度和深度。

综上所述，以独特的中国文学史著述，展示历史现场，寻绎历史脉络，重构历史空间，在历史海洋中涵泳，这就是郭预衡先生独具的"史家之心"。

二、智者之思：沉潜人生底蕴

1999年冬，郭预衡先生完成皇皇三大册、157万字的《中国散文史》，在《后记》中说："近世学人，颇尚新潮新论。匍匐学步，难步后尘。姑且'修学好古，实事求是'（《汉书·河间献王传》），而有愧于'领异标新'（此用郑板桥'领异标新二月花'意）。"[18]

20世纪以来，西方各种新思想、新理论如潮四注地冲击着中国的学术文化领域，文学研究领域也不例外。尤其是20世纪80年代以降，各种西方学术思潮、文学理论更是此起彼伏，争相亮相，为中国学人所青睐、所服膺，在文学研究领域大行其道。

但是，郭预衡先生却始终不为"新潮新论"所动，在他看来，思想的深刻并不在于理论的新颖、术语的时髦，而在于"修学好古"之时，坚持实事求是，沉潜人生底蕴。而这，才是真正的"智者之思"。

郭预衡先生曾说："平生为学，服膺鲁迅。"[19] 1955—1957年，在匈牙利教汉语时，郭预衡先生通读了二十卷本的《鲁迅全集》，深深地认识到："鲁迅不仅是作家，也是学人，而且是我从未见过的学人。同我见过的学人相比，他似是学人之中的异端、学林之外的学人。对我来说，又是前所未遇的指路人。"[20]

那么，郭预衡先生得益于鲁迅最多的是什么呢？我认为，是一种洞察中国历史、中国文化、中国文学的犀利眼光。

在郭预衡先生的中国文学史著述中，处处跃动着鲁迅的身影。这不仅仅表现在郭预衡先生直接征引和转述鲁迅《汉文学史纲》《中国小说史略》《魏晋风度及文章与药及酒之关系》等中国文学史著述的重要观点，更表现在郭预衡先生大量引用和发挥鲁迅杂文作品中对传统中国的社会、文化、思想、学术、宗教、风俗等等的剖析，信手拈来，触处生花，一语破的，深入肯綮。

在《鲁迅研究中国文学史的观点和方法》一文中，郭预衡先生说："鲁迅关于文学史的发展，是观察得相当全面的，他能够从文体的变迁、文风的转变等等现象之中，看出文学发展和社会经济、政治以及宗教哲学的关系，看出民间创作对整个文学发展的作用，看出外来思想和文学艺术对本国文学发展的影响，并且也观察了文学本身的继承关系。""鲁迅由于对古代社会政治习俗了解深刻，对作家的内心和行为观察也透彻，于是他所下的结论也便往往出乎常人意料之外，而能够得出正确的史的评价。"[21]所有这些，也是郭预衡先生研究中国文学史的主要观点和方法。

站在鲁迅这位中国文化巨人的肩膀上，俯视中国文学，揭示人生真谛，这是郭预衡先生中国文学史著述的显著特征。这种例证，在郭预衡先生的中国文学史著述中在在皆是，不胜枚举。

郭预衡先生不仅汲取了鲁迅的思想资源，还超越鲁迅，汲取了马克思主义的思想资源。在1949年新中国成立以后的高校教学改革中，郭预衡先生适逢其会，开始接触和学习马克思主义的理论。尤其是在匈牙利的两年，他大量阅读马克思主义的书籍，他后来回忆说："马克思主义的几部主要著作我都读了"[22]，并且做了详细的索引和笔记。应该说，直接面对马克思主义的经典，这是

郭预衡先生提高理论修养和思维能力的不二法门。

对马克思主义基本理论和方法的娴熟掌握，渗透在郭预衡先生所有的中国文学史著述之中。而且，郭预衡先生在文学史研究中还特别"强调批判精神"，要求用马克思主义的方法鉴别史料，评判作家[23]。

例如，1965年，郭预衡先生撰写了《从对辛弃疾评价的一个问题谈起》，引起了学术界的关注和争议。为了回应一些学者质疑，他又撰写《再谈对辛弃疾评价的一个问题》一文，其中说道：

还有进一步应该说明的是：研究历史遗产、对待历史材料究竟应该采取什么态度？是罗列史料，搞烦琐哲学，陷于材料堆中为传统之见所束缚呢？还是用马克思主义的方法鉴别史料，打破传统之见，做出学术上的新的概括呢？我以为，新时代的新的学术应该打破旧的框框而开辟新的途径，应该打破传统之见，拿出新的结论。我在《从对辛弃疾评价的一个问题谈起》一文中指出有的同志没有摆脱传统之见，指出他沿袭了前代的错误观点，没有按照马克思主义的

一分为二的方法对辛弃疾进行评价。这是我在肯定他掌握了较多的材料的前提下对他提出的更高的要求。我以为在学术讨论中提出这样的批评，对于今人来说不能算是苛求。因为古代流传下来的史料有很多是经过歪曲了的东西，不应不加批判地一例看做符合历史真实的记录。旧时的学者由于缺乏马克思主义的指导，跳不出旧的框框是自然的事，但今天的学者既然以评价历史遗产的文章问世，那就应该努力按照马克思主义的方法来鉴别史料，以便在科学上做出有益的贡献。[24]

当然，无论是鲁迅思想，还是马克思主义理论，对郭预衡先生来说，都只是一种思想资源，一种智慧启迪。这种思想资源和智慧启迪，还必须融入思想者自身的社会阅历、人性体验，才能真正转化为"修学好古，实事求是"的"智者之思"。

在郭预衡先生的中国文学史著述中，这种"修学好古，实事求是"的"智者之思"，首先表现为穿透历史演变的迷雾，揭示文学发展的规律。

郭预衡先生指出，古人关于文学的变化，曾经总结过一些合乎规律的现象。例如南朝梁刘勰曾说："文变染乎世情，兴废系乎时序。"（《文心雕龙·时序》）南宋时朱熹曾说："大率文章盛，则国家却衰。"（《朱子语类》卷一三九《论文上》）清中期赵翼评金元之际文学家元好问时曾说："国家不幸诗家幸，赋到沧桑句便工。"（《题遗山诗》）如此等等。话虽简单，却也总结了一定的历史经验。由此而进一步探索，也可以发现比较普遍的现象，从中或可看出一定的规律性。例如朱熹讲"文章盛，则国家却衰"时，曾举唐代的文章为例，说："如唐贞观、开元，都无文章；及韩昌黎、柳河东以文显，而唐之治已不如前矣。"（《朱子语类》卷一三九《论文上》）这话是不错的，唐代国势转衰之时，文人多有忧患意识，写出忧国忧民的作品，不仅韩、柳之文如此。郭预衡先生进而指出："从周、秦两代来看，国家衰，则政令松弛，思想解放，文章乃盛；反之，国家盛，则法严令具，文化专制，文章乃衰。周、秦两代如此，汉唐以后，宋、元、明、清各代，亦大抵如此。这可以说是一条规律。"[25]

在郭预衡先生的中国文学史著述中，这种"修学好古，实事求是"的"智者之思"，还表现为审视社会的演变，洞察人性的精微，揭橥作家的心态。

郭预衡先生说："古人论文，曾经标榜'文心'，我想，这'文心'虽解说不同，其实亦即作者之心。'人心不同，有如其面'，如果评论者能够探得作者之心，那么评论文章也就因文而不同，不致千篇一律了。"[26]阅读郭预衡先生的中国文学史著述，我们处处看到他对社会演变、人性精微和作家心态的发微抉隐，虽是片言只语，大多发人深省。

例如，郭预衡先生指出："后人评论司马迁，往往认为他因受腐刑之故，才心怀不满，以致诽谤武帝，其实这是不对的。大概在专制政权统治下，写事实、说真话，也即算是诽谤。'实录'等于'谤书'，在封建社会里，这是并不奇怪的。由于'实录'等于'谤书'，于是此后'实录'也就难得，而《史记》也便成为'绝唱'了。"[27]

谈到唐初散文家王绩时，郭预衡先生评论道："隋唐以下的文人学者，用世则尊孔孟，失意则祖庄骚，王绩生当隋唐之际，正是这流人物的先行者。还有，汉代初年，士不得志，常常向往战国，羡慕苏秦张仪；隋唐以下，士不得志，则往往想到魏晋，称道阮籍陶潜。王绩此时为文，向往'醉乡'，也是这种情调。""可见凡所谓'无功'、'无心'者，都是愤激之辞，其实是有心于事功的。牢骚愤世的作者，大半都是关心世事的，不仅王绩如此，此后的王勃等四杰，也无不如此。"[28]

郭预衡先生评论柳宗元撰写《贞符》一文时，指出："当时宪宗初继帝位，识时务者应该歌颂当今，而不要上论前代。宗元则是从上古说起，驳斥了前人关于帝王受命于天的言论。"但是，"这样的文章，写于那个时代，从思想说，是高不可及的；从为人说，却是愚不可及的……在当朝天子看来，却未免离经叛道，至少是不可赦的"。又说："总的看来，宗元的文章具有两大特征。一是立论新颖，打破传统；一是牢骚太盛，出言多讽。宗元文章这两大特征，也是其人的个性特征。在韩柳之后，世之学为古文者，学韩者多，学柳者少。大概由于柳文个性太强，苟非其人，难于学到……在封建统治、文化专制日渐严密的几个朝代，韩文可学，柳文则不可学。"[29]

明初方孝孺撰《深虑论》一文，总结历史经验，说明统治者"虑之远者"，在"结于天心"，勿逞"私谋诡计"；如此则"天眷其德"，"子孙虽有至愚不肖者"，也不至于亡国。对此，郭预衡先生批评道："但孝孺这样的'深虑'，其实是做不到的。历来得天下者，无不逞其'私谋诡计'，急功近利，不可能深谋远虑。孝孺之为此计，似远实迂。儒生之言，有时如此。"[30]

明初胡惟庸一案，株连甚广，勋旧大臣，几乎一网打尽。这本来就是朱元璋的老谋深算，本无道理可言。而解缙却写了《代王国用论韩国公冤事状》，为勋臣李善长申辩。郭预衡先生精辟地指出：这篇文章"所作的事实分析，虽然合于人情物理，而政治上则未免幼稚无知"。"左右近侍、公卿大臣、台谏御史，都不肯进谏，这就说明，这些人都比他老于世故，都有政治经验。而他竟敢进谏，自以为'忠智'，其实是少不更事，入世犹浅。当然，正是这样的文章，才更体现解缙为人为文的特点。"[31]

明末清初王猷定撰写的《浙江按察司狱记》，是一篇纪实文字，描述明代浙江按察使司的监狱，郭预衡先生评论道："中国的牢狱，尤其是明代以来的诏狱，无非人间地狱。其中所言白昼之鬼，似属玄虚，实则人而鬼者，更厉于鬼。文中引述友人之言，谓'天下之狱未有惨于此者'，恐非事实。事实上，天下之狱之惨者不止于此。猷定于此，尚似有所不知。"[32]又批评清康熙间方苞撰写的《狱中杂记》："杂记胥吏、吏卒、行刑者、主缚者的种种骇人听闻的事迹，正当大清盛世，竟图绘了一幅人间地狱。方苞倘非亲历，而只讲'义法'，这样的文章是写不出来的……当然，从历史上看，中国是个有刑而无法的国家。刑狱之繁，枉法之多，实有特色。方苞所记，限于见闻，格于文禁，似有未尽其详者。"[33]

《荀子·正名》说："所以知之在人者，谓之知。知有所合，谓之智。"《尚书·洪范》说："思曰容，言心之所虑，无不包也。"合二者而观之，所谓"智者之思"，就是一种对历史、对社会、对人生、对人性的无所不包、无深不及的透视和省察。正如《淮南子·主术训》所说："物之可备者，智者尽备之；可权者，尽权之。此智者所以寡患也。"论其为人，郭预衡先生是一位备万物、权万事的"智者"；论其为文，郭预衡先生的中国文学史著述堪称"世事洞明""人情练达"的大学问、大文章。

三、文人之志：担当人文精神

从郭预衡先生一生著述来看，他始终不渝地以"文学"为本行，具"文人"之气质。

称许古代作家的"文采""才情""情致"，这是郭预衡先生中国文学史著述重要的文学价值观。郭预衡先生推崇古人"写文章讲究文采"，以此说明理论文章要有形象性，应该适当地讲究声音，最好也带有感情。如梁启超的"新文体"，在"五四"以前曾经有过很大的影响，其特点就是"纵笔所至不检束"，"笔锋常带情感"。鲁迅也是一样，"哪怕是写一篇序文，发两句感叹，也是热情洋溢的"[34]。

郭预衡先生的中国文学史著述也是极富文采和情感的。不过，他论人论事情感外露之时，却出之以冷峻之笔、简洁之语、平淡之辞，呈现出一种与梁启超、鲁迅不同的独特文风。对中国文学史著述的写作，郭预衡先生一贯主张"用较少的语言引起读者较多的思考"[35]。所以他说：

　　我还觉得，作为文学史教科书，应该是耐人诵读的。但是，做到这点，并非容易。我看只有写得"少而精"，才能吸引读者。这就要求行文简练而有容量。最好是多用"史笔"，少做"文章"，多向读者做启发性的解说，少替读者做琐碎的分析。[36]

而且，在中国文学史著述中，郭预衡先生对"文人"气质也多所赞许。例如，他评价苏轼指出："苏轼一生从政，但他是个更典型的文人。天性又'不谨语言'，本来不宜从政。像他这样的人物，在党派斗争中，一贬再贬，

也就不足为怪。但是，也正因此之故，他对人生世态，才渐有所悟。所为文章，也才更有特点。"[37]苏轼作为"典型的文人"，他的散文写作也是"典型的文章"。在谈到明中期理学家王守仁的《祭刘仁征主事》等哀祭文时，郭

预衡先生说："守仁身在龙场，虽大有开悟，而对于天道之不公，人世之不平，还未能见惯，故发此怨愤之言。由此看来，守仁作为哲人，能外生死，而涉笔为文，尚有诗人的气质。"[38]对王守仁这种"诗人的气质"，郭预衡先生颇为称许。

郭预衡先生一生为人治学，尤其钦服顾炎武。顾炎武一生考证经史，博极古今，专精缜密，钩沉稽幽，巨细咸备，而论其诂经之旨，则归于"经世致用"。他说："孔子之删述六经，即伊尹、太公救民于水火之心，而今之注虫鱼、命草木者，皆不足以语此也……愚不揣，有见于此，故凡文之不关于六经之指、当世之务者，一切不为。"[39]又说："必有体国经野之心，而后可以登山临水；必有济世安民之识，而后可以考古证今。"[40]

郭预衡先生曾改易数字，录"无体国经野之志，不足以登山临水；无济世安民之略，不足以考古证今"一联，赠与友人。2002年，他以顾炎武的诗句，为庆祝中华书局成立九十周年题词："苍龙日暮还行雨，老树春深更著花。"[41]这既是对中华书局的礼赞，也是郭先生的"夫子自道"。

可见，郭预衡先生最为看重、也深为服膺的，正是顾炎武"经世致用"的学术趋向。无论是像顾炎武那样的经学家，还是像郭预衡先生这样的文学史家，"经世致用"原本就是人文学者责无旁贷的历史责任。

郭预衡先生回忆说：年轻时"也读了《御批通鉴辑览》。这是一部简明的通史，鲁迅主张读史，是曾提到此书的，我当时有所不知，只是对于古人古事，颇感兴趣。例如看到古人'登车揽辔，慨然有澄清天下之志'，也曾心向往之。因此后来到北京读高中时，在作文里，便发过'使吾而得志，则必尽除社会之蜂蝎，人群之妖孽，然后使天下之人返其乐'的豪言壮语，其中就有'澄清天下'的意思。"[42]这种"澄清天下"的志向，从郭预衡先生秉笔著书伊始，就成为贯穿他的中国文学史著述的人文精神。

郭预衡先生曾称引明末清初魏禧《答蔡生书》之言："文章之变，于今已尽，无能离古人而自创一格者；独识力超越，庶足与古人相增益。是故言不关于世道，识不越于庸众，则虽有奇文，可以无作。"[43]言关世道，识越庸众，这正是郭预衡先生中国文学史著述的精要所在。

郭预衡先生批评明中期文学家杨慎说："杨慎一生，以'博学'知名，虽贬斥甚久，而阅世不深。故所发议论，只见'博学'，而识见犹浅。"[44]"博学"来自读书，而"识见"则来自阅世。提倡"阅世更深"，不满"书生之见"，这一见解渗透于郭预衡先生所有的中国文学史著述之中。

在《郭预衡自选集·自序》中，郭预衡先生引用了王充的语录："夫知古不知今，谓之陆沉。""夫知今不知古，谓之盲瞽。"（《论衡·谢短》）援古以证今，察今以审古，纵览古今历史，担当人文精神，郭预衡先生一直以此自励。

郭预衡先生在学术研究中"据事以类义，援古而证今"（刘勰《文心雕龙·事类》），有两个生动的事例。

1979年5月，正值中国改革开放之初，郭预衡先生撰写了《精神解放和文章的变迁》一文[45]。文章列举从先秦到"五四"的历史经验，说明："精神解放，文章就能发达；思想禁锢，文章就受限制。这是历史事实可以证明的。""精神的解放，文章的变迁，都同政治气候大有关系。"进而一方面指出："百花齐放、百家争鸣的方针，体现了新的社会制度同旧的社会制度在文化政策上的根本区别。"另一方面则深刻地指出："精神解放也好，思想解放也好，如果没有政治的民主，什么都谈不到。"阅读这样的文章，我们不难感受到，字里行间流淌着一股堂堂正正的"浩然之气"。

　　进入21世纪以来，海内外的某些人士赞扬中国的文化传统，都主张"尊孔"，极力抬高孔子的文化地位。这不仅见于文章，而且见诸行动。在2005年9月29日，孔子诞辰2556周年之际，"全球首次联合祭孔"，这是空前的尊孔举动，全国各大媒体都大加宣扬。但是，郭预衡先生的看法却与众不同。就在"全球首次联合祭孔"当天，北京《新京报》刊出了郭预衡先生《中国的文化传统与"尊孔"、"批孔"》一文[46]，深入思考古往今来的"尊孔"与"批孔"。文章从汉高祖刘邦、汉武帝刘彻说起，指出："从刘邦'不喜儒'到封赏儒生，可见儒者的妙用。""历朝历代的权势者，大抵都是尊孔的，凡是'知当世务'即识时务的儒生也都是尊孔的。两千年间，不识时务者只有半个王充和一个李贽。李贽涉嫌批孔，不得好死。历史昭示如此，耐人寻思。"文章还征引鲁迅所言袁世凯称帝之前恢复过孔子的"祭典"，北洋军阀孙传芳复兴过"投壶之礼"的例证，

反问道："但这样的典礼，是否可称'孔子的礼乐'、'符合了孔家宗旨'呢？"

　　知古可以鉴今。从汉高祖刘邦封赏儒生，到北洋军阀孙传芳复兴"投壶之礼"，可以看出，无论是历朝历代的权势者，还是"识时务"的儒生，他们之所以"尊孔"，都是别有居心的，其实与"孔家宗旨"不太相干。既然如此，我们今天又为什么还要大张旗鼓地尊孔、祭孔呢？

　　当然，对"精神解放"和"尊孔""批孔"这种敏感话题的直接"干预"，并不是郭预衡先生常有的做法，因为这未免有些"书生意气"。所以郭预衡先生后来自嘲道："今天看来，全球祭孔，有如儿戏；我发此文，亦可不必。但作为讨论中国文化传统的一个课题，这样的文章，也收在此自选集里。"[47]

　　相比较而言，在郭预衡先生中国文学史著述中，那些"察今以审古"的论述，更应该引起我们的关注。这些论述，往往点到为止，

意在言外，犹如欧阳修之文，"其语愈缓，其意愈切"（欧阳修《论尹师鲁墓志》），其中隐含着郭预衡先生自身"难于与世沉浮"的"书生意气"[48]。

例如，评论明后期讲学家何心隐时，郭预衡先生指出："一般地说，文人学者讲学，不利于独裁专制，但谓之'名教中之罪人'，却也未必。就（何）心隐而言，其言其行，是无损于名教的，也可以说，是于名教有益无损的。他的文章具在，可以为例。"[49]

又如，评论桐城三祖之一刘大櫆时，郭预衡先生说："（大櫆）所以终于不遇者，既因其赋性'颛愚'，也因其思想不够正统……当康、乾盛世，天下一统，思想也要一统，而大櫆论学，却主张'包容'。他有《息争》一文，说'天下之理亦不可以一端尽'。这等于说不可排斥异端……主张包容异端，这主张本身就是异端……大櫆虽与方苞、姚鼐并称桐城一派，而其思想则与方、姚有所不同。

思想既非官方儒学之正统，文章也非桐城派之正宗。"[50]

类似的评论，在郭预衡先生的中国文学史著述中，如散金碎玉，俯拾皆是，往往发人深省，启人深思。依笔者之愚见，这正是郭预衡先生中国文学史著述中最有价值的文字，也是郭预衡先生真正足以不朽的"立言"所在。

清代朴学家戴震在谈到古今学问时，提出有义理、考据、文章三种不同的路数[51]，同时更主张三者融合为一，而归趋于义理。段玉裁《戴东原先生年谱》记载，戴震41岁时曾说："天下有义理之源，有考评之源，有文章之源，吾于三者皆溯得其源。"过了几年，大约在戴震47岁写完《孟子字义疏证·绪言》以后，他深有所悟地说："义理即考核、文章二者之源也，义理又何源哉？吾前言过矣。"

戴震推举"义理"，究其实质，就是注重顾炎武所倡导的"经世致用"之学，这也成为郭预衡先生就学任教的北京辅仁大学的治学传统。后人评余嘉锡先生就说："举凡作者著书，多因时感事而发。"[52]如余嘉锡先生《杨家将故事考信录》一文，脱稿于1945年，其中称："杨家将之作，如板荡之刺时，云汉之望中兴，其殆大义之未亡，一阳之复生者欤？""中国虽败亡，而人心终不屈服于强敌，无古今一也。"[53]这显然是有感于抗日战争时事而发的。陈垣先生在抗日战争期间，连续写成《明季滇黔佛教考》（1940）、《清初僧诤记》（1940—1941）、《南宋河北新兴道教考》（1941）、《中国佛教典籍概论》（1942）等宗教史论文及《通鉴胡注表微》（1945），也都含有讽今喻世、抒志表微的深沉用意。[54]

郭预衡先生学承余、陈二老，彰扬中国传统的人文精神，以丰厚的中国文学史著述，肩负人文学者的历史责任，形成独具风标的学术品格。

斯人已逝，典型具在，精神永驻。郭预衡先生的学术品格永远是中国学人的楷模。

郭英德，北京师范大学文学院教授。原文曾发表于《北京师范大学学报（社会科学版）》2013年第1期。

注释

1　郭预衡：《中国散文史》上册，卷首，1页，上海，上海古籍出版社，1986。
2　郭预衡主编：《中国古代文学史长编》，卷首，1页，北京，首都师范大学出版社，2000。
3　郭预衡：《中国散文史》上册，卷首，3-4页，上海，上海古籍出版社，1986。
4　郭预衡：《郭预衡自选集》，569页，济南，山东文艺出版社，2007。
5　郭预衡：《中国散文史》上册，78页，上海，上海古籍出版社，1986。
6　郭预衡：《中国散文史》上册，379、381页，上海，上海古籍出版社，1986。
7　郭预衡：《中国散文史》中册，615页，上海，上海古籍出版社，1993。

8　郭预衡：《中国散文史》下册，171页，上海，上海古籍出版社，1999。

9　郭预衡：《中国散文史》下册，513页，上海，上海古籍出版社，1999。

10　郭预衡：《郭预衡自选集》，593-608页，济南，山东文艺出版社，2007。

11　郭预衡：《郭预衡自选集》，卷首《自序》，10页，济南，山东文艺出版社，2007。

12　郭预衡：《中国散文史》中册，6页，上海，上海古籍出版社，1993。

13　郭预衡：《中国散文史》下册，2-4页。1996年，郭预衡先生发表《朱元璋之为君和宋濂之为文》一文，对这一观点做了更
　　为细致的论析。见《郭预衡自选集》，406-420页，济南，山东文艺出版社，2007。

14　郭预衡：《郭预衡自选集》，629-630页，济南，山东文艺出版社，2007。

15　郭预衡：《历代散文丛谈》，230-235页，太原，山西人民出版社，1986。

16　郭预衡先生后来指出：敢说"同自己别的文章互相矛盾的话"，这也表现出韩愈"发言真率，无所畏避"（《旧唐书》本传），
　　"敢于讲话，而且敢讲真话"的特点，甚至"尊儒而不墨守"，"不顾儒家的传统，敢讲违背旧说的话"。见《中国散文史》
　　中册，179页，上海，上海古籍出版社，1993。

17　郭预衡：《郭预衡自选集》，350-351页，济南，山东文艺出版社，2007。

18　郭预衡：《中国散文史》下册，671页，上海，上海古籍出版社，1999。

19　郭预衡：《郭预衡自选集》，卷首《自序》，9页，济南，山东文艺出版社，2007。

20　郭预衡：《郭预衡自选集》，卷首《自序》，7-8页，济南，山东文艺出版社，2007。

21　郭预衡：《郭预衡自选集》，621、627页，济南，山东文艺出版社，2007。

22　郭预衡：《郭预衡自选集》，卷首《自序》，8页，济南，山东文艺出版社，2007。

23　郭预衡：《谈谈文学史教科书的编写问题》，见《郭预衡自选集》，573页，济南，山东文艺出版社，2007。

24　郭预衡：《郭预衡自选集》，365页，济南，山东文艺出版社，2007。

25　郭预衡：《郭预衡自选集》，卷首《自序》，13页，济南，山东文艺出版社，2007。

26　郭预衡：《读欧阳修的〈论尹师鲁墓志〉》，见《历代散文丛谈》，293页，太原，山西人民出版社，1986。

27　郭预衡：《中国散文史》上册，308页。参看《历代散文丛谈·序言》："司马迁的文章，不仅《报任安书》是牢骚，全部《史
　　记》都充满着牢骚。前人说是'谤书'，没有说错。当然，《史记》也称'实录'，但要知道，在特定的历史条件下，'实录'
　　就是'谤书'，说实话就是诽谤。"

28　郭预衡：《中国散文史》中册，5、62页，上海，上海古籍出版社，1993。

29　郭预衡：《中国散文史》中册，235-236、248页，上海，上海古籍出版社，1993。

30　郭预衡：《中国散文史》下册，53页，上海，上海古籍出版社，1999。

31　郭预衡：《中国散文史》下册，79页，上海，上海古籍出版社，1999。

32　郭预衡：《中国散文史》下册，372页，上海，上海古籍出版社，1999。

33　郭预衡：《中国散文史》下册，500页，上海，上海古籍出版社，1999。

34　郭预衡：《言之无文　行而不远》，见《历代散文丛谈》，426-432页，太原，山西人民出版社，1986。

35　郭预衡：《中国散文史·序言》，见《中国散文史》上册，卷首，4页，上海，上海古籍出版社，1986。

36　郭预衡：《谈谈文学史教科书的编写问题》，见《郭预衡自选集》，578页，济南，山东文艺出版社，2007。

37　郭预衡：《中国散文史》中册，506页，上海，上海古籍出版社，1993。

38　郭预衡：《中国散文史》下册，119页，上海，上海古籍出版社，1999。

39　顾炎武：《亭林文集》卷四《与人书三》，见顾炎武著、华忱之点校：《顾亭林诗文集》，91页，北京，中华书局，1983。

40　顾炎武：《菰中随笔》卷三，北平古学院1945年刻《敬跻堂丛书》第16册。

41　诗句出《亭林诗集》卷四《又酬傅处士次韵》之二："愁听关塞遍吹笳，不见中原有战车。三户已亡熊绎国，一成犹启少康家。苍龙日暮还行雨，老树春深更著花。待得汉廷明诏近，五湖同觅钓鱼槎。"见顾炎武著、华忱之点校：《顾亭林诗文集》，360页，北京，中华书局，1983。

42　郭预衡：《郭预衡自选集》，卷首《自序》，4页，济南，山东文艺出版社，2007。

43　郭预衡：《中国散文史》下册，435页，上海，上海古籍出版社，1999。

44　郭预衡：《中国散文史》下册，127页，上海，上海古籍出版社，1999。

45　郭预衡：《历代散文丛谈》，454—474页，太原，山西人民出版社，1986。

46　郭预衡：《郭预衡自选集》，637—646页，济南，山东文艺出版社，2007。

47　郭预衡：《郭预衡自选集》，卷首《自序》，18页，济南，山东文艺出版社，2007。

48　郭预衡：《中国散文史》下册，252页，上海，上海古籍出版社，1999。

49　郭预衡：《中国散文史》下册，206页，上海，上海古籍出版社，1999。

50　郭预衡：《中国散文史》下册，504—505页，上海，上海古籍出版社，1999。

51　戴震《与方希原书》说："古今学问之途，其大致有三：或事于理义，或事于制数，或事于文章。"姚鼐本此说，提倡义理、考证、文章三者并重，见其《惜抱轩诗文集》卷六《复秦小岘书》、卷四《述庵文钞序》。

52　周祖谟、余淑芬：《余嘉锡先生传略》，见《余嘉锡文史论集》，676页，长沙，岳麓书社，1997。

53　余嘉锡：《余嘉锡文史论集》，394、400页，长沙，岳麓书社，1997。

54　参见牛润珍：《陈垣学术思想评传》，227—232页，北京，北京图书馆出版社，1999。

15/

黄济

黄济（1921—2015），原名于鸿德，山东即墨人。1946—1948年就读于北平师范学院，肄业；1949年毕业于华北大学教育系。历任中国人民大学教员，北京师范大学讲师、副教授、教授，第二届国务院学位委员会教育学科评议组成员，全国教育学研究会第二届副理事长。我国著名老一辈教育学者，新中国教育哲学学科的主要奠基人之一。著有《教育哲学初稿》《教育哲学》《教育哲学通论》《诗词学步》《雪泥鸿爪：新中国教育哲学重建的探索》《国学十讲》等，主编了《中国传统教育哲学思想概论》《现代教育论》（与王策三教授共同主编）、《中国教育传统与教育现代化基本问题研究》（与郭齐家先生共同主编）等书。

黄济先生的为人、为学和为师

/ 石中英

黄济先生是当代中国著名的马克思主义教育理论家，一生学而不厌，诲人不倦，在教书育人和学术研究方面做出了杰出贡献。我是先生1994届硕士生和1997届的博士生，毕业后接过先生手中的教鞭，在北师大从事教育哲学教学和研究工作。2015年1月8日，黄济先生因病逝世。2018年8月，我调往清华大学教育研究院工作，继续从事教育学原理和教育哲学方面的教学和研究工作。去年（2021年）是黄济先生诞辰100周年，中国教育学会教育哲学研究分会与北京师范大学教育学部联合举办了黄济先生诞辰百年纪念活动，与会代表深切缅怀黄济先生的为人、为学和为师，充分肯定了黄济先生为北师大和中国教育学事业的进步所做出的卓越贡献。今年（2022年）适逢母校建校120周年，也是双甲子年，顾明远先生领衔主编一本反映北师大先生们教育情怀和学术贡献的纪念著作，这非常有意义。顾明远先生吩咐我写一篇纪念黄济先生的文章，我深感荣幸。之前在黄济先生的90华诞以及黄济先生去世后不久，我分别写过庆祝和纪念文章。这里，我在那两篇文章的基础上，再就黄济先生的为人、为学和为师做些叙述，以表达对先生的无尽思念和无限敬仰，供后人研究黄济先生的人生和学术思想参考。

一、黄济先生的君子风范

黄济先生究竟是一个怎样的学者？这涉及对他个体人格的总的认识。黄济先生在世的时候，就有人跟我说："石中英，你的导师是一位真君子！"还有的人说："你的导师是教育学界最后一位君子。"说黄济先生是中国教育学界的"最后一位君子"我不大相信，因为中国教育学界有那么多人，总是不乏慕君子之道的。但是，说黄济先生是中国教育学界的一位"真君子"，我还是深信不疑的。

"君子"是先秦时期儒家非常崇尚的一种人格类型，与"小人""圣人"相对而言。《论语》中有多处论述到"君子"的言行和人格特征，如"人不知而不愠，不亦君子乎?""君子坦荡荡，小人长戚戚""君子喻于义，小人喻于利""君子周而不比，小人比而不周""君子道者三，我无能焉：智者不惑，仁者不忧，勇者不惧"，等等。1914年11月5日，梁启超先生应清华学校周诒春校长的邀请，在同方部为清华师生带来了一场精彩的演讲，演讲的主题就是《君子》。在这次演讲中，他引述了《易经》中的"乾坤"二卦来解析他认为的"君子"人格："天行健，君子以自强不息"；"地势坤，君子以厚德载物"。显然，在梁启超看来，古之君子最重要的人格特征就是"自强不息"和"厚德载物"。

如果从上述这些对古代君子人格的论述来评价黄济先生的话，说他是中国教育学界的一位"真君子"，我觉得是一点儿也不夸张的，认为是非常符合他的言行和性格特征的，并非溢美之词。"人不知而不愠，不亦君子乎?"我在黄济先生身边学习和工作24年，深知他为人处世总是坚持他人第一，时时处处为他人考虑，而且，即便他人并不知晓或者是有所误解，他也从不公开说明或辩驳，真正做到"人不知而不愠"，哪怕自己承受误解和委屈也在所不惜。"君子坦荡荡"，就是黄济先生人格特征的真实写照。在他的一生中，无论对待个人还是对待组织，他都能做到襟怀坦荡，实事求是，从不弄虚作假，更不会搞阴谋诡计。至于义利关系，黄济先生从来都是坚持"义以为上"，绝不见利忘义，发不义之财。"君子周而不比"，也很适合用来评价黄济先生。他是单位里搞团结的模范，最能团结人，发挥大家各自的能力，一起完成教学与科研的任务。黄济先生所在的教研室是教育学教研室，教育学教研室的老师们大都从事教育理论研究，个性一般都非常鲜明。有老先生在世时和我说过，教育学教研室藏龙卧虎，各个都很有性格，如果没有黄济先生，这个教研室就会是一盘散沙。这话听起来可能有些夸张，但是不止一位前辈学者在世时的评价也确实说明，黄济先生在团结教育学教研室老师共同做事方面是做出了大量努力和积极贡献的。再说"智仁勇"君子这"三达德"，黄济先生身上也都是具备的。先说"智"，黄济先生遇事非常冷静，做事深思熟虑，很少有片面性或冲动，可谓有智慧。我们年轻人碰到什么问题去请教他，他往往三言两语就能帮助我们解开思想疙瘩，让人豁然开朗。次说"仁"，"仁者不忧"，这是为什么呢？因为仁者爱人，己所不欲，勿施于人。仁者待人以公心而非私欲，心中自然明亮坦荡，不用患得患失。黄济先生就是这样的人，他90华诞时，北师大教育学部教育基本理论研究院为他编撰的画册主题就定为"仁者不忧"，准确表达了对他光辉人格的认知。再说"勇"，黄济先生因为具有"既仁且智"的人格特质，所以也就做到了"勇者不惧"。无论是面对繁重的教学科研任务，还是面对身体的疾病，抑或是"文化大革命"时期政治上的打击，黄济先生都能够做到勇敢面对，不惧挫折与风雨。至于梁启超所阐释的"自强不息"与"厚德载物"君子之德，黄济先生也是兼而有之。就自强不息而言，黄济先生的自学精神是人所共知的，虽然他常常自谦，说自己是连大学都没有毕业，但是他晚年所表现出来的博学却让很多人折服。在厚德载物方面，黄济先生就更是典范了。黄济先生在自己的教育一生中，不知道鼓励、指导和帮助过多少青年学子，充分体现了教师的仁爱之心。他指导自己家的保姆自学上大学的事情流传甚广，充分体现了君子的厚生之德。

二、黄济先生的会通之学

关于黄济先生的学术思想，在黄济先生晚年学界就已经开始研究了，我也应《中国教育科学》杂志的邀约写过《黄济先生对中国教育学术的贡献》一文。文章比较长，对他的学术历程和思想进行了比较系统的概述和分析，得到过黄济先生自己的肯定。去年在纪念黄济先生诞辰100周年前夕，我和北师大的余清臣老师还主编了《黄济教育思想研究》（北京师范大学出版社，2021）一书。全书共有14章，比较系统地整理和论述了黄济先生的主要教育思想。此外，我国教育学界近几年也陆续发表了几篇研究黄济先生教育思想的学术论文，从不同的侧面阐述了黄济先生的教育学思想、教育哲学思想、美学和美育思想、劳动教育思想、传统文化教育思想等，有助于读者比较深入地了解黄济先生对我国教育学相关领域的学术贡献。

这里我不想就黄济先生的具体教育思想做些具体阐述，仅仅想谈谈我对他的教育思想关键特征的一个认识。关于黄济先生的教育思想特征，中国教育学会教育哲学研究分会的常务理事、湖州师范大学的舒志定老师在《黄济的教育哲学学术自觉》一文中曾经有过一些分析，从实践情怀、方法论特征和力量源泉等角度进行了概括和总结。其中，在谈到黄济先生教育哲学思考的方法论特征时，舒志定提出了"马克思主义是指导教育研究的根本方法论""融通古今中外的科学态度和方法""理论与实践融合的创新方法"以及"崇尚教育理想与尊重教育现实相统一的实事求是思想方法"等。[1]受舒志定老师的启发，如果要用比较简洁的一个词来概括黄济先生教育思想的风格的话，我想"会通"是一个比较合适的词汇。"会通"既可以用来表示黄济先生教育思想的方法论，也可以用来表示黄济先生教育思想所达到的境界。

我从20世纪80年代中期接触黄济先生的教育学研究成果，几十年来读过他的每一篇文章、每一本书，也有幸了解他在构思这些文章、撰写这些著作时的思想历程。总体评价来看，黄济先生在学术工作中非常明确地追求一种会通的境界。其中包括古今贯通、中西会通、理论与实践相结合等丰富的含义。先说古今贯通。黄济先生国学功底深厚，对于中国古代经典，既包括儒家经典，也包括道家、法家、名家、阴阳家等的经典著作，都非常熟悉，令人仰慕。在思考许多教育问题时，他都十分自觉地追求古今贯通的境界，注重对古代哲学和教育思想进行阐释和转化。我印象很深的是，20世纪90年代中期黄济先生在撰写《教育哲学通论》时，对中国古代思想家有关教育目的的论述进行过系统性的整理，写了满满的几张大纸，为我们年轻学子理解中国传统的教育目的观提供了非常有价值的学术资料。这种古今贯通和推陈出新的风格，几乎体现在黄济先生的每一篇论文和每一本著作中。次说中西会通。黄济先生常常将自己与1949年前那批教育学家进行比较，认为在了解国际教育学术方面，自己不如他们。但是，这并没有使得黄济先生在学术视野上故步自封，反而激发了他努力学习西方教育理论的热情。从黄济先生的论著和教学中，我们都可以深切地感受到，他在任何问题的思考上，都努力地应用中西方两种教育学术资源，力图做到中西会通。在对待西方学术思想方面，黄济先生还特别主张要有批判性的思考，不能采取"拿来主义"的简单做法。在理论与实践相结合方面，黄济先生更是继承了中国古代知行合一的思想传统，努力践行马克思主义理论与实践相结合的认识论原则，反复强调理论来源于实践，同时又服务于实践，并且理论的真理性要接受实践的检验，在理论与实践的动态结合中实现真理性与价值性的统一。

黄济先生与他的三轮车

黄济先生对会通的追求始终是以马克思主义为指导的。作为中华人民共和国成立后较早接触和研究马克思主义教育思想的学者，黄济先生对马克思主义是非常笃信的，对于马克思主义经典作家的教育论述也是非常熟悉的，这既体现在他作为主要组织者和作者编写的《马克思教育思想研究》一书中，也体现在他自己有关教育学研究方法论、教育学史以及教育哲学教材的编写中。在对待教育的历史遗产、国外的教育思潮以及一些重大教育理论和实践问题的研究中，黄济先生始终能够坚持马克思主义的立场、观点和方法，体现教育的人民性价值取向，做到具体的、历史的和辩证的统一。从表面上来看，可能有些读者会觉得黄济先生的学术见解过于"中庸"，不够解渴，缺乏那种发人深省或振聋发聩的批判力，但是从深层次看，他的学术研究体现了事实与价值的统一、继承与发展的统一、理想与现实的统一、个人本位

与社会本位的统一等，具有一种思想上的成熟性与实践上的辩证性。

三、黄济先生的爱生如子

在如何对待学生上，黄济先生就像那个时代的其他老先生们一样，既对自己的学生严格要求，又非常关心和爱护自己的学生。这是每一位与黄济先生有过交往的青年学生的共同体会。

我在黄济先生90周年华诞时，曾经写过一篇文章，讲述了我在黄济先生身边受教的几个小故事。其中一个就是黄济先生在一个下雪的清晨到我们宿舍看望我的故事。早晨6点多钟，我和同学们都还裹着被子在睡梦中，突然有人敲我们宿舍的门，敲门声在寂静的早晨显得特别得响。睡在门口铺上的同学显然很不耐烦："谁呀！这么早敲门，敲什么敲！！"只听门外有人答言："我是黄济，请问

石中英同志是住这里吗?"声音不大，加上大家都睡得迷迷糊糊的，没有听清楚，也没有人赶快起来开门。门外的人又重复了一遍，"我是黄济，请问石中英同志是住这里吗?"这一下我们全听清楚了，门口的同学赶紧起身开门，我也赶紧跳下床。黄济先生进来后并未多言，问明我的床铺后就走到我的铺前，边摸我的褥子边说："北京下雪了，很冷，不知道你们南方来的同学习惯不习惯。周老师（黄济先生爱人）给你准备了一床厚的褥子，要不去我家拿来!"站在先生身边，看着先生摸我床上褥子的动作，望着先生肩上尚未消融的雪花，我的心头涌过一阵暖流，眼泪都快流下来了! 1995年冬天，我结婚了，我和爱人去给黄济先生和师母送喜糖，黄济先生和师母特地在家里为我们夫妇摆了一桌家宴。席间，黄济先生关切地问到："你们结婚了，住在哪里?"我回答说，我们没有房子，各住各的宿舍。黄济先生听了，非常理解我们外地学生在北京成家的不易，席间为我们深情唱起了一首名叫"sweet home"的英文歌。歌词的大意是：

凝望天边的月亮/好像看见我的母亲/把爱儿思念/她正站在茅屋门前/凝望着月亮/那家门前的鲜花/我再也看不见/home home/sweet sweet home/我走遍海角天涯/总想念我的家/离开家乡的流浪人/一切都不会同我心/只要让我能回到/我简陋的家园/那些听我召唤的小鸟/快飞回我眼前/让我重温平静的生活/比一切都香甜/home home/sweet sweet home

因为他老人家是用英文唱的，我当时听得也不是很清楚，但是歌词中"home home, sweet sweet home"我记得很清楚。直到今天，一忆那个场景，我的耳畔还能回响起黄济先生那浑厚的男中音。我们听得出，他的歌声中有祝福，也有长辈的宽慰和鼓励。事情已经过去20多年，每每想起这些故事，我的整个身心都会被黄济先生的真诚关心温暖着。在我的记忆中，他真的就像父亲般无微不至地关心着我们这些外地来京求学的学子，从生活到学习，从工作到家庭，展现着中国知识分子特有的人文情怀和深层的伦理关怀。

2021年4月19日，习近平总书记来清华大学视察并发表了重要讲话。在他的讲话中，特别谈到大学教师对学生承担着传授知识、培养能力、塑造正确人生观的职责，希望广大教师要成为"大先生"，做学生为学、为事、为人的示范，促进学生成长为全面发展的人。习近平总书记的重要讲话精神为新时代的师德师风和教师人格建设指明了方向。我觉得黄济先生就是这样的"大先生"之一，在为学、为事、为人方面为青年人树立了一个光辉的典范。多年来，对于先生之学术品格和教育情怀，我觉得真可用《论语·子罕》中颜渊的一段话来概括："仰之弥高，钻之弥坚，瞻之在前，忽焉在后。夫子循循然善诱人，博我以文，约我以礼，欲罢不能，既竭吾才。如有所立卓尔。虽欲从之，末由也已。"[2]

石中英，清华大学教育研究院院长，教授。

注释

1　石中英、余清臣等著：《黄济教育思想研究》，445-456页，北京，北京师范大学出版社，2021。
2　钱逊编著：《论语》，82页，济南，济南出版社，2016。

16/

钟善基

钟善基（1923—2006），浙江萧山人，北京师范大学数学科学学院教授，著名数学教育家，我国数学教育学科的创始人。自1986年起，先后担任教育部（原国家教委）中小学教材审定委员会审查委员，教育部高等学校入学考试数学试题命题委员，中国教育学会数学教育研究会秘书长、顾问，北京教育学会数学教学研究会理事长、名誉理事长。日本《三大学数学教育学研究会》名誉会长。自1952年起，曾担任《中小学数学教学》《数学教学》报社总编。《数学通报》特约编委41年。为我国数学教育学科的发展起到了奠基作用。他用多个"第一"（第一次设立新中国的数学教育学科；第一个主编我国师范院校教材《中学数学教材教法》；第一批参与教育部《中学数学课程标准》和《工农速成中学数学教学大纲》的制定与编写工作；第一个成立北师大数学系中学数学教育研究室……）诠释了一位数学教育的巨人，都始终站在学科建设和培养教师的第一线，引领数学教育致远前行。

钟善基：数学教育的一代宗师

/ 慕春霞

1989年，我考入北京师范大学数学系，攻读数学教育方向的硕士学位，有幸聆听钟善基先生的教诲。先生给我的印象总是那么和蔼可亲，温文儒雅，学识渊博。读硕士的三年，我多次去先生家，有高兴的事情愿意和他分享，有困惑的事情也想跟先生诉说。即使我硕士毕业后回到山东工作，书信、电话也从未间断过。1996年我考入北京师范大学比较教育专业攻读博士学位，师从顾明远教授。顾教授与钟先生是多年好友，我又一次能和先生定期相见。直至我毕业后留在北师大任教，这种联系仍然保持着。17年的学习和工作生涯，先生给予了我无尽的关怀和照顾，细雨润无声，使我不仅坚定做数学教育研究，而且也在国际数学教育中有所耕耘，有所收获。

专业引领：数学教育的奠基人

1981年，在先生的积极组织下，北京师范大学数学系成立了中学数学教育研究室。先生作为首任研究室主任，基于自身在北师大附中任教八年的经验，积极进行学科课程的建设。他编写的《中学数学教材教法》突出实践导向和理论引领。这本教材基于数学教学实践，同时又是在他翻译的国外《高中数学教学经验》（1957）、《初中数学教学经验》（1957）、《高中数学教学法》（1959）基础上凝练而成的。它不仅是当时学科的建设成果和代表性著作，而且是国内数学教育研究的奠基性著作。之后他和丁尔升先生等合作翻译的苏联教育家斯托利亚尔的著作《数学教育学》，为后续数学教育学科分支——数学学习论、数学教学论和数学课程论的发展，起到了重要的作用。此外，他还出版了《初等数学概论》《中学数学思维概论》《小学数学基础理论》《初等几何教材教法》，开拓了数学教育中学科的基础课程系列。这些都为后续数学教师教育中的学科课程、学科教育类课程奠定了基础。此外，先生所提倡的很多思想在数学教育领域中源远流长，比如在启发式教学、数学教学八原则、数学教科书编写的原则、学生数学能力和数学思维及其培养、中国古代传统数学文化的弘扬等方面，都强调以学生为主，基于学生的认识规律和兴趣等去选择内容，编排教材，设计教学方法，这些在当下都有非常重要的现实意义。在此不一一列举，只选择其中两个方面予以简单介绍。

启发式教学。先生首次提出中国的数学教学的启发式，它是一种启发学生积极思考、使他们自己先做出判断的教学方式。这种教学方式是基于西方的"发现法"，即把学生学习知识的过程，当作人的认识事物的过程来看待，同时以《毛泽东同志论教育》中的

"十项教授法"中的"启发式"为指导，结合中国传统文化《学记》中的"道而弗牵，强而弗抑"，以及孔子的"不愤不启；不悱不发"思想而提出的。进而，先生针对三种不同数学内容——概念和定义，公理和定理，例题和习题，都分别给出启发式教学的实施案例，因此，在教学实践中得以广泛传播和应用。

中国古代传统数学文化的弘扬。先生运用科学、唯物主义的态度，客观对我国古代的传统文化进行介绍和挖掘，并由此激发学生的民族自尊心和爱国主义思想。比如中国古代《周髀算经》中的有关勾股定理的内容，《九章算术》中关于负数的发展，简单几何图形面积的计算公式、线性方程组及其解法，有理数的加减法则等，先生都将这些经典著作中的相应的内容，与世界数学经典《原本》进行对比分析，并强调在课本和教学中的应用。

理论联系实际：引领数学教育前行

先生在北师大附中工作八年，有丰富的教育教学理念，同时还兼任过北京市各区和市的兼职教研员。因此，他在北师大给我们开设的研究生课程，特别强调理论联系实际。尤其是讲到一些教学的理论时，他将学生会怎么学习这个内容，会出现什么错误，又是怎么思考的，都展现在我们面前，让我们去讨论。然后他又从数学的思想方法、教学的方法一一道来，使得我们的数学教育课程生动而富有内涵、浅显易懂而又蕴含着丰富的哲理。"纸上得来终觉浅，绝知此事要躬行"，在当时我们课程中没有实习的情况下，先生鼓励我们不仅学书本知识，而且要走出教室，走进中小学听课、观课，了解一下中小学的现状，发现问题，进行研究。因此，我们这个研究方向的很多同学都参与了带本科生实习的任务。1991年，他写推荐信，让我去北京市基础教育教科所实习，跟着当时的梁威所长进行困难学生的诊断及教学的改进。在半年的学习中，我获得了大量的一手资料，也学会了测评和数据处理的基本知识。实习期间，我一个月要给先生汇报1~2次，介绍在教科所的所见所闻；先生都会耐心听，针对问题细心给我阐述：这些都为我后来进行质量监测的研究打下了基础。那次实习也使我收获了友谊，后来梁威教授调入北师大，我们有了进一步的合作。

先生不仅鼓励我们下校观摩，而且也会亲自带着我们体验做中学。他与日本著名教授横地清是多年的挚友，每次横地清教授来北师大，都会和先生一起给我们上课。记得有一次讲到三角函数内容时，他们就带我们去师大数学系楼前（教八楼）看大树和人的影子，用小镜子观察，让我们通过镜面反射来了解树高、楼高等。在做活动的过程中，先生还提问："用到什么知识？采用哪些方法？"

真正将知识、实践、应用融合在一体。这个案例成为我国的一个经典案例，在以后的课标、教材和教学中都有不同程度的体现。

在与先生的聊天过程中，他也提起他的两个"八"：在师大附中工作八年；八年大学工作后又"回到"师大附中。前一个"八"大家比较熟悉，后一个"八"则有一定的戏剧性色彩。据说因为教学突出，1953年他从师大附中调到师大工作。同样，又是因为教学突出，八年后，师大附中又恳求当时的高教部长请先生回附中教学和指导。1961年先生做起了大学、中学的"双肩挑"工作。先生在繁忙的大学工作同时，既要亲自负责高中立体几何、解析几何课的教学，还要负责青年教师的成长。当时先生已经住在北师大，他必须很早去中学，同时还得返回师大进行高校教学。这种来回的奔波，很是辛苦。但先生给我们说起这段经历时，觉得"双肩挑"身份对数学教育工作者的成长很重要。数学教育研究者应理论联系实际，在实践中解决问题。

国际交流：开启世界数学教育的一扇窗

先生既立足于国内，又放眼世界，积极开展与国际同行的交流与合作。他在国际交流方面做了大量开创性的工作，特别是20世纪70年代后，从先期的与日本交流，到最终发展成五国（中、日、美、德、法）数学教育大会。先生作为联合主席之一，1986年在日本召开了第一届五国会议，之后每两年在不同的国家召开一次，直到第五届。这为中国数学教育的对外交流和合作起到重要的作用。我们同门的师兄妹也因此机会锻炼成长，有些走上了国际舞台，扮演着重要的角色，比如蔡金法、李业平等。

这期间，我有幸参加了1990年在北京举行的第三届五国数学教育大会，以及1991年先生任秘书长组织的"国际数学教育北京会议"。虽然我能听懂一些英语，但是交流起来并没有那么顺畅。先生并没有因此而"嫌弃"我，而是安排我和同届的熊文井同学一起去接待外宾。因为文井师妹英语比较好，记得当时陪美国和德国专家时，他们会问文井是不是学英语的，我是不是数学教育专业的。因为师妹会给他们讲一些北京美食、风俗人情、趣闻什么的，而我则只会问一些数学教育方面的问题。尽管听了外国专家的评价有点小难过，但同时也有点窃喜，认为自己是"专业同仁"（其实过后想想是国外专家的礼貌用语）。会议结束后和先生交流这个趣事，先生并没有打击我，而是积极鼓励，希望我在数学教育中一直往前走，登上国际交流的大舞台。我因此也受到了鼓舞，多年来一直坚守初心，踏踏实实地从事数学教育的研究，以至于后来我读博士，也选择了比较教育的数学方向，这些都和这段经历和学习有关。

特殊的艺术与养生：不同寻常的习惯和爱好

先生爱好广泛。上初中时，著名音乐指挥家李德伦也在同所学校上高中。李德伦每周邀请师大音乐系的老师进行一次音乐欣赏活动，先生每周必到。到高一时学校开设声乐选修课，也是请师大老教授教，于是他又学了一年声乐，对戏曲（大鼓书）和声乐都颇为精通。对音乐的爱好，练就了他的艺术素养，他将所学的艺术表演要素应用于教育教学中。有的附中毕业生对他授课的评价是"先生的课讲得条分缕析，越听瘾越大"。"他把数学那些枯燥的公式、定理能讲出十分引人入胜的艺术美来。听先生的课，有如看一场好戏、听一次精彩的音乐会那样获得艺术的享受"，前《戏剧电影报》编审胡金兆用"艺术数学"概括先生的课。在与友人的交谈中，先生曾经比喻讲课与唱戏的区别。他说老有人把咱们老师上课比作演员演戏，这很不妥，演员演唱，只要观众喝彩就行。观众并不要求演员把他们教会怎么唱，而且唱得比演员还好。老师上课则不然，老师在台上讲课，不但要让学生听懂，给老师喝彩，更要让学生学会，特别是要学生会学，这是老师最重要的责任。这种启发式，引导学生学会、会学的方法，直至今日，都对数学教学起着引领作用。

在我读研究生的时候，先生已经69岁，但仍然坚持给我们上课，一讲就是半天，尤其是讲到中国传统数学文化部分，更是娓娓道来，激动处在黑板上边写边画，我们都佩服先生充沛的体力和脑力。先生多年不吃早餐，据说在中学时代，酷爱数学的他特别喜欢开夜车演算各种数学题，于是第二天清晨，晚起的他为了赶时间上课只好牺牲吃早饭的时间。夜夜如此，年年如此，这种不吃早饭的习惯一直保留下来。先生精力旺盛一

方面与他中学时代练就的强壮身体有关：先生自幼喜欢球类，在师大附中是足球队的后卫；另外主要与先生乐观豁达、海纳百川、厚德博爱息息相关。

行为师范：学生发展中的"贵人"

先生桃李满天下：不管是他在中学教过的，还是在大学指导过的。毕业后我们同学们交流时，常常把先生作为生命中的"贵人"。作为一代名师，先生对于学生，爱字当先，很少批评学生。尽管工作和社会兼职多，但无论多忙，他从不拒绝学生的请教；无论多累，他总是热情地接待学生来访，即使在外埠的毕业生，他也会以电话或者通信的方式给予指导。当时我们很多同学写论文，需要一些国外的研究资料，他就给引荐介绍。记得那时我听了日本学者的数学课程改革以及教学模式改革话题，对此比较

钟善基先生参加本文作者（左一）研究生毕业
答辩（1999年）

感兴趣，先生就引荐我和日本学者进一步沟通，并指导我写作。我人生中的处女作《日本的课题学习》，以及之后发表的关于日本高中数学课程改革、日本复合的现实数学等文章，都得益于先生的精心指导。除了学业上的指导和引领，先生还非常关心学生们的未来发展，他会根据学生的专长，指出未来可以从事的职业方向。当时我对课程比较感兴趣，他推荐我去人教社求职，由于定向原因，没能留下。先生又给他山东的老朋友郭维亮先生写信推荐，使我得以留到山东教育学院工作。先生从未因个人的事去求别人，但为了我们这些学生，他却不厌其烦地写过无数封求职信，多次请朋友帮助，不管是国外留学还是国内就业。我们师大毕业的多位师兄妹，都是得益于先生的推荐，到国外留学。

同时先生宽严相济，非常讲原则。如果他觉得学生做得不当或不适合，他不仅不推荐，还会给予批评教育。记得他曾经和我说过，有个学生明明学的是英语，为了出国，非得让他写推荐信去日本，被他拒绝。他说不能为了出国而出国，本末倒置。先生有他做事的原则，如果学生有不当之处，他定会指出，不会坐视不管。

先生待我们如孩子一般，爱着、护着、悉心教育着。在我们这些学生成长的背后，都有着先生的栽培、耕耘和付出。

从1989年起跟随先生的17年，先生高尚的品德、渊博的学识、风趣的谈吐、豁达的性格、对工作一丝不苟的态度，深深地感染着我，影响着我。他去世已经16年了，但他的音容笑貌、风趣谈吐，仿佛就在昨日：仍旧是穿着整洁的蓝色中式上衣，仍旧是梳理着像平行线一样整齐有序茂密的黑发，仍旧是笑容可掬、慢条斯理和我们一起唠家常……这一切一切已经深深根植在我的脑海中，终生难忘！

綦春霞，北京师范大学教授。本文根据《北京师范大学数学系史》、《钟善基数学教育文选》（李仲来采访录）、《记北京师范大学数学科学学院教授钟善基》及《回忆钟善基先生》等资料，以及结合与先生的交往点滴整理而成。

17/

黄祖洽

黄祖洽（1924—2014），理论物理学家、湖南长沙人。1948年毕业于清华大学，1950年该校研究生院研究生毕业。北京师范大学教授，主要从事核理论、中子理论、反应堆理论等方面的研究，是中国核武器理论研究和设计的主要学术带头人之一。代表著作有《热中子核反应堆理论》《核反应堆动力学基础》《输运理论》《表面浸润和浸润相变》《黄祖洽文存》《三杂集》《现代物理学前沿选讲》等。

怀念黄祖洽院士

/ 贺凯芬

早在20世纪70年代，黄祖洽先生的名字，就已如雷贯耳。不仅是学识，他的严厉，在学界也是闻名的。1979年，我调到北师大工作，不期于几个月之后，就成了刚调来的黄先生的直接下属。第一次去面见先生，心中难免忐忑。后来才知道，先生在生活中是一个十分和蔼可亲的人，他的严厉，全在于对学问的严谨，对粗制滥造的深恶痛绝。黄先生的思想非常敏锐，在听学术报告时，反应极为迅速，哪里有误，即刻就被他抓住，毫不留情。一次我汇报工作时，就被先生当场指出："量纲不对！"让我为自己的不慎深感愧疚，至今不忘。有很长一个时期，研究所里的许多文章都有黄先生修改的笔迹，错别字是逃不过他的火眼金睛的。记得有一次，他指着一篇文稿对我说："你看，光标题中就有两个错别字！"对浮躁作风的厌恶，溢于言表。

与黄先生熟识后不久，我大胆发问："为什么要调到大学来？我觉得这里对您并不太合适。"这个问题我已经憋了很久了，因为内心总认为，像他这样在国防事业上成就卓著的大科学家，到学校工作似乎是大材小用了。黄先生当时没有正面回答，但不久我却找到了答案。那是在北戴河的一次学术会议上，学界泰斗如王淦昌、于敏、黄祖洽都到会并发表讲话。其他前辈谈的内容多侧重于学科发展问题，而黄先生讲的主题却是培养学术接班人。我突然明白了，先生痛感十年动乱造成学界几乎断代，已决心将自己的后半生贡献给教育事业，他要致力于培养年青一代的学科带头人。

先生对研究生的培养，以我的愚见，有两个特点：第一是高屋建瓴，例如，在先生的倡导下，我们理论研究室每一周或两周都有学术报告和讨论，主讲人可以是校内外的教师或研究人员，也可以是学生。所涉及领域宽广，未必局限于老师们自己的研究课题，特别是，当诺贝尔物理学奖公布时，先生总要求大家分头研读有关文献，并在研究室内为师生做介绍。先生以其渊博的学识，培养具有开阔视野的人才，希冀从中产生出大学问家。第二，按照黄先生的观点，带研究生的过程，是导师和学生共同探索自然界未知领域的过程，在这个意义上，他们是战友，导师只是以自己的学识和研究工作的丰富经验，鼓励和帮助学生独立地提出和解决问题。黄先生的研究生，选题的范围非常宽，他们在与导师共同探索未知领域的过程中，科研能力获得了极大的提高。写到这里，不禁想到，近些年常有新闻见诸报端，说某些导师把研究生当作项目的廉价劳动力，甚至以此为自己谋利，这样的事情，对于黄先生这样真正的学者来说，是完全不可想象的。

黄祖洽先生把自己的后半生全部献给了培养青年一代学人的事业。几年前，有记者问及："先生80多岁了，为什么还上讲台？"他言简意赅："我是老师，当然要讲课。"离开原子能事业后，在30多年的耕耘中，他对科学的热爱、对研究的热诚以及严谨的科学精神等，都已像种子一样，撒在这片热土上，他满腔热情地工作，期待着种子生根发芽开花结果。也许，只有那些曾被他寄予厚望的英才的远去，才是他晚年心中难以排解的痛。

有一次，我奉命起草对一个科研工作的评语，虽然拿不准，但人情难却，还是写上了"国内领先"这样的字样，在送交黄先生审阅时，这句话被他划掉，并严肃批评我说，要实事求是，不要学浮夸之风。还记得，1982年，我到联邦德国客座访问之前，黄先生谆谆嘱咐我，不仅要学习他们已有的成果，更重要的，是要了解他们目前正在思考什么问题，想要解决什么问题。这些教导让我受益匪浅，让我明白，只有迎头赶上，才能弥补失去的岁月。

先生是一个生性好动的人。20世纪80年代时，每逢周末他总是与恩师彭桓武先生相约

黄祖洽院士

骑自行车到戒台寺一游，借以锻炼体魄并讨论科学问题；黄先生爱爬山也善于爬山，记得那年秋天，我们全室师生游香山，他放着大路不走，偏选择从乱石狭缝间手脚并用地登上"鬼见愁"，吓得几个研究生小伙子跟在后面紧追；还听说，那年会议间隙爬黄山，黄先生独自一人登上游客罕至的荒山陡坡，天黑还不见返回，急坏了与会的代表们。除了这不多的爱好，在我跟随黄先生20多年间所看到的是，工作就是他的一切，物理就是他的一切。那些年他家的桌子上，除许多研究生论文外，永远堆着一摞《物理学报》新一期待发表的稿件，作为主编他要终审，还要为有争议的稿件做定夺。一次春节去他家看望他，却恰逢他与彭先生正通过电话热烈地讨论某个物理问题。据说，就是在这次病重期间，黄先生还在思考着中子理论一个可能的重要应用。

我的书架上立着一本黄祖洽先生翻译的《量子场论》，那是认识他以前买的。后来在先生与我们闲谈中我才知道，50年代初他在清华时曾遭遇严重车祸，昏迷了整整一个月。当时不少人预言说，即使苏醒过来，他也永远搞不了高深莫测的理论物理研究了。然而，人们想不到的是，就在因车祸休养的那一年里，他竟以顽强的毅力翻译出了这本《量子场论》，此后，黄先生不仅恢复了脑力，而且在科学事业上取得了显赫的成就！

几年前海波告诉我，她为黄先生去医院看他的脑部CT片时，医生指着片子上因当年车祸留下的斑斑血管堵点，说："这个人不能自理了吧？""不能自理？啊，不，不，他讲课，他研究，他带学生，对许多人望而生畏的那些高深理论，他的反应常常比年轻人还快！"黄先生以他的经历向我们证明了，生命可以创造怎样的奇迹！

2014年9月18日

贺凯芬，北京师范大学核科学与技术学院教授。原文曾
发表于《大学物理》2015年第2期。此次收录有删改。

18/

刘若庄

刘若庄（1925—2020），出生于北京，著名物理化学家、中国计算化学的奠基人、中国科学院院士、北京师范大学化学学院教授。1947年毕业于北京辅仁大学化学系获理学学士学位，1950年北京大学物理化学专业研究生毕业，1979年7月晋升为教授，1999年当选为中国科学院院士。刘若庄致力于物理化学尤其是量子化学的科学研究和教育工作。他的主要贡献是创造性地将量子化学理论和计算方法应用于研究实际化学问题并取得优秀成果。在应用量子化学和培养化学专业人才方面做出了贡献。

导师风范　永驻心间

/ 朱乃璋

半个多世纪前，我初次认识刘若庄先生，那时我在北师大读三年级。快开学前，不少同学议论说即将给我们上物质结构课的是位刚过而立之年的副教授，讲课"顶呱呱"，在化学系数一数二。上课时，我们见到上来一位架着厚厚眼镜片的白皙瘦小的男老师，操一口京腔，声音洪亮。讲课思路敏捷、逻辑性强，很吸引人，第一堂课下来便使我们这些学生感到惊喜。课后又兴奋地议论开了，"啊，怪不得他这么年轻就当上副教授啦！"尊崇之心油然而生。待到1959年我毕业后留校被分派到刘先生身边做助教，在感到荣幸之余未免有些惴惴不安，自知学习好只是凭小聪明，并没深功底，不知是否能跟上这位教授的步伐。

如今回想起来，在北师大工作六年（1959—1965年），我们师生相处和谐，刘先生从未向我们发过脾气。因为他是一个唯事业为重的人，性格爽朗、大度，只要我把助教该做的工作，如教具准备、辅导答疑备课、习题批改、讨论课的备课等做好了，他就不会有什么意见。平时，他也没什么架子，不挑剔琐碎小事。因为他有名望，别的老师都尊称他为"您"，而我这个南方人不习惯用"您"称呼，他并不计较。再如当时办公室六七个人只有一个暖瓶，有时我们这些小年轻助教疏忽大意，也没去打开水，刘先生爱喝茶，他就悄悄地自己去茶炉房打水，回来后还热情地招呼我们："刚开的水啊，要喝请便。"说实在的，我们哪好意思让导师打水为我们助教泡茶啊。

刘先生专长物理化学，特别是量子化学。他在多年繁忙的教学工作同时，始终做着科研。他对高等学校做科研的重要性有超前认识。刘先生认为高校的任课教师必须要有科研实践。当时北师大教师对科研没多大积极性，怕做科研影响自己的教学工作。刘先生总在我们教研室强调科研与教学相辅相成，不能只从时间上看占了教师一定的精力。他认为通过科研，教师能了解有关本专业学科的国际先进水平，通过科研教师能更深入、更精准地掌握本专业的科学理论、实验技能以及相关计算技能（跨学科，以物理学、数学的方法研究化学），通过科研中查文献、写论文，增加与国内外同行的学术交流……这些都能很大程度上提高教师的专业水平、教学能力。他认为北师大较之北大，科研较弱，应该赶上。为了引起领导重视，他时常在各种相关场合，向时任系主任胡志彬教授及党总支书记王桂筠同志提出自己的看法。这些做法完全出于公心，为北师大及年轻教师发展着想。

刘先生自己一直在指导研究生和青年教师做科研。20世纪50—60年代，他的课题主要是氢键的研究和配位场理论的研究。记得我曾在1963年替刘先生做过某物质氢键研究的一小部分的计算。当年还没有电子计算机设备，连现今小学生都有的小计算器都没有。科研需要的多位有效数据的繁重计算要靠手摇计算机，我就是用手摇计算机替刘先生做一小部分计算的。刘先生对科研的重视，影响了我很多年，后来我在沈阳做中学化学教研员，中学虽然不是搞高深专业理论的场所，但是中学教学的方法、效率、知识点与学生思维的渐进性，中学化学课堂演示实验的最佳实验条件的探讨，以及如何对初中学生进行化学入门启蒙教育，等等，这些问题也都是有意义的，应该通过教育教学领域的科学研究来促进在职教师教学水平的提高。我曾在一所薄弱中学试点，和其他学科教研员一起辅导基层中学教师搞教学科研，取得一定效果，受益的不仅是学生，也涌现了一批年轻骨干教师。

刘先生对助教的培养有针对性、有计划、很严格。我毕业留校后下乡锻炼，约半年后回校，正式开始助教工作。他要求我和其他助教做出在职进修计划，目标是三年后能独立开课讲物质结构。因为我们在大学时学的是俄语，他要求我们加紧自学英语并要定期考我们，逐渐学会查化学文献。还让我们一周两次去城外新校物理系（当时化学系还在城内北校定阜大街）听量子力学课，并参加做物理系学生的某些实验，如光谱实验等。他还抽空亲自辅导我们。对于研究生、进修教师，他也是有针对性地要求他们。在刘先生身边工作感到压力大，但是在他督促指导下，收获进步也大，1964年我通过了作为物质结构这门课程主讲教师的试讲。

刘先生1950年于北京大学研究生毕业，他亲身体验新旧两重社会，他有热忱报国的情怀、对党有感情、积极靠近党组织。在治学态度、专业功底、科研水平各方面毫不逊色于当时的"海归"，他没有因未留学"镀金"而自卑，也没有一些"海归"盲目自大。他热爱自己的母校北京大学、崇敬他的导师化学前辈唐敖庆先生，对自己的工作单位北师大倾心尽力，同北师大荣辱与共。

刘先生身体不佳，工作也过累，时年30多岁的他天天要服安眠药才能入睡，上午常常头晕头痛，有时不得不吃止痛片。但他并不因此精神萎靡，恰恰相反，一讲起课来，他好像换了个人似的，精神亢奋，神采飞扬，很能吸引学生专注听课。作为主讲教师，并不需要亲自带实验课（一般由助教负责），而他却时常到实验室检查指导学生。那时还没有计算器，他随身带一把计算尺检验学生的实验数据。这种严谨的、认真的工作作风和以身作则、一丝不苟的教学态度是我们教师的楷模。

刘先生当时工作量很大，除主讲本科基础课和研究生专业课以外，还要辅导助教及进修教师，自己还搞着多个课题研究。此外，教研室主任行政工作也占去他不少精力。然而在我的记忆中，他几乎没有因病请假缺过课，只有一次感冒发烧到40℃，实在撑不住，被送进医院，才少上了一次课。几十年来，刘先生每天孜孜不倦地备课、查阅文献、思考、计算至深夜，埋头苦干真似老黄牛勤耕不息。他生活简朴，对自己身体健康也没有过多地顾及，有时他还自嘲："据说，我这个人短命、体格弱，可看来也还能对付（繁重的工作）。"

刘先生是北师大化学系物质结构、物理化学课程的奠基人。他倾毕生精力为北师大、为我国培养了大量教育与科研人才，可以说是桃李满天下。无论是在他身边工作过的学生，还是被分派到祖国各地的大学和中学教师、化学工作者，无不因为曾受到过他的教诲而感到荣幸。他的人品、他的勤奋、他的睿智、他的执着，以至他的教学风范，都已潜移默化到他学生的教学、科研和日常工作中。

刘先生这位老知识分子、理论化学界的先锋，对祖国忠心耿耿，对北师大尽心耕耘，在党的教育下，是一名光荣的名副其实的共产党员。他持之以恒、严于律己，真正做到了"又红又专"，曾受到党和国家领导人胡锦涛同志的接见。他这一生真谓：

学海探奥六十载，攀登科学抵高峰。
桃李花开师业成，教学科研硕果丰。

我们这些学生，每想起母校北师大必想起他，因为刘若庄先生的名字已和北师大、和理论化学密不可分。

朱乃璋，北京师范大学化学系研究生毕业，曾担任刘若庄先生助教。

19/

纵瑞堂

纵瑞堂（1925—2016），安徽省萧县人，1940年8月进入北京辅仁大学西语系学习，1949年12月留校任教。1952年8月进入北京师范大学工作直至离休，其间，于1954年2月至1956年2月在中央党校马列学院学习。纵瑞堂同志曾任辅仁大学助教、北京师范大学助教、讲师、副教授。先后担任哲学党史教研所副主任、主任，政教系副主任、主任，学校党委宣传部部长。1974年起先后担任《北京师范大学学报》副主编、主编，北京师范大学出版社社长、编审，北京师范大学副校长。

忆北师大纵瑞堂教授对我的指导

/ 余少波

1955年秋，我考取北京师范大学政治教育系哲学研究生，师从石盘教授。1958年毕业。当时浦安修同志任政教系主任兼党总支书记，决定把我留校当教师。翌年，纵瑞堂老师从中共中央高级党校研究班进修结束，回到北师大政治教育系工作。起初他到哲学教研室当副主任，后来又当政教系副主任，他对我的指导自那时开始。

1958年夏季，全国刮起了浮夸风。在教育革命中，否定了原来行之有效的教育体制和教学秩序，否定了以教学为主、以教师为主导的原则；还曲解了理论联系实际、教育与生产劳动相结合的方针。例如，片面地强调师生要以参加生产劳动为主，片面地强调实践出真知，否定课堂教学为主，轻视基础知识、基本理论的学习，否定教师的主导作用。其结果是破坏了正常的教学秩序，导致学生没有学到理论知识，没有掌握基本技能，使教育质量严重下降。党中央在纠正"大

跃进"、浮夸风的同时，于1960年召开了全国文科教材会议，从讨论高校文科教材建设入手，总结并纠正教育革命中一系列的错误，引导高等教育走上正确道路。在此基础上，还制定了《教育部直属高等学校暂行工作条例（草案）》（简称"高教60条"），作为高校工作的法规。

北京师范大学在党中央和北京市委领导下，认真学习和贯彻文科教材会议与"高教60条"的精神。学校党委决定由常委、文科教务处处长方铭同志负责文科各系的落实情况；由常委、理科教务处处长张刚同志负责理科各系的落实情况。我们政治教育系则由系副主任纵瑞堂同志负责落实事宜。他们多次召开会议，传达文科教材会议和"高教60条"的精神。作为政教系一位普通教师，我印象最深刻的，就是要坚决以教学为主，发挥教师主导作用。

纵瑞堂老师长期在高校任教，主管思想政

20世纪50年代后期，纵瑞堂担任政教系副主任，正在给学生讲课

治理论课工作，教学工作经验非常丰富。新中国成立前，他在辅仁大学文学院西洋语言文学系学习，思想进步，是中共党员。新中国成立后，辅仁大学合并到北京师范大学，他也调来北师大任教。他在担任政治教育系副主任期间，主管教学工作。纵老师强调，政教系主要任务是培养中学政治理论课教师，我们一定要坚守马克思主义的理论阵地；要不忘根本，即用马克思主义的立场、观点和方法，来教育学生、武装学生。他反复强调，马克思主义各门理论课程，是使政治教育系立得住的根基。我们要通过系统的教学和有关措施，培养学生掌握马克思主义的立场、观点和方法，要使学生成为"又红又专"的政治教师：既要有较高的思想政治觉悟、良好的道德修养，又要有扎实的理论基础知识、有教学工作能力。纵老师说，马克思主义是科学理论，各门课程有丰富内容和内在有机联系。我们各门理论课程，一定要重视

"三基"（即基本理论、基本知识、基本技能）和"四性"（即科学性、系统性、准确性、生动性）。

纵瑞堂老师一贯重视青年教师的培养。我研究生毕业留系工作不久，有幸遇上纵老师这样的好领导。他特别关照我、关怀我。他多次对我讲，你是我系自己培养出来的研究生，一定要搞好教学工作，还要选好方向搞好科学研究。要善于把科研成果运用到教学中去，这样才能真正提高教学质量。这些教导，非常中肯，一直指引着我的教学和科研工作。

纵瑞堂老师和系里其他领导关心我、培养我，有意给我"压担子"。从1961年下半年起直至1970年，我一直负责本科生主要课程辩证唯物主义历史唯物主义，一个学年约240学时。其中还曾给研究生班开过毛泽东哲学思想研究专题课。（政教系从建系至"文化大革命"，本科有14届，我担任哲学课共10届）我

按照研究生导师石盘教授和纵瑞堂老师的教导，一贯认真备课，钻研教材（著名哲学家艾思奇主编的《辩证唯物主义历史唯物主义》），力争融会贯通。在课堂上尽可能讲清基本原理、基本范畴，突出重点、解释难点，重视逻辑分析、努力结合实际。我还编写过一个简要教学提纲，突出重点，开列阅读马、列、毛原著书目以及复习思考题。我要求学生除了认真阅读教材，还要阅读一些经典著作，如马克思的《费尔巴哈论纲》，恩格斯的《费尔巴哈论》第二、四章，列宁的《谈谈辩证法问题》《辩证法要素》，毛泽东的《实践论》《矛盾论》《关于正确处理人民内部矛盾的问题》，等等。我要求辅导教师要组织好课堂讨论，检查学生的讨论发言提纲，并且有针对性地做好课堂讨论总结。这样，严格的教学环节，环环相扣，学生感到有学习兴趣，

有所收获。1961级新生反映，进了大学，学习方法和内容与中学阶段完全不同，有了学习的主动性积极性。1958级、1959级的调干生多，有一些工作经验，他们也表示这样学习，改变了原来不重视读书、不重视听讲的情况，学到了理论和方法。

当然，限于我本人的水平和当时的客观条件，我的教学工作还存在不少问题。如教材未完全摆脱苏联哲学教科书框框，存在不少教条主义习气，缺乏面向实际、面向世界、面向未来的创新勇气。斯人已经驾鹤西去，但是，纵瑞堂老师对我的谆谆教诲，引导我走上了一条正确的人生道路。

2017年2月15日改定

余少波，1955年考上北京师范大学哲学研究生，1958年毕业留校任教。本文来自余少波科学网博客，此次收录有删改。

20/

张厚粲

张厚粲（1927—2022），1927年生于北京，祖籍河北南皮。1948年从辅仁大学心理学系毕业后留校，1952年随院系调整到北京师范大学心理学系任教至今。曾任北京师范大学心理学系主任、中国心理学会副理事长、国家教委教育考试暨自学考试研究会副主任、国际测验委员会（ITC）理事、全国教育科学规划委员会教育心理学科评议组组长、国际心理学联合会（IUPsyS）执委、副主席。撰写、编著有《现代心理与教育统计学》《心理学导论》《行为主义心理学》等。

心至真，理致知，学致用
——记心理学家、北京师范大学教授张厚粲

/ 谢 军

用文字来记述张厚粲先生的学识业绩和风貌神韵实在是太难的一件事情。在大家眼里，先生是公认的心理学泰斗，是有着金刚不坏之躯的铁娘子，是痴迷三尺讲台的育人园丁。在她身上，你能看到不畏困苦追求真理的知识分子风骨，能感受到率真自在不拘一格的洒脱神采，更能体会到用之不竭的能量和气场。

张门有女情独钟

1927年4月10日，张厚粲出生在北京的一个大户人家，祖父张之洞在她出生之前就过世了。这位从未谋面的祖父，不仅影响了国家民族的发展，也给张厚粲的人生带来了巨大影响。

小时候的张厚粲天资聪慧又顽皮淘气，因此未到入学年龄家里人就提前把她送入学堂。每日上学路上，她都要穿过古都繁华的闹市，抬头就会望见身边宫殿院落里的琉璃屋脊，自然而然开阔了胸怀，增长了见识。从小学到中学，张厚粲不用花太多精力读书便能一直在班里成绩领先，课堂上的功课让她感到"吃不饱"没意思，小小年纪就感到困惑并开始思考什么是教学的本质：一定不是千篇一律的课程和整齐划一的考核标准，因材施教才能发挥出个体潜能，好的教师要具备知人善任的本领。

随着时间的推移，脑子好、身体棒、心气高的张厚粲渐渐养成了天不怕地不怕的胆量和自信，大家闺秀的外表下，装着桀骜不驯的心性。初中即将毕业时，刚刚14岁的她为自己做了一个决定——未来要学心理学。很多年后，张厚粲笑着告诉学生们，她当时选心理学，另一个重要原因是想当间谍，枪法极准又飒又帅的那种。她认为间谍一定要时刻神经紧绷，只有揣摩透了旁人的心思才能防范危险，这样的职业一定不会枯燥乏味。不

知道是阴差阳错还是冥冥中注定，张厚粲一辈子也没有机会成为神秘的女间谍，中国却有了一位将自己一生献给心理学事业的大学者。

后来，张厚粲如愿进入辅仁大学心理学系，冰雪聪明的她继续在班里保持着年龄最小、成绩最好的纪录，毕业后顺理成章留校，成为一名"最年轻，极会讲课"的教师。从1948年留校当老师开始算起，她已经在心理学这条道路上求索70余载；如果从14岁迷上心理学算起，岁月荏苒，已是80个春秋冬夏。三尺讲台杏坛耕耘，张厚粲整个身心已与心理学融为一体。

20世纪初，现代心理学由西方传入华夏大地，多位中国学子赴海外攻读心理学，后来成为北京大学校长的蔡元培就是科学心理学鼻祖冯特教授的门下弟子。但在改革开放之前，心理学在我国一直属于冷门学科，一度还遭遇了被取消的"待遇"，学科发展经历了曲折。因此在旁人眼里，张厚粲那代研究

心理学的人多少都有点生不逢时。但，无论是在心理学被视为伪科学被下禁令的艰辛岁月，还是在全社会重新崇尚科学迎来心理学事业发展春天的大好时光，张厚粲一直初心不改，凭借扎实的学术功底和只争朝夕的干劲勉力前行。

"假如能够回到18岁，我还会选择心理学。"不止一次，张厚粲在不同场合饱含深情地说出这句话。时光不会倒流，人生没有假如，张厚粲言传身教，用自己的传奇人生激励了一代又一代年轻学子，鼓舞更多18岁的学子将心理学规划为人生的职业梦想。

厚积薄发不惧难

1960年，原归属于北师大教育系的心理学教研室升级为心理学专业，却只有普通心理学和儿童心理学两门课程。师资力量上，除了张厚粲有心理学专业背景，其余老师都

是从教育学方向转过来的。这下可好了，心理学已经升格为一个专业方向，要给学生开设实验心理学、统计测量、教育心理学等专业基础课，却面临着没有教师可以授课的窘境。好几门全新的课，众多不同年级班的学生，异常紧迫的准备时间，换了任何人遇到这种情况恐怕能做的事情就是给学校提建议，要求补充师资力量或者缓些时候待条件成熟再推出课程。但谁也没想到，从她嘴巴里冒出的只有两个字"我来"。

尽管困难重重，但课程的效果却任谁也无法挑剔，几门新课保质保量按教学规范落实到位。1960—1965年，心理学专业阶段性恢复，短暂而又宝贵的五年时间中培养出林崇德、郑日昌、孟庆茂、程正方等一批后来为我国心理学事业发展发挥中流砥柱作用的人才。

张厚粲当时还只是一名资历尚浅的年轻教师，是什么力量支撑着她挑起这样的重担？"我就认定心理学会好起来，心理学恢复了我

的劲头就很足，只要让我上课我就高兴。我一定要尽我的努力培养出一批好学生。"在她眼里，一切就这么纯粹简单。凡事用爱和真诚面对，顺境逆境平常面对努力前行，其他闲杂的人和事都且放在一边。

1965年之后，心理学被叫停了十几年，直到1978年才重新恢复大学招生。问先生这段时间是怎么过的，她只语不言其中的煎熬，仿佛在记忆中把这段心理学被冰封的日子给删除了一般。她喜欢如数家珍讲心理学在华夏大地恢复重生之后的故事，将她认为那一代心理学人众志成城共谋发展的重要事件一一道来。

第一件事是1977年为全国各校心理学老师办了新中国首次实验心理学师资培训班，为第二年的课程恢复预热，进行必要的知识和人才储备。第二件事是在1979年全国心理学大会上倡议恢复心理测验专业，并于1980年5月办了一个心理测验培训班。第三件事是讲授实验心理学课程的难忘经历，张厚粲对上这门课的评

价是"很不容易"。因为一些新知识她从未接触过，需要边学边消化，同时展开教学工作。

谈及心理学在中国艰辛恢复发展历程中的重要事件，先生会铭记每一位老师在其中发挥的作用，例如实验心理学的培训由陈立先生主持，荆其诚师兄对她的帮助，心理测验培训是林传鼎先生、吴天敏先生和她三人一起撑起来的，具体谁讲授智力测验、比纳测验和统计课都一一道来，而她自己，仿佛不是完成每项关键工作的顶梁柱，只不过顺道帮了点儿忙一般。

踏实做事，把事情做好，比什么都重要。在旁人眼里有着诸多困境和棘手的事情，张厚粲却觉得没有什么值得犹豫花时间考虑到底该不该干的，唯一影响做决定的标准是能不能对心理学事业发展有益、是不是对学生成长有帮助。比如，她生了孩子刚过三天，就在医院上起了心理学公开课；比如她年过七旬还是每天风风火火日程排得比年轻人都

满；比如她到了鲐背之年还像候鸟一样每年往返北京和珠海两个北师大校区好几次，给教师和学生指导上课……

"只要你想做的事情，就一定能做到。"张厚粲经常这样说。

成功从来不是平白无故从天而降！厚积才能薄发，踏实努力是通向成功最快的捷径。奋斗的过程练就了张厚粲手不释卷、凡事亲力亲为的习惯，不仅如此，她也言传身教，把这样的要求带到学生培养的要求当中。无论是对自己还是对学生，她对学习态度和投入程度要求极高，对于偷懒耍滑的行为绝对眼睛里不揉沙子。例如，刚入门的学生偶尔会心存侥幸惦记能有什么学习和研究的捷径可循，想着粗略设计个研究框架以请教的方式去套导师的建议，以为得到"高人指点"后再按照成熟的方案推进能少走很多弯路。但是，这样的雕虫小技到张先生那里能够得到的"待遇"无非是两种：一种是三下五除二把

你问到毫无招架之力，另一种是扫一眼便不再搭理让你觉得自讨无趣，灰溜溜告退。前者无异于当头棒喝被泼了一盆冷水，后者则是无声胜有声更为令人警醒，"北师大最难通过导师"的名号不是凭空来的，张厚粲的脾气和对学生做研究品行规矩的要求什么时候也没变过。学生在学习和做研究过程中遇到困难时怎么办？没有更好的解决方案，顶多吐吐苦水"哀叹"几句自我安慰一下，然后便继续老老实实查资料、做实验、写报告。

粲然业绩名自远

改革的春风令国家各项事业发展进入快车道，也令已经到了知天命年龄的张厚粲终于可以意气风发大干一场。时不我待！必须争分夺秒找到心理学研究实践的突破口。1981年，她远渡重洋赴美国高校访学，了解国际上心理学最新发展动态，将适合我国国情和需要的知识带回来。在接下来的几年里，张厚粲率先将认知心理学引入国内，带领团队将久负盛名的韦氏儿童智力量表应用于中国青少年测试，创建瑞文标准推理测验中国常模，编制《少年儿童学习能力测验》，研发中国儿童发展量表，等等，众多关乎心理学研究理论和实验的重要基础性工作在她的牵头主持下逐一落实。

在心理学研究中，实验和数据统计分析的重要性不言而喻，而那时，这样的核心基础工作在课程和教材方面均处于空白状态，怎么办？奋起直追，赶紧把缺口补上！张厚粲积极向教育管理部门呼吁申请，调动各方力量推动心理测量学成为心理学专业必修课，将心理与教育统计测量工作纳入高考评价环节，并在各级各类人才选拔考试中科学应用。她主编心理与教育统计学教材，开设心理测量课，组织修订中文标准推理测验，使测验在我国广泛地应用和发展。在她的牵头带领下，《现代心理与教育统计学》《实验心理学》《心理学导论》《行为主义心理学》《现代英汉心理学词汇》等一本本著作接连面世，成为广大师生和从业者、爱好者遨游心理学世界的必备教材和工具书。

20世纪八九十年代，心理学在中国快速发展，张厚粲以不同角色推动相关领域研究和教学工作高起步、稳发展，助力我国的心理学研究赶上国际发展步伐。无论是作为北京师范大学心理学系主任、中国心理学会心理测量委员会主任、国家教委教育考试暨自学考试研究会副主任，还是在国际上当选为国际测验委员会（ITC）理事、国际心理科学联合会（IUPsyS）执委、副主席，还是担任国务院参事和全国政协委员，她心心念念的都是心理学发展的大事小情。全国优秀科技工作者、全国首届教育科学优秀成果一等奖、全国教育科学研究终身成就奖、中国心理学会终身成就奖、国际心理科学联合会艰苦卓越成就奖等各种奖项和荣誉接

踵而至，随便哪一项都够让人一辈子在荣誉簿上养尊处优，但先生从来更看重的是手头的科研和教学工作。

"不在乎"是张厚粲的口头语，遇到困难不在乎，受到褒奖不在乎，待遇高低不在乎，在她眼里这些都不是什么重要的事情。她为人处世坦荡豁达、性格爽直，所以免不了个别情况说话"不分时间场合"，按照她自己所言："我只认正确的理儿，根本不在乎会不会言语不周。"她喜欢推进研究项目，谈实验数据，从不在乎自己的头顶到底戴上了多少荣耀皇冠，但会经常很"俗气"地鼓励青年教师申报奖项。她会说，不要认为名分是虚头巴脑的东西，这些对开展后续工作有帮助，所以还是值得"浪费"点儿时间的。

从来没有问过先生在她所有的头衔和荣誉当中最看重哪一个，我想应该是国际测验行业协会"中国测评之母"的称号，再有就是中国心理学会终身成就奖吧。

张厚粲与本文作者（右）的合影

师者爱生法自然

师者，传道授业解惑。做一名教师，被众多学生称呼为先生，是学问，更是人生修行。

先生热爱三尺讲台，不管学生是什么层级、课程多长时间，她从来都是站着授课，按照先生的话说，教师讲课哪里有坐着的？站着上课才能精神饱满，教学演示到位！已经到了鲐背之年的先生，现在还坚持给学生上课，"走入心理学"常年被列为北师大心理学院的开学第一课，这堂课让人反复听多少回还会感到特别"过瘾"。授课时，先生声音洪亮，娓娓道来，条理清晰，举一反三，剥丝抽茧，深入浅出，有理论、有数据、有故事、有情怀，带来理论联系实践的思考，给人启迪。讲台下的学生听到的是心理学的知识，感受到的是生机勃勃的能量，常会感叹：通透潇洒，大师风范！

作为张门弟子，有时会觉得那是一种说不出的滋味，几乎每名学生或多或少都被严厉训导过。后来，学生们都学乖了，学习研究出现疑惑时会自行组织小范围研讨，不会在还有提升空间的阶段就去找先生贸然提问。有时学生间的讨论被先生看到，她的表情往往是欣慰之中还带着一股说不出来的淘气、得意，那意思像是在说：都知道踏踏实实好好学习了吧。

忘不了有一次原本与先生约好时间去讨论自己的阶段研究内容，结果站在办公室门口时听到先生正在大声批评另外一名学生研究思路跑偏，用功不够，于是赶紧临时调换不那么成熟的汇报内容。这时有一个学妹跟我说："咱们老师批你最轻了，学姐什么时候给大家介绍一下经验？"

"经验就是多下功夫。你没看见老师这是杀鸡给猴看呢。"我随口说道。

没注意办公室的门什么时候打开了，只见先生笑嘻嘻地站在那里来了句："嘿，没想到这只猴还挺聪明！"

这算称赞学生懂得努力还是提醒学生不许耍滑头？两者都有吧。先生很幽默，会用一种不那么像老师对学生教导的方式，看似随意地跟我们把道理讲明白。嬉笑怒骂间皆是学问，让你一辈子都忘不了。

对于已经毕业的学生，先生的一些举动有时会令人瞬间回到学生时代，例如她现在还会时不时给毕业生们留"作业"，并且还会检查研究进度，令人有些哭笑不得又不能敷衍。当然，每当我们一边"抱怨"先生不改本色下手太狠一边努力完成任务的时候，会感叹先生的苦心和慧眼，不得不说，那些"作业"确实像是量身定制，给出了绝佳的研究视角。

师者，大爱无形。在学生眼中，先生是身先士卒的学界泰斗，是传说中不食人间烟火的"灭绝师太"，是如师如母的亲近长者，更是不老传说奇女子，浑然天成心理人。不管是在读期间还是毕业之后，学生们遇到难题的时候都会想着到先生那里念叨两句，一年一度的师生聚会，即便在外地的学生都会赶回来准时赴约，每次给先生准备的礼物很简单，一个是她最喜欢的巧克力，再有就是不管如何艳丽也不及先生风采的一捧花……

先生，有缘做您的学生，真好！

谢军，首都体育学院副院长、研究员，北京师范大学兼职教授，中国第一位国际象棋世界冠军，2000年至2005年师从张厚粲先生攻读博士。原文曾发表于《光明日报》2021年3月29日11版，此次收录有删改。

21/

聂石樵

聂石樵（1927—2018），山东蓬莱人。1957年毕业于北京师范大学中文系，历任北京师范大学中文系中国古代文学助教、讲师、副教授、教授、博士生导师；曾任中国诗经学会顾问，中国屈原学会副会长等。撰有《红楼梦》和古代文学的关系》《聊斋志异》思想内容简论》《关于公孙九娘的描写及其历史背景》等有关古典小说、戏曲的论文，著有《司马迁论稿》《古代小说戏曲论丛》《屈原论稿》《楚辞新注》《先秦两汉文学史稿》《先秦两汉魏晋南北朝文学史》等书。参加了新注本《红楼梦》校注工作，选注过《杜甫选集》等书。

"知人"和"尚友"
——再论聂石樵先生的文学史观

/ 过常宝

聂先生终生从事古代文学的教学和研究工作，其研究成果包括自先秦到明清时期的各种代表性文体，并作有屈原、司马迁研究的专著，以及《诗经》、《楚辞》、杜甫诗、李商隐诗的注释，著作可谓宏富，但聂先生临终前最念念不忘的还是他的文学史。聂先生原有著述一部完整的古代文学史的愿望，由于精力不逮，仅完成了自先秦两汉到唐代四卷本文学史[1]，约200万字。可以说，聂先生是个文学史家，他所有研究工作也都是为了撰写文学史而做准备。在我们今天看来，编纂文学史只是为了满足教学的需要，除了最初的文学史有着开创、规划之功外，以撰写文学史的方式来展现自己的学术成就似乎不是最好的方式。但在反复阅读聂先生的文学史之后，笔者对此有了新的看法。

一、作品还是作家

聂先生多次说过自己写作文学史的目的是"求真"，在文学史编写上最重视两点：一是对时代和社会环境的重建，二是厘清文体的发展线索和影响关系。[2]这两个方面，也是聂先生"求真"的途径和方法。关于社会环境和各类文学文体的论述，在这几本文学史中占有很大的篇幅，成就很突出，是这几部文学史的特色。聂先生在解释"求真"时引用了孔子的话："我欲载之空言，不如见之于行事之深切著明也。"强调自己"力图通过具体历史事实的叙述、引证、分析对文学史现象作唯物史观的评价"，并以此与"专门从事文学评论者撰写文学史"相区分。[3]这一段话看起来简单，但仔细推敲起来，又不那么容易理解。我们从此处入手，探求聂先生独特的文学史观念。

"文学史现象"，就是文学史所处理的内容，那么，聂先生的"文学史现象"到底是什么呢？"社会环境"和"文体发展"，并非"文学现象"的核心内容，只是对"文学现象"的解释或整理。一般来说，文学史所要处理的应该是文学作品，而这一点似乎被聂先生认为属于"专门从事文学评论者"的"文学现象"。那么，聂先生自己的"文学现象"是什么呢？

聂先生文学史往往以朝代为分期，并设有"文学的社会环境"一章，其余则以文体为章节，在诗歌、散文等目次下，逐个论述作家作品。作家论是聂先生文学史的核心内容。以《唐代文学史》中李白一节论述为例，我们大致可知聂先生所谓"文学现象"的内容。本小节共34页，除开头3页简述李白生平外，其余则以《古风》、古体歌吟、乐府、绝句为顺序，论析了李白的17首诗：《古风》其一、其十四、其十九、其二十四，《梦游天姥吟留

别》，《宿五松山下荀媪家》，《庐山谣寄庐侍御虚舟》，《宣州谢朓楼饯别校书叔云》，《远别离》，《蜀道难》，《长干行二首》其一，《丁都护歌》，《战城南》，《乌栖曲》，《望庐山瀑布二首》其二，《赠汪伦》，《早发白帝城》。分析这个目录，大致可以得出两个结论：其一，古诗和乐府诗占了绝大多数；其二，所选诗的现实性较强，而像《月下独酌》《将进酒》《行路难》《山中问答》《峨眉山月歌》这些几乎是其他文学史必选的诗，也是最能反映李白"高蹈"情怀的诗，聂先生都没有选。显然，聂先生有意识淡化了李白的"浪漫"色彩，强调了李白诗的现实性和写实性特征。这也是所选多古诗和乐府诗的原因之一。

现实性，实际上就是聂先生所谓"社会环境"以及作家对环境的直接反应，在古代文学研究中也可以表述为思想性；写实性，就是作家的行藏和交游等生平行为。聂先生对诗歌的分析更能体现这两点，如第一首《古

聂石樵先生在书房

风》从历史、现实两个角度阐释了李白的历史观和文学观，第二首则从多方面阐述了唐代的边关形势和政策，第三首感慨胡兵涂炭中原，第四首则引用史料批判当时权贵的霸道腐朽的生态等。实际上，这几首诗是为了说明唐代的政治局面，以及在此环境中的李白的"政治理想和人生抱负"。接下来的《梦游天姥吟留别》《宿五松山下荀媪家》《庐山谣寄庐侍御虚舟》等则从李白的行游路线说起。聂先生的诗歌分析主要体现了两方面的内容：唐代社会现实和李白的思想行为。我们也可以将这17首诗，以及对这些诗的分析，看作聂先生为李白写的诗传。所以，那些主观性、抒情性较强的诗歌，虽然同样具有时代价值和思想价值，但传记性明显较弱，所以不受青睐。那么，我们可以说，聂先生文学史中，最为突出的"文学现象"实际上是作家本人及其存在方式，特别要体现他首先作为士大夫、其次才是作家的身份意识。

李白应该算是一个相对纯粹的诗人，其他作家，诸如屈原、曹植、杜甫、白居易等，由于介入社会政治更深，所以个人传记的色彩更强烈。可以说，聂先生的文学史是以作家为本位的，作品分析也只是为了使作家的思想、履历、行事更为丰富和清晰。不多的有关文学成就的论述，也只是作家之所以为作家的一个身份标记。这是聂先生文学史的一个最为显著的特点。当然，在20世纪的文学史中，这种情形不是特例，只是聂先生的文学史非常典型而已。

二、思想和文体中的规范

聂著文学史的主体是作家，所关注的是作家与社会环境的相互作用，以及所留下来的精神遗产。前者在文学史中主要体现为史实性描写，也就是聂先生所谓"具体历史事实"，以及对作品本身的考证和系年。这是这部文学史内容中最为充实的部分，也是它最为突出的特点。而所谓精神遗产，可分为两个部分：社会思想和文学成就。作家的思想，包括他对社会政治的认识，以及他所承继、阐发的传统思想，这些都被聂先生看作文学史的重要内容，在这几部文学史中占有重要的地位和较大的篇幅。

仍以李白为例。李白是一个以激情和想象力闻名的作家，在袁行霈主编的文学史中，李白的思想被描述为两点：一是"被理想化了"的"积极入世、进取的人生态度"，二是"神仙道教信仰"所提供的自由精神。[4]这两个倾向又被落实到李白的人生态度上，真正有关政治和社会的思想的内涵很少。这个描述可以看作古代文学界对李白的基本看法。但在聂先生文学史中，李白是被当作一个自觉的儒家思想传承者来描写的。聂先生为此所列举的第一首诗是《古风》（其一），他在分析了这首诗之后，论述道："意者他作诗之意

图，和孔子修《春秋》相同，孔子修《春秋》寓褒贬，别善恶，是继承了《诗经》之传统。他作诗，则是继承《春秋》之传统。这是此诗之主题所在。其中表现了李白的文学观点，是他的一篇上古、中古文学史论，纵论古今，并以振兴诗歌自任，自明素志，足以纲领其全部诗歌创作。"[5]这是说，李白继承了孔子的事业，孔子的事业是以"文"来彰明善恶之标准，裁决天下，这也是儒家的大义所在。

以李白为《诗经》、孔子传统的继承者，或者至少在思想上是如此，这与我们的感觉有不小的出入。一般认为，李白是一个典型的主体性诗人，追求个体精神的自由，有着惊人的想象力，儒家和道家都难以范围他的精神和人格。至于其《古风》组诗中所表达的儒家观念，并不是其诗歌的常见主题，也不能说明他对儒家思想的态度，只不过是高蹈久了偶尔也要回归人间，或者干脆就是牛刀小试、人云亦云而已，一般学者并不特别

在意。但聂先生认为，离开思想性将无法确认一个作家的历史地位；反之，一个伟大的作家，也一定有着伟大的思想，一定属于一个伟大的文化传统。聂先生笃信，儒家思想至少是李白思想的一部分，是十分值得珍视的一部分。从思想性出发，聂先生更看重杜甫，虽然这部文学史反复平衡李、杜的成就，但仍能看出聂先生对杜甫有着更高的认同。当然，从聂先生的角度出发，其他史著也可能因为过于强调文学性而有选择性地忽视了李白的思想性。

那么，聂先生为什么会在文学史著述中如此重视思想性呢？应该还是由于传记性这一法则。传统文化关于个体价值的论述，最典型的是春秋时期的"三不朽"：太上有立德，其次有立功，其次有立言（《左传·襄公二十四年》）。立德的价值高于立言，缺乏德性的立言，往往被视为"巧言"，其价值是很低的。作家虽以立言为主，以作品传世，但

从传统的观念来看，作家首先是士人，一个伟大的作家则必须对社会有深刻的理解，能洞见社会的危机，并能承担这一洞见所带来的社会责任，这些构成了作家的社会认知和社会理想，也就是思想。文学必须表现这个思想，传达作家对社会的责任，要教育或警醒读者关注社会，所以，对作家的理解最重要的就是对其思想的理解。也就是说，社会性的"德"，是衡量作家的第一把标尺，然后才是文学性的"言"。

那么，一个作家的文学性又是如何被衡量的呢？在聂著文学史中，最重要的就是文体规范的建立，也包括对文体规范的突破。也就是说，聂先生认为传统文学作为一个文学共同体的意义，要远远大于作家个体的意义。而这个文学性共同体是靠文体规范来维系的，所以，作家的文体贡献被视为最主要的文学成就。聂先生在论及盛唐诗的总体状况时说：

　　盛唐诗是在对立中发展着。几乎每一时期都有两个相反的流派出现，一派偏重于对传统的体裁、诗风的继承，一派则在原有之领域中作新的开拓。如王维、孟浩然等是继承陶渊明玄言诗系统发展而来，岑参、高适等则是采用乐府形式反映社会现实，二者是对立的。又如李白是继承古诗的传统进行创作，杜甫则是重在律体之创立，二者也是对立的。这种相反的对立形势，发展到中唐，又出现韩愈等与元稹、白居易等的对立，唐代诗歌便在这种对立中发展着。[6]

　　这是个很独特的观点，它强调作家在文学史之文体构架中的地位，也从这个角度来展现文学史的形态之构成。从文体贡献的角度来论述李白和杜甫，给人感觉是李白是保守的，而杜甫是革新的。如聂先生认为李白的乐府一方面承袭"楚骚"，一方面是源自汉民间乐府[7]；而论杜甫之五律，则引前人"气象嵬峨""错综幻化""包涵一切"等，说明其对五律开创和完善之功。[8]仔细品味，这一判断是非常贴切的。聂先生在这一段话中还提到了"诗风"，这个"诗风"也不完全是我们所理解的个性精神，而主要是指与某种文体所关联的历史性、社会性的美学风尚，比如"建安风骨"、玄言诗等。可以说，聂先生的"文体"和"文风"给了我们认识文学史的新角度。

　　从文体角度论作家和诗人的文学贡献，是一个很技术化的评价方式。除此之外，文体作为一种形式，有着明显的规范性，它能够说明作家的才华和创造力，但也在一定程度上抵消或遮蔽了作家在文本构建上的个性特征，规范性甚于个性，它更强调作家在构建文学共同体时的贡献。事实上，作品文本的个性特征，在聂著文学史中主要是在具体的作品分析中展现的，很少做理论性论述。这与聂先生的总体观点相符。

三、"知人论世"和"以意逆志"

文学在古代文化传统中，首先是一种教化方式，作者则必须成为一种道德人格的楷模。基于此，指出作品的教化意义，树立一个楷模式的人格类型，就是文学研究的最重要目标。所以，孟子提出了"以意逆志"和"知人论世"的研究方法，这两个命题的含义就是体会作品的思想，进而理解作者、认识作者所处的社会。这里存在三种关系：研究者、作者和社会。在孟子的语境中，作者超越社会，以褒贬来衡量、推动社会，因此，作者与社会处于一种紧张的关系之中。《孟子》说世衰道微，孔子惧而作《春秋》(《孟子·滕文公下》)，又说"王者之迹熄而《诗》亡，《诗》亡然后《春秋》作"(《孟子·离娄下》)。也就是说，所谓"论世"，就是褒贬社会，推广教化。所以，在"知人论世"中就包含了价值观念。

那么，研究者和作者是什么关系呢？应该有两重关系。第一重关系是"知人"，就是尽可能理解作者。值得注意的是，这个理解并非我们现在所说的"客观"理解。虽然"客观"理解在某种程度上成为研究的一个目标，但通过作品，能否客观理解作者，甚至是否有必要理解作者，这对于当代学术来说，其实还是一个问题。[9]但这个疑虑，在中国古代似乎是不存在的，因为作者本来就是作为一个文化符号、作为某种思想观念代言人出现的，一个真正的"自我"在以教化为核心的文化形态中，并不具有特殊的意义。相反，在性本善的理论前提下，在文学教化论这个语境中，所有人都有价值趋同的可能，因此，孟子提出："说《诗》者，不以文害辞，不以辞害志，以意逆志，是为得之。"(《孟子·万章上》)其意思是说，解诗者不能太过黏滞于作品的文辞，要透过文辞把握作者的情志。以作者的情志为目的，这个说法在传统文学史家看来是毫无疑问的，但如果不依赖文辞，那么依赖什么才能体会作者的情志呢？也就是"意"。一般认为，这里的"意"，是作者之"意"[10]，汉代赵岐《孟子注疏》解释说："文，诗之文章，所以兴事也。辞，诗人所歌咏之辞。志，诗人志，所欲之事。意，学者之心意也。"朱熹《孟子集注》云："当以己意迎取作者之志，乃可得之。"那么，以解读者的观点来迎取作者的情志，会不会出现太过主观而歪曲作品原意的可能性呢？孟子似乎并不担心这个问题，因为从诗教背景来看，无论是诗人之志还是解读者之意，都统于教化原则之下，即孟子所谓："口之于味也，有同嗜焉；耳之于声也，有同听焉；目之于色也，有同美焉。至于心，独无所同然乎？心之所同然者何也？谓理也，义也，圣人先得我心之所同然耳。"（《孟子·告子上》）解读者是诗教中人，虽然与圣人有先后之别，但仍是"心之所同然者"，也就是赵岐所说的"人情不远"，这就使解读者之"意"可以逆得作者之"志"。

聂先生深信并始终实践着孟子"以意逆志"的方法。他说："我1953年毕业留系……那时的文学史教学，主要受到各种政治观念的影响，如'批判继承'、'政治标准第一'，以及'批儒评法'等，在教学方法上则提倡以论带史，强调作家作品在历史上和在今天的政治作用。"[11]这种以政治观念导向的古代文学研究，其实也可以说是一种"以意逆志"，不过，这是以一己之意霸凌作者之志，所以，结论往往是歪曲的。聂先生由此特别关注"己意"的养成和有效性，他的想法是回到古代，以历史性来制约己意。他说："我曾花费大量时间重新阅读清理各阶段有关的古代文献和文学典籍，参考近、现代出版的一些文学史著作和古代文学研究专著、论文……使我形成了自己的体系和观点。"[12]这里的"自己的体系和观点"虽然还不等同于具体的"意"，但却为"意"奠定了基础和方向。而"重新阅读清理"云云，就是要让自己跨越上千年的历史，回到古代文学的历史情境中去，形成与古人"所同然"之"人情"，从而使"己意"能立足于历史情境之中，这样才能和作者之"志"相通。聂先生非常强调古代文学的历史性，他说："中国古代文人和现代的作家并不完全一样，他首先是士，有着虽然不尽相同，但却是鲜明的社会理想，其写作深受古代社会的政治、经济、文化状况的影响。因此，我们在撰写文学史时，就不能不从政治制度、经济发展、文化思潮和审美风尚等方面对时代背景做出总体分析和概括，指出文学发展和社会背景之间的依赖和影响关系。"[13]这就是聂先生对"以意逆志"的全部解释：以自己对古代文化的深刻理解，还原古代作家作为士人的思想人格，而古代士人的思想人格则与他的时代有关。这个"意"与孟子教化之"意"最为相近，它不是个体的、即时的、

情绪的，而是时代的、理想的、恒常的，具有教化意义的。聂先生说："古代文学从属于古代历史，以强调文学感性、个体性来抵制历史，不仅是门户之见，而且是无知。"[14]这正是"以意逆志"的必然答案。

从这个角度出发，聂著文学史强调对作家思想观点的分析和归纳，尤其是强调那些符合"士"的标准的思想观点。前文所述聂先生关于李白儒家思想的阐发，就与聂先生对于古代文士的人格标准的认识有关，或者说，在聂先生看来，李白作品中的儒家思想是最具有历史价值的，是最值得文学史发掘继承的。这是传统历史观念下的"以意逆志"。无论如何，从"意"到"志"总体上仍是一个从观念到观念的推理，文学史写作虽然不追求完全的客观，但不能缺乏"可信"，所以，对作品的考据就成为文学史撰写的重要手段。这样，我们就看到一个奇特的现象：标榜还原作家个性的通行文学史往往只是理论描

述，而强调作家的历史共性的聂著文学史却充实了大量的考证。

仍以李白为例，其《蜀道难》一诗造境奇特、硬语盘空，被认为是反映李白个性精神的代表作之一。但聂先生认为，理解这首诗，一要结合拟乐府这种文体，二要结合李白当时的处境。聂先生认为拟乐府的部分源头是楚辞，因而也是一种具有讽谏传统的诗体，《蜀道难》也不例外；此外，"李白在长安三年，其间除了写《蜀道难》之外，还写了《剑阁赋》和《送友人入蜀》两首诗，其中不仅对蜀道艰险的描写与《蜀道难》相似，而且思想情感也与《蜀道难》相通……《蜀道难》中谓'君'、谓'人'，皆指章仇兼琼，李白规劝章仇兼琼不要为追求功名而久居蜀地，那里关山险恶，豺狼当道，政治环境恶劣，'锦城虽云乐，不如早还家'，还是回来的好！"[15]在这首诗的分析中，他还征引了很多文献以证明相关时间、地理和蜀中的政治

形势，此所谓从"意"到"志"之"逆"。可以说，在聂著文学史中，文献和史实考证，是"以意逆志"不可或缺的最为重要的一环。

四、作为"平生之志"的"尚友"

"知人论世"是中国文学研究最为深厚的传统之一，就这一研究方法而言，理解先贤及其所处之社会，还不是唯一的目的。孟子的原话说："一乡之善士斯友一乡之善士，一国之善士斯友一国之善士，天下之善士斯友天下之善士。以友天下之善士为未足，又尚论古之人，颂其诗，读其书，不知其人，可乎？是以论其世也。是尚友也。"所谓"尚友"，就是学习、看齐、从游的意思，通过作品而友于作者，这是研究者和作者的第二重关系。孟子主要针对《诗经》《尚书》等经典文献而论，这些经典文献的作者被视为孔子、周公，是圣人，所以，"尚友"就是超越

地域和时代的限制，与古之圣人相游于至善之境。在孟子看来，诗书乃是"王者之迹"，"知人论世"就是成圣成王之道。这是孟子塑造君子人格的重要途径，也是他自己私淑孔子的道德实践。我们从汉代"诗大序"中，能清晰地看出这条"知人论世"—"尚友"—"成圣"的路径来。

孔孟圣王之道，不在事功，而在于内立德而外立言，在于"斯文"的传承，即司马迁所谓"究天人之际，通古今之变，成一家之言"（《史记·太史公自序》），是之为不朽。司马迁的"成圣"实践是其《史记》撰写，它从两个方面让自己逼近圣人。首先，司马迁认为自己继承了孔子的《春秋》事业。而孔子作《春秋》，乃是"贬天子，退诸侯，讨大夫"之王道体现，是"五百年必有王者出"这一统系的体现，他说："自周公卒五百岁而有孔子。孔子卒后至今五百岁，有能绍明世，正《易传》，继《春秋》，本《诗》《书》《礼》

《乐》之际？意在斯乎!意在斯乎!小子何敢让焉。"（《史记·太史公自序》）显然，司马迁撰述《史记》，乃是以孔子为"尚友"之目标。其次，司马迁以人物传记显现历史，除了仿效孔子以"贬退讨"——也就是价值评判——行王道之事外，还有以某些传主为友的含义。

其云："适长沙，观屈原所自沉渊，未尝不垂涕，想见其为人。"（《史记·屈原贾生列传》）又云："余读孔氏书，想见其为人。适鲁，观仲尼庙堂车服礼器，诸生以时习礼其家，余祗回留之，不能去云。"（《史记·孔子世家》）这是司马迁"尚友"的另一层含义。而司马迁的撰述行为对后世学者有着很重要的启发意义。

李白《古风》（其一）云："我志在删述，垂辉映千春。"所谓"删述"，是指孔子整齐和传播六经的事业，在李白的文字活动中并没有这样的内容，所以，研究李白的学者大多不太重视这句诗。但李白这句诗，却说明了历代文人都有继承圣人事业的情结。尤其是那些以"史"为志业的学者，更是奉"删述"为圭臬，他们认为对古人及其作品的学习、评述，既是"尚友"作者，也是"尚友"孔子。结合孔子《春秋》和司马迁《史记》以人物评述来裁决天下的文化实践，文学史家主要以作家而非作品为研究对象，也就水到渠成、理所当然了。聂先生在中华书局版《唐代文学史》"新版后记"中有这样几句话：

　　为了使这部著作有自己的个性、特色，并具有完整、系统的学术思想体系，在撰写过程中，思想感情倾注，精神意念投入，庄子有云"用志不分，乃凝于神"（《达生》）。一志凝神，作《春秋》有褒有贬，正《雅》《颂》可咏可歌，这部上古文学史，是自己全副精神意向的体现！ [16]

所谓"作《春秋》""正《雅》《颂》"正是孔子的删述事业。聂先生认为自己的文学史著述，寄托了自己全部的生命和精神，他用孔子的删述事业来类比，实际上就暗含着向圣人看齐的意思，这是"尚友"的第一层意义。而聂先生非常看重李白的"我志在删述"这样的诗句，并真诚地赞颂李白的儒家思想，这就是以作者为友，是"尚友"的第二层意义。说到这里，我们才能理解，聂先生终生以撰写文学史为目标，临终时仍然念念不忘自己的文学史著作，这其中所包含的文化传承和人格价值的意义。孔子在谈到自己的《春秋》著述时说："我欲载之空言，不如见之于行事之深切著明也。"[17]

这句话赋予"君子立言"以新的含义，也赋予了人物评述、作品分析以更为积极的价值，也就是说，"删述"本身就是立言，就是圣教传统的延续。那么，聂先生的文学史著述，不仅仅是一个职业行为，而是将自己看成一个传承"斯文"、实践"斯文"的道德和文化的主体，这才使文学史成为一种凝结着生命和精神的所在。

但是，时过境迁，"知人论世"也好，"尚友"也好，"立言不朽"也好，所依托的社会文化环境已经大大改变，当代大学体制中的文学史还能有孔子的删述之功吗？还能承担得起个体文化生命的分量吗？聂先生对此持一种忧伤的态度。他说：

回首往事，在那夏云暑雨、冬月祁寒之时和荧荧子夜、青灯欲蕊之际，凝神沉思、染于翰墨之情景，犹历历在目。然而在这大半生的历程中，究竟做了些什么呢？庄子有云："终身役役而不见其成功，苶然疲役而不知其所归，可不哀邪！"（《齐物论》）正道出我此时此际的心境，可谓异世共慨，千古同悲！[18]

这段话，容易被理解为一种谦逊的态度，但事实上，聂先生没有理由对自己的文学史著作失望，更没有理由对自己的学问失望。庄子所谓"不见其成功""不知其所归"，表达的是人与社会的冲突，是现实人生的无力感和挫折感，是存在意义上的虚幻感。聂先生也正是在这个意义上认同庄子，其直接原因，则是自己的文化志向无法落实在现实中，自己的人格理想也无从实现，也看不到被理解的希望，此即聂先生所自云之"深愧平生之志"[19]，每念至此，无力感、失落感和孤独感就油然而生，并对自己的撰述事业深感惶恐："案头生涯则冷淡如僧，笔墨耕耘则萧条似钵。"[20]只有从这个角度，才能理解一部文学史著述何以能让聂先生如此悲伤。

总结起来，聂先生的文学史著述遵循了孟子"知人论世"和"以意逆志"，以及"尚友"的撰述观念，同时也继承了《史记》以人物评述为主的撰述方式，有着鲜明的传记性特征，由此，在聂先生的文学史中，历史性、作者、作品，有着明显的等级关系，它们之间也是相互印证、互相体现的。现在看来，聂先生的文学史，无论是其使用的概念，还是其表述形态，都有着所处时代的特征，熏染着社会环境和学术环境的遗迹，但认真辨别，这些概念的实质内涵都有着朴素而浓厚的传统色彩，与传统教化思想密切相关。可以说，聂先生的文学史著作远绍孔子著述《春秋》的文化使命，同时也关切社会现实，沉潜着深刻的人生感悟和生命激情。

过常宝，安徽含山人，现任河北大学副校长，曾任北京师范大学文学院院长、教授，主要从事先秦、两汉、魏晋南北朝文学研究。原文收录于郭英德、张德建主编《斯文》(第四辑)，社会科学文献出版社2019年版。

注释

1　分别是《先秦两汉文学史（上下册）》《魏晋南北朝文学史》《唐代文学史》，先由北京师范大学出版社1994年至2002年出版，后由中华书局于2007年再版。本文主要引用中华书局版《唐代文学史》。

2　过常宝：《学葆醇儒姿文包旧史善——聂石樵教授访谈录》，载《文艺研究》2010（8）。

3　过常宝：《学葆醇儒姿文包旧史善——聂石樵教授访谈录》，载《文艺研究》2010（8）。

4　袁行霈主编：《中国文学史》（第2册），219页，北京，高等教育出版社，2005。

5　聂石樵：《唐代文学史》，81页，北京，中华书局，2007。

6　聂石樵：《唐代文学史》，152–153页，北京，中华书局，2007。

7　聂石樵：《唐代文学史》，103页，北京，中华书局，2007。

8　聂石樵：《唐代文学史》，125页，北京，中华书局，2007。

9　有关作者意义研究的介绍参见李宏图：《作者、文本与历史性阐释——基于思想史研究的一种理解》，载《历史研究》，2018（1）。

10　也有人认为这里的"意"是指作者之意，如清吴淇在《六朝选诗定论缘起》中云："诗有内有外。显于外者曰文曰辞，蕴于内者曰志曰意……志古人之志，而意古人之意，故选诗中每每以古意命题是也。汉、宋诸儒以一志字属古人，而意为自己之意。夫我非古人，而以己意说之，其贤于蒙之见也几何矣。不知志者古人之心事，以意为舆，载志而游，或有方，或无方，意之所到，即志之所在，故以古人之意求古人之志，乃就诗论诗，犹之以人治人也。"但这种观点，后世接受者不多。

11　过常宝：《学葆醇儒姿文包旧史善——聂石樵教授访谈录》，载《文艺研究》，2010（8）。

12　过常宝：《学葆醇儒姿文包旧史善——聂石樵教授访谈录》，载《文艺研究》，2010（8）。

13　过常宝：《学葆醇儒姿文包旧史善——聂石樵教授访谈录》，载《文艺研究》，2010（8）。

14　过常宝：《学葆醇儒姿文包旧史善——聂石樵教授访谈录》，载《文艺研究》，2010（8）。

15　聂石樵：《唐代文学史》，103页，北京，中华书局，2007。

16　聂石樵：《唐代文学史》，649页，北京，中华书局，2007。

17　（汉）赵岐《〈孟子〉题辞》："仲尼有云：'我欲托之空言，不如载之行事之深切著明也。'"《史记·太史公自序》作"载之空言"。

18　聂石樵：《屈原论稿》，257页，北京，人民文学出版社，1992。

19　聂石樵：《唐代文学史》，2页，北京，北京师范大学出版社，2002。

20　邓魁英、聂石樵：《古代诗文论丛》，"自序"，北京，北京师范大学出版社，1993。

22/

孙儒泳

孙儒泳（1927—2020），浙江宁波人，生态学家、中国科学院院士、北京师范大学教授、博士生导师。1951年从北京师范大学毕业后留校任教，1954年保送到苏联国立莫斯科大学生物土壤系学习；1958年获得莫斯科大学副博士学位后回国，继续在北京师范大学任教，先后担任副教授、教授、博士生导师、生物系副主任、环境科学研究所副所长；1993年当选为中国科学院院士；2002年把工作重心迁至华南师范大学；2020年2月14日在广州逝世，享年93岁。

孙儒泳长期从事动物生态学的研究和教学工作，在啮齿类动物生理生态的研究和动物生态学教材建设方面做出了突出成绩。

纪念我的恩师孙儒泳先生

/ 张 立

1993年我还在北师大生物系读本科，当时也是本科生学生会主席，记得恰逢孙先生当选中科院院士（当时还叫"学部委员"），我代表学生会前往孙先生办公室祝贺，这也是我第一次拜访孙先生，印象已经不是很深了，只是记得先生身材高大，面容和蔼，笑声响亮……一年后我保送继续在北师大攻读硕士学位，出于爱好选择了动物行为生态方向，师从房继明副教授，成为孙先生动物生态组里的一员，经常在研究生组会里遇到先生，也有更多机会接触先生。其间房老师赴美国访问深造，我和尹峰师兄帮助房老师准备破格晋升教授的资料，在北师大图书馆里布置公示材料，记得当时孙先生也特别支持，还亲自到现场给予我们很多指导。我在硕士生二年级的时候获得硕博连读机会，转到孙先生名下攻读博士学位，正式成为孙先生弟子，又为先生做了几年研究生助教工作，对先生的了解进一步加深。

孙先生治学严谨是众所周知的。我在先生组里做博士研究生期间先生就非常鼓励我们学生尽早动手整理手头的数据，尽量多动笔撰写科研论文，硕博连读五年期间我已经在《动物学报》《兽类学报》等国内期刊上发表了三四篇文章，另外还有一篇英文稿件投稿 *Acta Theriologica*（波兰兽类学报，SCI期刊，虽然影响因子不高，却是孙先生非常推崇的老牌兽类学研究杂志）也被接收了，不免沾沾自喜，撰写博士论文的时候我就想当然地把各篇已发表的和待发表的论文独立成章、简单串成一篇博士论文原稿，得意扬扬地早早地交到了孙先生手里。没想到两天后，先生把我叫到他办公室，严肃地对我说："你这个论文草稿写得很不好，这根本不是一个完整的博士论文，而是支离破碎的彼此独立的各个章节的堆砌，没有内在联系，这不是一篇合格的博士论文。"我在组里平时还算刻苦，经常在实验室整理计算数据到深夜，有时就干脆搬个行军床住在实验室里，与其他同学相比发表的文章也多几篇，每年都能拿到学校的研究生奖学金，也经常得到孙先生的鼓励和表扬，先生平时也从没有这么严肃地批评过我。但这次临近博士毕业答辩，先生的严厉批评让我不觉头脑发蒙，回到宿舍一直情绪低落，晚饭也没有吃就昏昏沉沉地睡觉了。第二天刚到实验室，孙先生又把我叫到他那里，这次他没有那么严肃，而是把我的论文初稿一页页摊开在办公桌上，心平气和地跟我边讨论边商量如何能够把一个一个单摆浮搁的独立章节梳理联系起来……最后孙先生语重心长地对我说："博士论文要是一个整体，要从论文结构上体现出来你要研究的科学问题是什么，你解决这些科学问题的思路和方法是什么，你对每个问题所得到的数据和分析讨论可能是独立的，但是最后应该整合到一起，这才能全面地阐释你的研究课题的完整性，这样论文才是一个有机的整体。"在先生的指导下，历时两周的修改，我把新版论文交到先生手中时，他看完会心一笑。1999年6月，我的博士论文很顺利地通过了答辩。

几周后得到学院通知，我的留校任教手续也办理完了，我兴高采烈地去跟先生报告，他却没有跟我多说什么，只是说"下午到我家里来我们好好谈谈"。孙先生家去过很多次，但是这次却是先生很正式地要我去家里谈工作。那也是我第一次怀着忐忑的心情坐在孙先生在北师大红楼二层的书房里等待着聆听先生的教诲。陈师母给我倒了杯茶水，冲我笑笑说"你们聊吧"便关上书房的门，屋里只留下孙先生和我二人。孙先生笑着让我坐下，说："我要跟你说三个事情，一，首先祝贺你顺利留校任教，我的很多学生都没能有这样好的机会留下，你一定要珍惜；二，我们的师徒关系是永远的，但是你今后需要独立开展工作，我可以帮你代招一个研究生你来指导，申请自然科学基金你可以挂我一次名字，但是以后你就不能再用老师的名义去申请项目了；三，未来你还要多学习新的知识，需要去开拓一些别人没有做过的工作，很多新东西我可能也没接触过，也不是什么都懂都了解，可能帮不到你什么忙，但是有问题还可以来找我讨论，我们以后也是同事关系了。"每每回想到那天下午先生的音容笑貌，我的眼圈便禁不住变得湿润起来。那天先生对我讲的每句话我至今都铭记在心。

毕业两年我顺利评上副教授，也在先生的支持和鼓励下开始从事中国亚洲象的行为和种群生态学研究。每次从云南出野外回到学校，孙先生见面都要问问我研究进展和在野外的生活工作情况。记得2010年我和我的硕士研究生在Animal Behaviour杂志上发表了我组最后一篇啮齿动物行为学的英文文章，恰逢孙先生生日，我去先生家里祝寿，顺便带来一本杂志送给他。他拿在手里翻看着文章，脸上笑容灿烂，这也算是我在动物行为研究方面给先生交上的一份满意的答卷吧。2015年，我在Nature杂志上发表了一页纸的World View观点短文，虽然不是什么大文章，也代表了我近十年来在象牙禁贸方面的工作，我在赴广州华南师大校医院看望孙先生的时候也没忘记再给他带上一本杂志，此时先生已近90岁高龄。他和陈老师已经从华南师大的寓所搬到校医院四层养老公寓，每日老两口相互搀扶着走路去学校食堂吃午餐，先生说广州的天气比北京好，冬天没有北京那么寒冷；孙先生也常称赞华南师大食堂的伙食比北师大好吃，先生和师母都是南方人，广州的饭菜更适合他们的口味。孙老师把杂志拿在手里，说："这是Nature啊，宏观学科发篇文章不容易的。"我说那就是个一页纸的观点，不算什么文章。他边看边点头，不时嘴里蹦出几个单词："ivory ... elephant ... Beijing Normal University这是北京师范大学，我以前是在这里工作的……"那日中午我要去赶飞机回北京，便起身告辞并送孙先生和陈师母下楼去学校食堂吃午饭，在路口先生挥挥手跟我告别，他怕我误了飞机便坚持不要我送他们，我便呆呆地站在那里看着两位老人手牵着手，步伐缓缓的远去的背影，久久没有离去……

昨晚北京下了一夜淅沥的春雨，一早却见窗外大雪纷飞，打开手机跳入眼帘的第一条信息却是孙先生仙逝的消息，先是一惊，心头一紧，眼泪唰啦啦地流下来，从此再不能听到先生爽朗的哈哈笑声，从此再看不到先生笑容可掬的消瘦面庞……

2020年2月14日于寓所

张立，北京师范大学生态学教授，孙儒泳先生1996级博士研究生。

23/

刘家和

刘家和（1928—　），1928年生于江苏省六合县（今为南京市六合区）。现为北京师范大学历史学院资深教授。曾任中国世界古代史研究会理事长，并任中国先秦史学会理事，北京史学会常务理事，美国《世界史杂志》编委等。

在古代希腊史、古代印度史和中国先秦秦汉史、中外古代历史文化比较以及史学理论等领域都曾做了艰辛的努力。研究专题涉及社会经济、政治制度、哲学思想、史学源流以及中国古代经典文献考释等方面。他主张把中国史放到世界史中去研究，写出具有世界眼光的中国历史和有中国史在内并给中国史以应有地位的世界史。在学术方法上注重通过比较研究深入探讨中外（主要是中西）古代历史文化内在结构的异同，以宏观的史学理论探讨与微观的经史文献考证的结合与互济为基本特色。

在挑战与回应中前进
——刘家和先生谈学术工作的基础

/ 刘家和，蒋重跃

2014年12月11、17、21日，蒋重跃带着访谈任务三次拜望刘家和先生，就学术工作的基础问题向先生请教，每次访谈都超过三小时。现将访谈内容的第一部分整理如下。被访者以"先生"表示，访问者以"重跃"表示。

重跃：先生，您好！您在二十几年前曾发表过一篇谈学术工作基础的文章[1]影响很大，让我们深受教益。近些年来，您多次说过，关于学术工作的基础，您又有一些新的进展。

先生：你好！多谢你来和我交谈学术问题，我十分高兴。我的确一直在关心这个问题，而且也的确在这个问题上又有所进步。

重跃：学术研究要有创新，这是学术界的共识。可是怎样才能创新呢？我想，您对学术研究方法的思考对我们会有大的帮助，所以特别想请您谈谈这些年您在这方面的新的思考。

先生：还是让我们一起来讨论吧。

重跃：那么，请您先说。

先生：你刚才提出的学术创新问题，实在太重要了。这实际是学术能否真正传承和发展光大的关键所在，而能否真正发现并回应挑战，也可以说是学术能否创新的关键所在。人类历史是在不断回应各种各样的挑战中逐渐有所创新而发展起来的，学术研究是人类生活中的一个重要部分，自然需要积极发现并回应挑战，在克服困难中不断前进。

重跃：为什么要把回应挑战当作能否创新的关键呢？这样说是不是太被动了？难道我们的学术工作就是为了回应别人对我们提出的挑战么？我们就不能向人家发起挑战么？

先生：你的话非常富有挑战性，因此也非常值得思考。难道我们在学术上应该消极被动吗？当然不该如此。不过我说的不是这个意思。那么，这就是你误解我了？其实，这也不能怪你。因为我从前还没有能够把问题说透，怎能要求你完全理解呢？多谢你的挑战，今天应该是说透这个问题的时候了。

重跃：您说我的话非常具有挑战性，因此值得思考，这对我也有启发。您的意思大概是，没有挑战性的话，听听也就罢了，无需特殊回应。我一"挑战"，您就想把问题说透，今天就请您说透了吧。如果一次时间不够用，再谈一次也好。

先生：现在就让我来尝试把问题说清楚。我所说的挑战，就其深层意义而言，不仅仅是指人家向我们发起的，而且更为重要或更深层次的，是我们必须能够自己向自己提出挑战。

重跃：为什么？

先生：当他人提出挑战的时候，我们自己是对象，而当需要我们回应的时候，我们自己却转变为主体。作为主体，自己是否有能力发现或意识到这种挑战？发现或意识到了，自己又是否有能力面对并回应这种挑战？如果一时没有能力，那么是采取回避的

态度还是采取积极准备以求今后能以回应的态度？这些就都需要自己对于自己的挑战了。概括地说，这包括对自我能力极限的挑战和自我选择的挑战。我所说的挑战中应该包括自我挑战，大体就是这个意思。

重跃：您所说的对自我能力极限的挑战，容易理解；而所谓自我选择的挑战，那又应该如何理解？

先生：其实，每一位学者都有其能力极限，专业的选择往往规定了我们能力极限的范围。不过，这又不是绝对的。譬如，我们所选择的学科是史学，史学的研究领域包括人类生活的历程及其所能给予我们的经验教训。这看来是明确的。不过，人类生活涉及方方面面，这里面的问题就复杂了。于是，由此而产生了二级学科、三级学科。一个史学的大屋顶下就有着复杂的结构，何况还有若干与史学相关联的其他邻里学科。选择的挑战是明显存在的。在具体进行选择的时

候，又不可避免地有着两种相互区分而又联系着的问题：学术使命的理想目的与学者个人的功利目的。在这样的选择张力下，就有着相当实在的自我挑战问题。

重跃：现在您把问题展开了，也把它复杂化了。不过，对于我来说，这个问题却颇为现实而鲜明。我做学报编辑工作若干年，经常阅读各种来稿，其中就可见到作者们的不同选择，看到他们应对自我挑战的不同态度与风格。因此，我会想到古人对此已有许多论述。您说是吧？

先生：你的话对极了。孔子说："古之学者为己，今之学者为人。"（《论语·宪问》）这句话在今天很容易被误解为：古人学习的目的是为了自己，而今人学习的目的却是为了他人。其实，历代注释的理解都是：古代学者是为了自己求得真知，以便实行；后世学者是为了对他人显示自己，以求获利。孔子说："不患人之不己知，患其不能也。"（《论语·宪问》）又说："君子求诸己。"（《论语·卫灵公》）这些都可以作为前代注释的根据。在孔子所说的"为人"与"为己"两种可能的面前，怎么办？这就是自我选择的挑战。深一步说，事情也真吊诡，古之学者为己求真知，其结果最终可以有益于他人；后之学者为了炫耀个人，未得真知或苟且其说，其结果最终可以无益或贻误于他人。当然，这样也就会贻误了自己，走到了事物的反面。如果不能认真挑战自己、严格要求自己，从而学风不振甚至不正，怎么还能严肃面对并切实回应他人的挑战呢？严格地说，能够切实挑战自己，这正是回应外来挑战的必要条件。

重跃：能否谈一点具体挑战自己的方法？

先生：如果以最简单的办法说，那就是要不断地、严格地质疑且追问自己。说到这里，我想插一句闲话，你的英文很好，一定知道"挑战"在英文里怎么说。

重跃：challenge。啊，原来这个英文单词里就包含着质疑追问的义项呀。所以从"挑战"到"质疑追问"并非转了话题，而是同一问题的具体化。

先生：书归正传，举例来说，每引一条材料，就要考问自己，材料的出处是否可靠？材料的内容是否可信？自己真弄懂它的意义了吗？每提出一个见解，就要质问自己，思维的逻辑是什么？自己真清楚了吗？一步一个脚印地对自己追问下去，在不断的自我否定、自我超越中前进。其实，这样的严肃挑战自己的历程，往往是与回应外来挑战的历程相一致的。这样才有可能一步一步切实回应他人的挑战。即使一次回应失败，那也便于查出自己是在哪一步上把棋走错了，以便以后自觉提高能力；如果错得糊里糊涂，那就难免糊涂下去，很难走出这种积习了。

重跃：我想起来了，您在写《关于"以史为鉴"的对话》这篇文章时曾借"客"之口说过您要"对自己进行挑战"[2]的话，可见这个

思想那时就已经很明确了。您把内在的自我挑战与对外的回应挑战这样紧密地结合起来谈，应该说是一种很独到的见解了。

先生："独到"实在不敢当，我是从前贤那里学来的。首先，说对话的形式。中国的《论语》《孟子》的呈现方式都是对话。古希腊柏拉图的对话，大多是自己写的，都是在自己挑战自己。所以从形式上我就是学来的。再则，说自我挑战的理性自觉。我知道，你非常熟悉《老子》，时常能大段地背出来。"知人者智，自知者明；胜人者有力，自胜者强。"（《老子》三十三章）这几句话文辞浅近，不难读懂。好像是在给"智""明""有力"和"强"下定义似的。其实，《老子》告诉我们的是：知人的智和胜人的力，对于每一个人来说都是有限度的，因为到底是否能知、能胜，那要因对象的条件而变；而自知的明和自胜的强，对于每一个人来说却是无限度的，只要你有自知、自胜的志愿和理想，那

就是谁也阻挡不住你的。所以，人必先自知，然后才可能知人；必先自胜，然后才可能胜人。自知与自胜实际是人的一种高度自觉而且高度专注的精神状态。所以我对于自我挑战的理性自觉也是从前贤学来的。

重跃： 对不起，我想插提一个问题，可以吗？

先生： 当然，请提。

重跃： 据我所知，您读《老子》至今大概已有70年，刚才您对三十三章那段话的理解是从十几岁时就有的吗？

先生： 那怎么可能？最初只觉得这几句话很简明，但也很有蕴涵，经得起回味，像含橄榄似的。记不起具体时间了，总是在中年以后才逐渐悟出上述道理来。

重跃： 原来您是经过长期的自我挑战以后，才逐步突破自己的能力极限，解决了如何解释这些话的难题，从而回应了挑战的。从这一点来说，您对自我挑战的自觉性并非简单地学来的，而是经过长期不断超越自我的努力得来的。

先生： 很高兴，不是因为你在过誉我，而是看到了你已经自如地把握对话中的挑战与回应的技艺了。你方才的插问原来是要把我一步步地引入你所要得到的答案上来。现在重归正传。当一个人面对挑战的时候，他所需要的是什么精神状态呢？

重跃： 不会是无动于衷吧。

先生： 挑战一般用来指较为严肃的问题，有时指生死攸关的问题。challenge，不是还有要求决斗的意思吗？当然，研究学术不会与人决斗。不过，既有挑战，那就不能不具有清醒积极的回应意识与意志。人一旦意识到它是一个挑战，而且要想回应，就不应该昏昏欲睡，就应该全神贯注，全力以赴，给予回应。这是一种清醒的状态，有了这种状态，就会想方设法回应挑战。学术研究当然也需要这样的清醒状态。我们的问题，要在挑战和应战中发现，我们的方法，要在挑战和应战中锻炼，我们的学术工作的基础，也要在挑战和应战中不断调整。对于学术研究来说，首先是要发现问题，然后是找到解决问题的办法，要做到这两点，都离不开知识结构的调整，离不开学术工作基础的改善。

重跃：怎样在挑战和回应中发现问题呢？

先生：就像刚才说的，挑战不仅仅是外部什么人向我们提出的，还有我们向自己提出的。这就是说，我们不但要发现客观的问题，更要发现自己主观的问题。而且回应自己发起的挑战，或回答自己提出的问题，往往比回应人家的挑战、回答人家提出的问题更关键，更具有先在性。自己没有问题，要想发现人家的问题，是很难的。

重跃：我觉得您的文章都是在回应这样两种挑战啊。

先生：我的确想向这个方向努力，至于成败得失，那就很难说了。

重跃：现在看来，您在回应外部挑战中获得成功，也是因为您首先回应了自己内部的挑战了？

先生：回应外部挑战成功，这就更不敢说，但一直在回应自己的内在挑战倒是真的。

重跃：那么，当年您写《论人类精神的觉醒》，又是回应什么样的挑战呢？

先生：关于这个问题，其中情况比较复杂，难以用三言两语表达出来。

重跃：那就请您把写这篇文章的考虑说明一下，也可能对我们有些启发。

先生：事情是这样的。1986年我在美国访学，读到雅斯贝斯《历史的起源与目标》（*Vom Ursprung und Ziel der Geschichte*）的英译本*The Origin and Goal of History*。他的"轴心期"学说对我的精神震动很大。

重跃：为什么？

先生：你知道，我从十五六岁起就开始阅读先秦诸子，而且一直很有兴趣；十八九岁以后又开始学习西方哲学，同样一直很有兴趣。当时还处于朦胧状态中的我，已经强烈地意识到其中有非常重大的问题值得思考。1952年分配工作以后，我的业务领域是世界古代中世纪史。我很想做思想史的研究，不过，由于想到，如果没有整个古代史的基础，没有对于古代社会经济史的底蕴，那么思想史很可能会做空了。所以，我曾在希腊和印度古代的社会经济史上先后下了一番功夫，在咱们学报发表过相关的研究成果[3]。而中国史是我从来不敢也没有忘怀的研究领域，自学从未间断。也可以说我在1955年就选定了以希腊、印度与中国作为自己的古史比较研究的三个支点。白寿彝先生对我的情况有所了解，所以在1979年年底把我调到史学所，让我从事中国通史和中外古史比较的研究工作。这样我就又有了若干年比较系统地研究中国典籍并与外国古史做比较的机会。在此期间，我对黑格尔在其《历史哲学》中对于中国（以及整个东方）历史文化的

误解、曲解甚至歧视，越来越感到应该也必须予以回应，可是我却一时无力实现，内心深自纠结，不断努力寻求突破。在这样的情况下，我看到雅斯贝斯的"轴心期"学说，见到他把中国、印度与希腊并提，认为"世界上所有三个地区的人类全都开始意识到整体的存在、自身和自身的限度"，"意识再次意识到自身，思想成为它自己的对象"，"无论在何种意义上，人类都已迈出了走向普遍性的步伐"[4]。他的这些意思都是对于黑格尔的观点的驳难与否定，使我颇有"先得我心""相见恨晚"之感。不过，我也觉得，雅斯贝斯所着眼处主要在于哲学领域，从而对于公元前800—前200年（轴心期）间历史诸方面发展与演变的深层结构，看来并未能充分展开。我作为中国学者，当然有义务给予自己的回应。所以严格说来，是黑格尔的挑战在先，使我不能不对自己的能力进行不断的挑战，是雅斯贝斯的书启发了我，这样我才做出了

初步的自己的回应。其实，对于雅斯贝斯的哲学思想（存在主义），我有难以完全认同的感觉，但是在写那一篇文章时又无力予以分析与回应。所以，对于雅斯贝斯的挑战，迄今已经20余年，我还欠着债未能还清。只要我们能够保持一定程度的清醒与自觉，那么，挑战就会是层出不穷的。个人终究是有限的，回应一切挑战几乎是不可能的，不过这种压力感，能使我们时时自知不足，不至陷于昏昏默默的自满状态，所以也是有意义的。

重跃：听了您的这一段话，我好像喝了一杯薄荷凉茶，您的清醒意识也让我有清醒之感。不过，雅斯贝斯所说的"整体意识"或"普遍性"以及它的内部结构究竟是怎样的，似乎未能给予系统的说明。您的文章还是给出了自己的分析与论证的。

先生：针对这个问题，我写出了《论古代的人类精神觉醒》[5]一文，试图用"人类精神觉醒"（这个提法也是借用雅斯贝斯的），即

"人类经过对自身存在的反省而达到的一种精神上的自觉"来概括三地思想家的共同问题，并把它具体化为人类"关于自身对外界限的自觉""关于自身内部结构的自觉"以及"自身精神的自觉"三个维度或层次，我把这种觉醒解释为"人类经过三个方面的反省所达到的三个层次的自觉"[6]。我认为这三个维度或层次是古代轴心期文明的共同主题，思想家们在回应各自面临的现实挑战中，最大限度地挖掘了各自的潜力，焕发出各自的创造精神，在这三个主题上取得了各具特色的辉煌成就，为后来世界文明的发展开创了新的局面。总之，我是在雅斯贝斯的启发和触动下，在我的知识背景上，尽我所能，回应了我自己的一个内在挑战，如此而已。

重跃：这篇文章我读过不知多少遍，但都没有像今天这样听到您讲解后理解得透彻，实在是太好了！说来惭愧，您的文章我都认真地读了，当时感觉是看懂了，可是并未上

升到这样的高度来认识。现在想来，的确应该重新思考啊！

先生：希望你多谈谈你读后的看法。

重跃：我觉得先生的《关于历史发展的连续性与统一性问题——对黑格尔曲解中国历史特点的驳论》一文就是回应黑格尔的挑战的代表作之一。您在文中指出，对于中国历史，黑格尔认为："中国很早就已经进展到了它今日的情况；但是因为它客观的存在和主观运动之间仍然缺少一种对峙，所以无从发生任何变化，一种终古如此的固定的东西代替了一种真正的历史的东西"；他把中国等东方国家的历史称为"非历史的历史"；对于中国的史学，黑格尔认为："在中国人中间，历史仅仅包含纯粹确定的事实，并不对于事实表示任何意见或者理解。"[7]对于黑格尔的观点，您是这样说的："黑氏在其《历史哲学》中对中国历史文化的根本性的误解或曲解具有两个特点：第一，他的全部论述与结论都是在历史

的比较研究中进行的；第二，他的错误并非仅仅表现在个别的、零星的问题上，而是涵盖了历史的、史学的和理论的（历史哲学性的）三个层次，其本身就是一个三维结构的整体，因此，我们的回应，首先必须是以比较研究为基础的，同时应该且必须在这三个层次上来依次展开。这就是我们的此项研究涵盖着历史、史学和理论三个层面的比较的根本原因。"[8]可见，您的研究是为了回应黑格尔的挑战。而且，您的回应有着很深的理论思考，就是您对挑战者的观点及其内部结构做了深入的研究，对自己的研究也有着深入的反省，所以才能有针对性地提出同样有结构的回应。您主持的重大课题"中西古代历史、史学与理论的比较研究"就是以此为基础展开的[9]。

先生：的确如你所说，我那篇文章是为了回应黑格尔关于中国历史乃至历史发展问题提出的挑战的。当然也在一定程度上回应了

自己的挑战，为什么这样说呢？因为，写了《论古代的人类精神觉醒》那篇文章以后，又觉得那只是在雅斯贝斯的基础上做了一定程度的发挥，对于黑格尔的挑战仍然远远回应不足。这又是自己能力的限度在挑战自己，我必须回应这个自我挑战。

重跃：可是，有人以为黑格尔距离我们太过遥远了，将近有两个世纪了，在这将近两个世纪时间里，出现了许多哲学家、史学家、汉学家，像刚才说的雅斯贝斯，还有汤因比、理雅各、高本汉、葛瑞汉、费正清，直到前些时候刚刚去世的倪德卫教授等，他们对于中国历史表现出相当浓厚的兴趣和相当程度的尊重，他们对中国历史发展的阶段性和完整性给予了充分的肯定和再现，事实上已经克服了黑格尔的偏见，在这种情况下，还能说黑格尔的见解是一种挑战么？

先生：不错，黑格尔之后，西方的确出现了许多认真研究中国历史和文化的学者，

对于中国历史的发展也给予了相当程度的承认。但是，在理论上问题提得最深刻也最尖锐的，仍然要数黑格尔。这些问题本身一直没有从理论上给予认真的回应，也就是说这些问题一直存在着，怎么不是挑战呢？其实，是不是挑战不能只看时间的远近，更关键的，要看这些问题是不是给予了实质性的回答，是不是从根本上给予了解决。如果不是，时间再久远，仍然是挑战。

重跃：先生说得实在是太好了，让我有顿开茅塞之感！其实，给我印象同样深刻的还有您的另一篇文章，就是《关于"以史为鉴"的对话》一文。我觉得，在这篇文章里，您彻底回应了黑格尔提出的更为严峻的挑战。

先生：说我对黑格尔历史不能为鉴说回应已经彻底，看来难免过誉。不过我却真是经过了不少于十年的寻思的。然而，它是否真的便于大家理解，我仍然没有自信。你对那篇文章印象如何？

重跃：印象较深，而且我最近又读了几遍，这次的体会比以前更深入了一步。您在文章中主要谈了两个问题，一个是黑格尔关于人们能否从历史中得到教训的问题，另一个是对于以史为鉴的本质的分析。关于第一个问题，我印象最深的就是您指出黑格尔在《历史哲学》中有一段对以史为鉴最具有直接挑战意义的话，并且对这段话做了深入的分析。您首先对英译和德文原文做了详细的核对，指出英译本在语言翻译上未能把黑格尔对于历史教训的否定态度明确而充分地呈现出来；然后又从历史观念和哲学背景上对黑格尔何以如此而英译者未能把握的深层原因揭示出来。在此基础上，您把这段话做了准确的汉译："但是经验和历史给了我们的教训却是，各民族和各政府从来就没有从历史学到任何东西，而且也没有依照那就算是（原文用虚拟式过去完成时，英译、王造时中译皆无显示）从其（指历史）中抽绎出来的教

训行事。"[10]接着，您又对这段话做了语法分析，指出这是由一个主句和并列的两个副句组成的复合句，主句"经验和历史给了我们的教训是"，明白地告诉人们历史给了人们某种教训；可是两个作表语的副句却是"各民族和各政府从来就没有从历史学到任何东西"；"而且也没有依照那就算是从其中抽绎出来的教训行事"。两句表达的是同一个意思，也明明白白，历史从根本上说并没有给人任何教训。到了这里，您就直接点破了黑格尔在这个问题上出现了悖论（paradox）。您的分析非常清晰，非常雄辩，非常深刻，发现这个悖论，更是一个了不起的贡献！

先生：发现这个悖论并非易事，其实是经过很长时间思考的。

重跃：您为什么非要指出黑格尔的这个悖论不可呢？

先生：我之所以下力气分析这个问题，就是为了揭发黑格尔的轻佻！人们对黑格尔一

直存在着某种迷信，为了破除这个迷信，就需要祛魅（Disenchantment）。只有一个东西可以祛魅，那就是先把最有魅力的地方揭穿，然后再层层剥皮。指出黑格尔的这个悖论，然后就要分析这个悖论何以出现。

重跃：是啊，我曾不止一次读到、听到有人引用黑格尔的这段话，以不屑或调侃的口吻对以史为鉴表示了不以为然。这样看来，指出这个悖论的确具有重要的意义啊。

先生：当然，祛魅并不是目的，真正的目的是要说明黑格尔对历史经验教训的真实态度。从他的话里面，可以发现三个问题：第一，历史经验给我们的教训是，从来没有人从中得到任何教训；第二，即使有历史经验教训，人们也有拒绝的自由；第三，在古今变易中究竟有无相同或相通的经验教训。关于第一个问题：黑格尔所说的话是一个悖论，这一点我们在前面已经说过了。关于第二个问题：黑格尔认为，对于历史教训之取舍，人们有自己的选择自由。可是在我看来，对这一自由选择的结果，就不再有选择的自由了。而且，选择的历史前提条件也是不可以自由选择的。从拒绝接受历史教训而失败的例证，人们可以证明历史教训是存在而且起作用的。选择自由只不过是不自由中的自由而已。关于第三个问题：黑格尔认为在古今变易中没有相同或相通的经验教训。在他看来，因为历史的经验教训既然是在历史中产生的，那么它就必然离不开它所由以产生的历史条件，也就必然具有历史性。既然有历史性，就不具有永恒性或逻辑的无条件的必然性。当然，黑格尔也认为人类历史本身是有理性或必然性的，可是那只是世界精神自身展开的必然性，活生生的人在这种客观理性的绝对支配下，只不过是中了所谓"理性的狡计"（List der Vernunft，Cunning of Reason）的不自觉的演员而已。当然，我也承认，人类历史经验中的理性是有其历史性的，不过，人类既然生存于历史长河中，那就只能满足于具有历史性的历史经验教训。更何况历史的"变"之中也是有其"常"的，虽然历史流程中的相对稳定性或"常"在不同层次上并不相同，但是，只要在某个层次上有关的历史条件仍然存在，相应的经验教训就应该是有效的。从这个意义上说，历史仍然可以给人以有益的教训。

重跃：这就又回到以史为鉴的有效性问题了。

先生：是的。我的那篇文章接下来就对以史为鉴本身的有效性问题展开了讨论，你还有印象吗？

重跃：有的，这是我印象最深刻的部分。

先生：那谈谈你的看法好吗？

重跃：好的，不过我的叙述可能有些啰唆。我觉得您在这部分里对以史为鉴的本质的讨论对我有大启发，也是您对史学理论做出重要贡献的地方。给我印象最深的首先是您提出的问题。您的问题是：怎样理解以史为鉴的真实含义？以史为鉴又如何成为可能？我知道这个问题您很早就关注了。我的印象中最鲜明的是，2007年暑期在陕西师范大学召开的史学理论研讨会上，您再一次郑重地提出这样的问题。您还具体地提出两个问题：其一是，古人以铜镜为鉴，因为从中可以看到自己，可是，如果以史书为鉴，那却无论如何也看不到自己，即使有同名同姓的人，那也不是自己，所以史书何以可能为鉴？二则，古人还以止水（完全平静的水）为鉴，因为止水平静如铜镜，而历史本身却像长江大河，奔腾不息，哪里还有一点作为镜子的可能呢？您把问题提出来，会场上却毫无回应，您也就不说了。当时我也不明白为什么您要提出这个问题。在我看来，用历史上的经验教训来做借鉴，指导我们今天的社会实践，这是天经地义的呀，还有什么疑问吗？可是这几年来反复阅读您的文章，听您谈话，才渐渐地加深了对这个问题的理解。原来，怎样理解以史为鉴的真实含义对于我来说的确是一个问题，而且是一个非常严峻的大问题！带着这个问题又反复阅读您的文章，我才注意到：原来您在文章中指出以史为鉴是一种隐喻，并非平实的科学叙述。既然是隐喻，那么隐喻之词与被隐喻之物就只能是相关的二者，而非绝对的同一；既然是相关的二者，其间就只能有着某种意义上同一的关系。我们从水或铜镜中并未直接地看到自己，我们看到的是自己投在水或镜面然后又反射回来的一种影像，这个影像只是自己真实形象的一种反映，也就是反映了自己相貌的他者。具体地说，我们本来无法直接看到自己的形象，而只能通过他物（例如止水或铜镜）反射回来的影像才能间接地看到。按照黑格尔的说法，一个映现在他物中的存在叫作"本质"（Essence），人要认识此物的本质，就必须到他物中去寻找此物在其中的

映现。这个供我们认识此物映现的他物，黑格尔叫作"中介"。人要认识此物的本质，就要寻找到此物映现在其中的中介。您在文章中指出，人们对自己的本质也需要从多方面来认识，或者说人本来是具有多重本质的，为了认识不同的本质，就需要选用不同的材质为中介。您举的例子非常能说明问题，您说：要想知道自己的形象，可选用镜子；要想知道肺部健康情况，就要选用 X 射线照相；要想知道自己的历史处境与前程，就必须选用历史书。这是您对自己在西安提出的第一个问题的回答。由此您又进一步推演，人的生存状态不是静止不动的，而是有发展变化的；对于流变中的事物来说，最好以流变中的历史长河为鉴。因为要想从当下来思考未来自己的处境和发展，那就要寻找到某种中介，从中可以看到前车之鉴。寻求前车之鉴，这就是以史为鉴！以史为鉴就是用史书作为中介以了解自己历史命运这个本质属性

的一种方法。

先生：你说得好。看来你是真的读进去了。

重跃：您的论证实在是给以史为鉴这个千年命题做了充分的理论说明。您在这篇文章里的论证让我由衷地感到自豪：中国人完全可以站在理论思维的高度上与西方学术大师进行对话，这种对话是平等的，理论性的，富有启发意义和建设意义的。我觉得，您的这篇文章真正在理论上回应了黑格尔对于以史为鉴的挑战。当然，您在文章末尾对于以史为鉴在实践中的限度表示要进一步研究下去。

先生：不过我绝对不敢以为自己已经很好地完成了这一回应。我相信自己的论证还有不足之处，希望自己在将来也更属望于来者进一步克服我的缺陷，从而对于以史为鉴做出出色的论证来。

重跃：我现在的问题是，回应黑格尔的这个挑战意义究竟有多大呢？

先生：你知道，如果不回应，以史为鉴就彻底被颠覆了，我们的五千年文明史就这样被颠覆了。回应这个挑战是我们中国史学工作者应该负起的神圣使命！说到这里，我想起谈话开始不久时，你曾问："为什么要把回应挑战当作能否创新的关键呢？这样说是不是太被动了？难道我们的学术工作就是为了回应别人对我们提出的挑战么？我们就不能向人家发起挑战么？"现在我试图也向黑格尔提出一项挑战。当然，黑格尔早已去世，不可能自己回应，那么现在可以提出来让大家评评理。如果我问错了，你也可以代表黑格尔反驳我呀。我的问题是：即使是充分表现了鲜明的逻辑理性特征的黑格尔的哲学，难道不是以康德的哲学为鉴才产生的？难道康德的哲学不是以莱布尼茨和休谟的哲学为鉴才产生的？再往上推，难道亚里士多德的哲学不是以柏拉图和希腊哲学史为鉴才产生的？黑格尔的哲学也是产生于历史中的，它的价值也在历史中，没有终结，哪有终结呢？他本人的哲学不多不少恰恰也就是历史的。如果不是以史为鉴，他的哲学怎能达到那样的高度呢？没有以史为鉴，人是不能反省的，只能站在原点上。黑格尔哲学本身即是以史为鉴的结果，他不以柏拉图、亚里士多德、康德为鉴，即不能成为黑格尔！他的哲学本身即说明了这一点，看起来高耸入云的东西原来也在历史中。我们只有反思黑格尔才能有所进步啊。

重跃：是啊！黑格尔在《逻辑学》存在论正文开始之前，对从古希腊到康德的西方哲学史做了简明扼要的梳理和分析，然后才为自己的逻辑学确定了起点。[11]原来您做了这么深入的思考！

先生：我思考这个问题，也是为了在黑格尔面前讨一个公道，给以史为鉴一个生存的权利，给史学一个存在的理由！当然，我们也不能不公正地肯定黑格尔在人类文化史上

的崇高地位。他的《精神现象学》《逻辑学》《小逻辑》都是充满了发展的历史意识的，他努力把人类意识的发生发展、逻辑的发生发展解说为历史的，提出逻辑与历史统一的观念，真了不起。可是，他把现实的历史又套上了他所设定的世界精神的牢笼，因此把问题弄颠倒了。我们挑战他、批评他，也是以他为鉴啊。看来迎接挑战永无止境，我毕竟已经是"80后"，人一老，锐气就差了。我还要向中青年学者朋友学习。

重跃：先生太谦虚了！

先生：我要郑重地说，这不是谦虚，而是我还没有糊涂到不想真正认识自己的程度。今天我们谈了很久"挑战"与"回应"（早年常译为"应战"）的问题，其实把这一对概念最广泛地运用于解释人类文明历史的是英国著名史家汤因比（1889—1975）。在他所著的《历史研究》一书中，他把人类历史分为若干（具体数目先后之说不一）文明，以文明为单

位，而每一个文明都有起源、生长、衰落、解体的过程。他认为，在文明的全部进程中，回应挑战的成败也就是一个文明成败兴衰的关键所在。他的"历史形态"学说，具有鲜明的意识形态色彩，对历史结构的解说也有牵强附会之处，这里姑且不（也无暇）做评说。不过，他的挑战与应战的见解对于世人却颇有启发作用。他曾说过："历史证明对于一次挑战胜利地进行了应战的集团很难在第二次挑战中再取得胜利。""凡是在第一次取得胜利的人们很容易在第二次时'坐下来休息'。"[12]他在书中引用了大量古今历史实例为证，这里无法备引，所以节用其提要之文。我们中华文明曾经在古代历史上成功地回应了挑战，从而取得过辉煌成就，可是后来逐渐困倦了，到了近代也曾面临着无力回应西方挑战的悲惨局面。现在中华文明要复兴，我们实在不能再"坐下来休息"了。对于学者个人来说，也是如此啊。任何一点成绩都有可能立即转化为一种安慰剂，使人昏昏欲睡；只有不断真切地自我反思，从而不断地自我超越，才能保持自己的精神处于清醒状态。尤其人到中年以后，因为或多或少已经做过一些事情，有了不同程度的成绩，就很容易吃老本，在不断简单复制自己的过程中衰老下去。对于这种没有前途的"前途"，我的内心深处充满了惶恐，生怕逐渐昏昏欲睡。怎么办？坚持每天温故而研新，这样就能不断发现自己的不足与无知，就像天天都用凉水洗脸，从而保持一定的清醒状态。不过，人毕竟变老了，精力已经有所不济。不想倚老卖老，那就只有多和中青年学者朋友交往，从他们身上汲取朝气了。

重跃：您的话说明了您还很清醒，也有利于我们清醒。

先生：关于这个问题是否先说到这里？多谢你的访问和"挑战"。再见！

重跃：多谢您的畅谈，再见。

蒋重跃，北京师范大学历史学院教授。原文曾发表于《北
京师范大学学报（社会科学版）》，2015年第2期。

注　释

1　刘家和：《谈学术工作的基础》，20世纪90年代初发表，后收入刘家和：《古代中国与世界——一个古史研究者的思考》，武汉，武汉出版社，1995。

2　刘家和：《关于"以史为鉴"的对话》，载《北京师范大学学报（社会科学版）》，2010（1）。

3　1955年10月刘先生考入东北师范大学由苏联专家主讲的世界古代史教师进修班，1957年7月毕业论文《论黑劳士制度》通过答辩，这篇文章直到20世纪80年代初才得以发表（刘家和：《论黑劳士制度》，载《世界古代史论丛》第1辑，北京，生活·读书·新知三联书店，1982）。从20世纪50年代后期到60年代初，刘先生在古代印度史领域辛勤耕耘，取得重要创获，研究成果大多在《北京师范大学学报（社会科学版）》上发表，最有代表性的有《印度早期佛教的种姓制度观》《古代印度的土地关系》。这些文章后来收入作者的论文集《古代中国与世界——一个古史研究者的思考》。直到今天，这些文章仍然频繁出现在古代希腊史和古代印度史研究者的参考文献中。

4　见［德］卡尔·雅斯贝斯：《历史的起源与目标》，8-9页，魏楚雄、俞新天译，北京，华夏出版社，1989。先生附带说明：当时我读的是英译本，知道了他的这些意思。这里引用中译文，只是为了便于读者朋友参考。

5　原载《北京师范大学学报（社会科学版）》1989年第5期，后收入《古代中国与世界——一个古史研究者的思考》，571-599页，武汉，武汉出版社，1995。

6　刘家和：《论古代的人类精神觉醒》，见《古代中国与世界——一个古史研究者的思考》，572-573页，武汉，武汉出版社，1995。

7　［德］黑格尔：《历史哲学》，123、141页，王造时译，上海，上海书店出版社，1999。

8　刘家和：《关于历史发展的连续性与统一性问题——对黑格尔曲解中国历史特点的驳论》，载《北京师范大学学报（社会科学版）》，2009（1）。

9　刘家和：《中西古代历史、史学与理论比较研究》（国家哲学社会科学成果文库），北京，北京师范大学出版社，2013。

10　刘家和：《关于"以史为鉴"的对话》，载《北京师范大学学报（社会科学版）》，2010（1）。

11　［德］黑格尔："思想对客观性的第一态度：形而上学"，"思想对客观性的第二态度：经验主义、批判哲学"，"思想对客观性的第三态度：直接知识或直观知识"，见《小逻辑》，94-186页，贺麟译，北京，商务印书馆，1980。

12　［英］汤因比：《历史研究》，404页，索麦维尔节编本，中册，曹末风等译，上海，上海人民出版社，1986。

24/

张兰生

张兰生（1928—2020），浙江兰溪人，我国著名的地理学家、优秀的地理教育家。1952年毕业于浙江大学，同年到北京师范大学地理系工作。1952年至1984年，历任北京师范大学地理系助教、讲师、副教授、教授，地理系副主任、主任等职。1998年10月退休。2020年6月22日上午，张兰生先生因病医治无效，在北京逝世，享年92岁。代表著作《中国自然地理·地表水》（主要作者之一）、Reconstruction of the Climate the Late ice Age in East China等。

兰之猗猗，扬扬其香
——纪念张兰生先生

/ 黄 宇

　　顾明远先生嘱我写一篇纪念张兰生先生的文章。张兰生先生是我国著名的地理学家、地理教育家，地理学界环境演变研究和自然灾害研究的主要倡导者和推动者之一，也是我国环境教育的积极开拓者之一。能有机会为先生撰文作记，服弟子之劳，我自然欣然受之，但却迟迟不敢动笔。好几周的时间，只觉得千头万绪，无从下笔；又觉得千言万语，无从说起。我重新翻阅先生的著作文章，和先生相识、相聚、相处的往事，翻涌如潮，扑面而来，汇成先生治学、为人、处事的风骨，正如先生之名，兰生幽谷，不佩而香。我入门既晚，学识亦陋，不敢妄为先生勾勒全像。在此谨录自己所见所闻所感的几处，作为我对先生的纪念。

　　张先生是我仰之弥高、从之弥远的亲传恩师，自初识先生再到忝列门墙，得先生耳提面命，直到先生仙逝，已有整整30年了。20世纪90年代初，我作为本科新生入北京师范大学地理系，第一次远远地瞻望过张先生。当时环境科学研究所一层的水环境模拟实验室尚未建成，地理系便借用实验室的空场作为举办迎新活动的场所。张先生彼时初选为中国地理学会四理事长之一，匆匆赶来和我们这些懵懂的少年会过一面，还讲过话。那时当然只是远远地、满心崇敬地领略大师风采。先生讲些什么已然忘却，但先生高高的额头和大大的黑框眼镜却深深刻在了我的脑海里，这也许便为我后来鼓起勇气报考先生的研究生埋下了种子。我想，今日我们班级里一些同学的成就，和先生那时鼓荡起的少年意气，应当也有着关系吧。后来才知道，先生那个时候承担着繁重的管理工作，不仅担任中国地理学会的理事长，还是北师大当时的教务长。但先生无论彼时还是后来，不管在什么位置，从来没有自带的"王霸之气"，反而总是以"师范人"自居，把关护学生发展作为自己最重要的使命，把扶助学生成长作为自己最重要的责任。后来考入先生门下，先生还时时拿他20世纪80年代给学生的题词激励我们："师不必不如弟子，弟子务求贤于师！"现在想来，先生当时的教诲，无不是对青年人切切的希望和殷殷的期许。先生是周廷儒先生的学生和助手，与施雅风、陈述彭等诸位先生都有着密切的过往。先生们提携后学的作风，当是中华师者精神的赓续。

20世纪90年代中期，我考到先生门下攻读研究生，从此与先生有了更多的接触机会。读研数年中，我记忆最深的便是在老师阴暗逼仄的书房里对谈的时刻。先生1952年从浙江大学来北师大任教，大约在后半段的30余年间都是在工字楼北侧一层的这套房间里度过的。当时研究生人数少，专业课也不必定要到教室里"考勤"，上下课时间也不很拘泥。有时先生会在家里开讲，而我们几个学生，几乎每周也会相约着到先生家里请益一

番。先生的书房既是工作室，也是会客室。除了书桌和沙发外，便是堆叠的书、石头和绿植。每次先生都嘱咐我们下午四五点钟到家。师妹不解，问先生何故。先生笑着解释道，白天自然光充足宜伏案写作，晚上灯光明亮可就椅读书，唯黄昏时分天色尚明未暗，光线不利于眼，开灯却可惜了电，因此最宜与人对坐，谈思论道。可见，先生当时便有"基于自然的解决方案"的思考了。学生们跟先生的谈话，往往是真正的"漫谈"，主题、内容和方向都不确定，但先生的睿智、洞察力、开放而敏捷的思维，让每次谈话都像做了一套思维体操，总能令人有所感悟。林语堂曾引李考克的话说，剑桥的教育是这样的，导师一礼拜请你到他家谈一次学问。就是靠一支烟斗，一直向你冒烟，直到把你的灵魂冒出火来。张先生不抽烟，但与先生的谈话，每每都能达到额头冒汗、灵魂冒火的效果。还记得不止一次，在头脑的消耗之

后，先生不无得意地让我们品尝他自己做的美味的炖牛肉，有时还放一曲他喜欢的圆舞曲。现在回忆起当时师生听着乐曲，口角留着牛肉汁继续畅谈的场景，不禁莞尔。这种先生自嘲为"放羊""喂猪"的培养法，我却觉得和苏格拉底的教学有着同样的妙处，对学生批判思维的成长、学科视野的扩展、人格特质的养成，有着莫大的助益。

先生对学生的要求是宽容的，甚至算得上"放任自流"。先生很少对学生提出学习和工作的硬性要求，我们的论文选题和写作细节，先生几乎从不过问。但学生在学术和品格上犯的错误若不知自省，先生绝不稍假辞色。我虽然没见过先生发脾气，但全程疾言厉色，词锋犀利的场合是经历过的。那真是面红耳赤，如坐针毡。学生们都传云张先生的学生难做，也有人说道张先生属龙，常犯"龙脾气"，不好相处。但其实和先生相处日久，便会发现先生有着一颗柔软的心。先生

不吃鱼，我追问原因。先生道，小时候在集市上看到有人兜售一条大鱼，他便好奇地过去观看，却看到鱼眼中流出大滴的眼泪来，从此他便不再吃鱼。故事颇有传奇性，却让我窥见先生的悲悯情怀。先生从事管理工作多年，但他始终认为"若一项改革会打破别人的饭碗，断了生路，又没有给出路，那一定不能做"，要求学生以最大的善意去对待他人，给予别人力所能及的帮助。先生的中小学时代正逢国家多难之秋，生活环境动荡，就读学校屡屡变更，学习时断时续。1952年从浙江大学毕业分配到北京工作后，他又经历了许多变故，晚年独自生活多年。但如众弟子所见，他心胸豁达，态度积极，始终乐观地对待人生和事业；面对种种困难和环境制约，不怨天尤人，也不自暴自弃，充分地利用环境所给予的发展空间，实现其自身发展。回顾老师的一生，尽管坎坷多舛，但他总是对美好的事物不懈地追求，努力让自己

的生命充满阳光，并且照亮他人。

先生在教学、研究和管理方面均有卓越的成就，我想这和先生的思维特点是分不开的。先生是"学、思、行"三者合一的示范者。他延续了竺可桢、张其昀等地理学家强调的"史地合一，时空交织"的综合思维方法，形成了自己独特的学术方法和研究道路。他强调"地理学是时、空耦合的科学"，主张"不仅要认识地理环境的现状，而且必须对地理环境发展做历史的认识，研究地理环境自然演变的规律和在人类影响下的变化规律"，推动了我国环境演变研究的发展。繁重的教学和自身健康的原因，使其少有像绝大多数地理学家那样通过野外考察进行研究的机会，因此，他从自身的实际出发，走了一条在讲台上和书房里进行地理学研究的独特道路。20世纪70年代，在参加竺可桢先生主持的《中国自然地理》巨著的编撰过程中，他曾临危受命，只用几天时间就把一章不合要求的稿子重新改写出来。他所使用的基本都是原作者稿子中的资料，但这些资料经过他适当删减和重新编排组合之后，每一条都用得恰到好处，这在当时与他共事的同行中传为佳话。读研时先生给我们讲授环境演变课程，针对当时气候变化研究中的一个焦点问题，先生用了不同领域的三张观测、实验图表综合分析，便导出了明确的结论，给我们做了一次地理学综合研究的示范。善于从看似普通的资料中发掘出深刻的内容，发人所未发，正是他综合思维方法的体现，也是他的教学和科研风格，是他所以能终于成为当代著名的地理学家和地理教育家的重要原因之一。

张先生的成就，和他博大的胸怀和高度的社会责任感也有着不可分割的关联。先生一直主张，地理学的三大社会使命是"经国、济世、育人"，并且把"育人"作为地理学使命的重点、起始点，也是实现其他使命的重要基础和前提。基于这样的使命感，先生既不"佛系"，也从未"躺平"，即使在退休之后，他也没有停止科学和教育研究工作。由于时代的原因，先生真正能够专注于大学教师的本职工作之时，已是知天命之年，到他退休离开工作岗位的时候，也不过20年时间。在这20年间，张先生以清瘦、坚毅的白首之躯，迸放出绚烂、璀璨的青春火焰！他年过五旬才第一次赴美访学，随后相继担任了北师大地理系主任、教务长，中国地理学会副理事长、理事长、教育委员会主任，国际地理联合会教育委员会委员等职，创立了北师大继续教育学院、资源与环境科学学院、环境教育中心等机构。这些职衔的背后，无不饱含着先生砥身砺行、折冲周旋的艰苦努力。我觉得，若没有"春蚕到死丝方尽，蜡炬成灰泪始干"的自觉心，没有为教育发展时不我待、为国家兴盛只争朝夕的使命感，那么什么会让一位60多岁的老人如此孜孜以求呢？

研究生毕业之后，我留在北师大，继续跟随先生做地理教育、环境教育、可持续发展教育方向的研究，一直没有离开先生倡导和鼓励的"立足于国民素质培养的地理教育和环境教育"。20余年间，我经历了就职工作、考取博士、出国留学、结婚生子、调任移职等诸多人生事件，每次都少不了去烦扰先生，对先生的感情愈发深厚。对先生的感情，自然是"敬爱着"。随着岁月流逝，对先生的敬爱之意与日俱增，但"敬"意愈发地转成了"爱"意，如同幼苗傍着老树，不知不觉便被他吸引而向着他。每次去跟先生唠叨半日，便会莫名地心安，觉得自己的所思所想、所忧所虑有了去处。先生2020年6月22日驾鹤西去，让我顿觉失去了精神的依托、思想的家园。我想，让学生觉得有根、有光、有去处，此为师者，岂不大哉？有着大学问、大智慧、大慈悲、大志愿的张兰生先生，是我人生之中真正的"大先生"！

黄宇，系张兰生先生1997届硕士生，1997—2014年就职于
北京师范大学地理与遥感科学学院，担任张先生地理和
环境教育方面的助手。现为北京师范大学国际与比较教
育研究院副教授。

25/

龚书铎

龚书铎（1929—2011），福建泉州人。马克思主义历史学家、教育家，全国「五一」劳动奖章获得者，国务院学位委员会历史学科评议组原召集人，中国史学会原副会长，北京市历史学会原会长，北京师范大学历史学院教授、博士生导师。主持完成了北京市重点课题「中国文化通史」，教育部重大课题「清代理学研究」等科研项目。已出版的著作主要有《中国近代文化探索》（增订本）、《近代中国与文化抉择》、《求是室漫笔》、《龚书铎自选集》、《中国近代文化概论》、《清代理学史》等。

怀念龚书铎先生

/ 李 帆

我是在1999年春结识龚先生的。当时我在北京大学历史系攻读博士学位已近尾声，导师刘桂生教授推荐我毕业后随龚先生做博士后。因我的博士论文题目是《刘师培与中西学术：以其中西交融之学和学术史研究为核心》，该选题有很大拓展空间，值得在博士学业完成后进一步深化，故刘师请他的老友、也是我十分景仰的龚先生继续指导我的学业。于是，从请龚先生评阅我的博士论文并做论文答辩委员会主席开始，我逐渐走近先生，进而登堂入室，成为他弟子中的一员。

1999年7月，我正式进入北京师范大学历史学博士后流动站，成为龚先生指导下的博士后研究人员。此时的先生已是70岁高龄，即之也温，不仅在学业上为我精心设计，而且于两年博士后生涯的各个方面都帮我通盘考虑。在博士后期间，我的核心工作是两项，一是修改完善博士论文，二是设计并完成博士后研究报告。对于我的博士论文，先生一直予以较高评价，尤为欣赏我从做《刘师培年谱》入手、厘清基本史实后再展开主题论述的思路，曾数次让我给中国近代文化史专业的在读博士生授课，主要是现身说法，以己为例谈博士学位论文如何选题、选好题后如何着手、如何确保论文的高质量等。在修改博士论文成书时，先生为我提供了一系列拓展研究思路、深化研究内容的建议，使得该文日趋成熟。论文出版前夕，先生又对正文后面所附的《刘师培年谱简编》提出修正意见，认为全书主旨是讨论刘师培的学术，而非泛论刘氏的各个方面，以年谱为附录，不仅篇幅过大、与正文比例不协调，而且与书的主题有一定距离。他建议附录改为《刘师培学谱简编》，主要选取与谱主学术相关的史实列入，这样既切合主题，又节省篇幅。至于年谱，他建议待我今后有时间、有余力时，再大力增补完善，单独出版。从"年谱"到"学谱"，虽仅一字之别，却是"一字师"

的分量，体现出先生眼光的精准与宏大，我自然是全力照办。抱憾的是，由于近些年来各种教学、科研任务不断，加之俗务缠身，至今也未能对"刘师培年谱"加以修改完善，以致无法让先生看到其出版，这是我始终愧疚、耿耿于怀的。

在博士后研究报告的选题与写作上，我得益于先生处更多。我所设想的博士后报告是在原有研究的基石上，继续开拓，即在博士论文选题的基础上，拓展和深化相关研究。我的博士论文只是对刘师培的中西交融之学和学术史研究做了一些粗浅探讨，实则这两方面都还有很大的拓展空间，都有新的学术生长点。于是我决定以刘氏学术史论著的核心——清代学术史著述——为着眼点，展开博士后期间的研究工作。对我的想法，龚先生表示完全赞同，并提示我，关注清代学术是刘师培这一代学者中共有的现象；而且他们对清代学术的总结，也不仅仅是一个

学术史的问题，其中关联着学者们各自的政治立场、思想主张、学派背景等复杂因素，要想解决此问题，不能只就学术论学术。这些话对我帮助很大，促使我在将刘师培作为研究核心的同时，把章太炎、梁启超也纳入视野，将三人的清代学术史著述作为一个时代的代表，进行整体考察，同时注意研究思路、视野和方法的多样性，在政治、社会、思想与学术的互动上下功夫，防止以偏概全。当这部以《章太炎、刘师培、梁启超清学史著述之研究》为题的研究报告初稿交至先生手中时，他像惯常指导博士生所做的那样，开始认真地审读，甚至逐字逐句修改完善，一个标点符号都不放过。直到该报告在商务印书馆出版前夕、他为其作序时，还时而打电话提醒我书中个别文句可能用词不当，须再斟酌，可谓用心良苦，关怀备至。此情此景，至今回思，仍令我感佩不已。

2001年7月，我完成博士后学业出站留

校。不久，我就投入龚先生所主持的教育部重点研究基地重大项目——清代理学研究中，开始从事《清代理学史》的写作。这是一项前无古人的研究工作，原创性颇强。理学是宋明两代标志性的思想学说，侯外庐等先生所著的《宋明理学史》对之做了非常充分的研究与阐发。理学延续到清代，一般人认为其在思想上已没有什么新的发展，章太炎先生就曾说过，清代理学是"竭而无馀华"。不过，我们认为，清代理学虽缺乏超越前人的思想，但不等于没有意义。清代是中国古典学术集大成的时代，清代理学也处在集大成的总结阶段，它受当时汉学考据的影响很大。理学家做了不少理学文献的考据、整理工作，这本身就是对理学的重大贡献，而且清代理学在社会应用层面也发挥了重要作用。所以，我们这部《清代理学史》主要不是从哲学角度来写，而是从史学入手，重视哲学史、思想史、学术史、政治史、社会史

之间的互动，强调语境，强调理学家是这个社会和这个时代的产物，不是单纯去谈理学家的思想。这些想法，都是龚先生率我们多方论证后提出的，从而在一开始就为《清代理学史》的写作打下了良好的学理基础。《清代理学史》从搜集整理资料、考辨史实到写作完成，历经五载，直到2006年完成三卷本120余万字的书稿，被列入国家清史编纂委员会《研究丛刊》中，交广东教育出版社出版。在这一艰辛的历程中，作为主编的龚先生始终高度认真负责，从全书的指导思想、整体设计、技术细节到通看、通改全文，一直都极为认真，他对文字表述、史料核对，甚至每个标点符号都要反复斟酌，并亲自撰写《绪论》。我们几位作者（史革新教授、张昭军教授和我）每隔一段时间就会在先生的指导下碰头，商酌写作细节，讨论各项内容，一再修改完善。每个作者也都抱着非常敬业的态度，以严谨的学术精神完成自己所承担的任

务。因为有了这些努力，才确保了该书的高质量，使得其出版后受到诸多好评，并获得中国出版政府奖等多项奖励。按照分工，我负责写作《清代理学史》中卷，即写清中期的理学。这一时期，正是乾隆、嘉庆年间，汉学考据占主导的时代，若说清代理学"竭而无馀华"，当以此时为最。故承担这一任务，其难度可想而知。就在我有所畏难时，龚先生启发我说，汉学虽占据主导地位，但并非这一时期学问的全部，理学、心学因不受重视，反而不少材料乏人问津，可尽力发掘，必能写出新意；而且理学是当时的意识形态，汉学家也不能不通理学，他们也有自己的义理观念；再则理学家受当时汉学风气影响，亦做了不少文献考辨和整理工作，也是值得总结的。先生的这些话，打消了我的很多顾虑，我按照先生指点的几个路径写下去，果然较为顺利和圆满地完成了任务。

除和龚先生合作完成科研项目外，我在北师大历史学院的这十余年里，一直深得先生眷顾。学业上耳提面命自不必说，在我还未成为博士生导师时，先生便命我为其所指导之博士生的副导师，以早日积累指导学生的经验；当我作为博士生导师独立指导的第一个博士生毕业答辩时，先生又以80岁高龄欣然作为答辩委员会主席主持答辩会。我还曾陪同先生赴云南、福建等地开会、考察，一路所谈仍不离学术研究。当然，日常工作、生活中的见闻和体会也是我常与先生交流的话题。平日里，我会不时前去先生家里叙谈，听先生细细述说往日今朝之事，常常不觉时间流逝，乐而忘返。

龚先生一生为人师表，对学生满腔热情，倾注了全部心力。20余年来，先生始终坚持为中国近代文化史专业的每届博士生授课，直至最后因病入院。在医院的病榻上，他还念念不忘所指导的学生，一再叮嘱我带好他名下尚未毕业和出站的博士生、博士后。而对于个人的事情，先生则坚持亲力亲为，不愿给学生添任何麻烦。住院前的一段时间，先生一直在编自己的最后一部文集《求是室文集》，我几次表示要代劳或派博士生帮忙，皆被他以个人的事情不应烦劳他人为由而拒绝。对此，我无话可说，只能尊重先生的意志，并力求在出版环节上多为先生尽心。在向社会科学文献出版社相关领导和编辑做出先生身体状况的说明后，他们特别关照，加班加点，使我能在2011年6月拿到印制精美的上、下两册《求是室文集》，并在第一时间将其送到住在重症监护室的先生手中，遂了先生心愿。

如今先生虽然故去了，但和他相处的每一个细节仍留在我心间。对我而言，于先生处获益极多，他的为学、为人之道永远值得我继承和学习。

李帆，北京师范大学历史学院教授、博士生导师，《史学史研究》编委会副主任。原文曾发表于《文史知识》2012年第6期。此次收录有改动。

26/

王梓坤

王梓坤（1929—　　）、1929年4月出生，江西吉安人。数学家，中国科学院院士，我国概率论研究的先驱和主要领导者之一。1952年本科毕业于武汉大学数学系，1958年毕业于莫斯科大学数学力学系，获副博士学位。1952—1984年在南开大学任教，1984年后任北京师范大学教授，曾任北京师范大学校长、汕头大学数学研究所所长。著有《概率论基础及其应用》《随机过程论》《生灭过程与马尔科夫链》《科学发现纵横谈》等。

王梓坤："咱们的老校长"

/ 张英伯

1948年6月，19岁的王梓坤高中毕业，回到家乡江西吉安固江镇枫墅村，敬神祭祖，拜别母亲。他即将远行，去长沙考大学。这一别，不知什么时候才能与亲人再见。这一别，王梓坤的确走得很远，到武汉读书，留学莫斯科，在南开大学任教，当北师大校长，做中科院院士。

艰辛求学：选定了概率论

王梓坤11岁时，父亲病故，他和母亲、兄嫂一家靠租种几亩薄田勉强度日。后来多亏同学吕润林资助旅费，他才有机会去长沙考学。

到了长沙，离大学招考的时间还有三个月，王梓坤在江西人办的庐陵小学谋到临时教职。学校有宿舍、有食堂，他生平第一次拿到了工资，终于能够养活自己不用四处借债了。

王梓坤报考了五所大学，都考中了，他选择了有奖学金的武汉大学数学系。那年秋天，王梓坤背着一张席子、一床旧被子第一个到学校报到。那时，武汉大学的学生宿舍楼位于半山腰上的樱园，楼有四层，分为四个门洞，共十六斋，以"千字文"中的前16个字"天地玄黄宇宙洪荒日月盈昃辰宿列张"分别命名，王梓坤住在"宙斋"。冬天很快来了，宿舍里既潮又冷。王梓坤有一件毛线衣，是父亲的遗物，他就靠着这件毛线衣再加一条宽大的农家裤子过冬。实在太冷，他或者出去跑步，或者在床上披着被子看书做题，手脚经常是冰凉的，以至于生了冻疮。直到现在，他手上还有一个印子没消下去。

有吃、有住、有书读的生活，王梓坤十分满足。一位同学介绍他周日去图书馆帮忙，每月的报酬够买几块肥皂，解决了洗衣服的问题。有多余的钱，他就攒起来买牙刷牙膏，时间长了，还可以买条毛巾。

1950年7月，王梓坤入党了，还担任了理

王梓坤在授课

学院的党支部委员和数学系的团支部书记。他是个认真负责的人，凡是组织交给他的任务，一定竭力完成。新中国成立后，学校设助学金资助家庭困难的学生，系里有25%的学生可以获得资助。那时，贫困生很多，数学系党支部号召党员吃苦在前，尽量放弃助学金名额。王梓坤也表态放弃助学金，但是他流泪了。他毫无经济来源，是班里最困难的学生，同学们都清楚。经过反复讨论，党支部认为对王梓坤的情况应该特殊对待，他的助学金保留了下来。这件事，王梓坤始终心存感激。

1952年7月，王梓坤从武汉大学毕业，被分配到中国科学院读研究生。他与武汉大学的30名同学一起去北京报到，火车风驰电掣般前行，意气风发的青年一路高歌，青春的火焰，简直把车厢都烤红了，同车的旅客不禁也一同高唱起来。等到了北京才知道，分配方案变了，王梓坤被分到南开大学做助教，其他同学也都改派了。

成为大学教师之后，王梓坤深感自己所知不足，课余时间常从图书馆借书来看。那时没有明确目标，抓到什么就看什么。系主任曾鼎铢见他好学上进，邀请他一起翻译苏联的两位院士留斯切尔涅克与拉弗林契叶夫合著的教材《变分学教程》。王梓坤从未接触过变分学，边学边译。两年后，曾鼎铢通知他说这本书在高等教育出版社出版了，并给了300元稿费。在20世纪50年代，300元可不是个小数目。王梓坤暑假回乡探母，为家里买了一头耕牛。

自从1952年8月开始领工资后，王梓坤每月给家里寄钱。母亲过世后，他仍然寄钱给兄嫂，表达对他们的感激之情。每月发了工资，他总是在一两天内将钱寄出，月月如此，从未间断，直到兄嫂过世，前后近50年。

1954年，学校推荐王梓坤到苏联读研究生，他先到位于北京石驸马大街（今新文化街）的北京俄文专修学校补习俄文。学俄文，王梓坤并不感到困难，他面临的问题是：数学的分支甚多，到苏联去学哪个方向呢？他找到中科院数学所研究员关肇直咨询。关先生建议他学习概率论，因为概率论的应用十分广泛，而当时国内搞这个方向的人很少。后来，王梓坤又听别人说，概率论是国家急需发展而力量又比较薄弱的数学分支之一，从而更加坚定了学概率论的决心。

方向定下来了，可什么是概率论呢？王梓坤一无所知，连这个概念都是第一次听说。机缘巧合，爱泡书店的王梓坤，无意中在书店里发现了一本《概率论教程》，作者是苏联的格涅坚科，译者是丁寿田。王梓坤如获至宝，赶快买了回来。然而当时学校规定，学员只准读俄语，看任何业务书籍都是严格禁止的。当年北京城区不大，从石驸马大街往西北走三四里地就是农田。每天下了课，王梓坤就跑到田野里读书，节假日更是他学习

的黄金时间。他读得非常仔细，在书中密密麻麻记下了心得和问题。这本教科书成为王梓坤学术生涯的起点。

苏联苦读：终生不复鼓琴

1955年8月28日，王梓坤又一次启程。从北京前门火车站出发，途经辽阔的西伯利亚，于9月8日到达莫斯科。

当年的莫斯科大学数学力学系，集中了多位享誉世界的顶级数学家。王梓坤的导师是建立了概率论公理结构的柯尔莫戈洛夫，实际指导他的是柯尔莫戈洛夫的研究生多布鲁申。多布鲁申那时30岁出头，聪明能干，业务出色。与王梓坤会面时，多布鲁申问他学过概率论没有。王梓坤毫不犹豫地回答"学过"，如果不这么回答，很可能就需要在苏联重上本科或者被送回国内。多布鲁申又问用的是哪本书，当听说是莫斯科大学教授格涅

坚科的《概率论教程》时，他点头表示满意。王梓坤坦诚地向他说明，自己并没有在大学课堂上学过概率论，这本书是用三个月时间自学的。

在国内，王梓坤一直是毫无争议的尖子生，到莫斯科大学读研究生，他却感受到了巨大的压力。他的苏联同学在大学三年级时就系统地学过概率论，甚至还做过一些论文，然后来读研究生，而他从未经过这样全面深入的学术训练。由于起点低、基础差，加之俄语不是母语，要想赶上去，就必须在三年内做好别人五年做的事情。王梓坤本人一向认为自己的天赋不过中等，最多中等偏上，没有别的办法，只能拼命努力。学生时代他喜欢打球、下棋、拉胡琴，还曾上台为人伴奏，后来一一放弃，"终生不复鼓琴"。中国留学生每年暑期组织游览伏尔加河，他从来没去过。

在导师规定的书目中，最难啃的是美国数学家杜布写的那本大部头《随机过程》。此前随机过程的书偏于直观，理论水平不高，杜布第一次将随机过程建立在测度论基础之上。由于是开创性工作，很难把一切表述清楚；又因为作者本人水平很高，许多他认为平凡的论断都是一笔带过，从而跳跃太多，连苏联人都认为这是一部天书。王梓坤开始读时速度很慢，一天能看懂一页就不错了。读了50页后，他的能力不断提高，而且也摸到了作者写书的脾气，就越读越快，最后拿了下来。读毕，他在书的扉页上写了两行俊秀的小字："精诚所注，石烂海枯。王梓坤，1956年底，莫斯科大学"。

1957年夏天，王梓坤着手论文写作，多布鲁申让他考虑生灭过程的分类，并建议采用简单过程来逼近。开始，他的进度很慢，连"问题的意义""要找的是什么""怎样才算做出来了"都不清楚。后来逐渐上了路，最后两三个月进展之快，连多布鲁申都有些吃惊。

因为用了逼近，从无穷到有限怎样理解、如何过渡的问题困扰了他很长时间，他冥思苦想，上下求索，整个人就像着了魔一样。有一天，他在睡梦中突然得到灵感，一下子想出来了，全部问题豁然开朗。

数学研究可以分为两类：一类是发掘出很深刻的问题，发现数学对象之间的深刻联系；另一类是按照严格化的要求一步一步地做逻辑证明。第一种工作固然需要刻苦地思考，但灵感与直觉似乎更起作用。就像电子处于受激状态猛然跳到能量更高的外层一样，人也会在全身心地思考某个问题时处于受激状态，猛然把自己的水平提高一截。正如《老子》所谓"道可道，非常道"，这种情况是科学研究的"神来之笔"。

王梓坤的论文定名为《全部生灭过程的分类》，他在文中提出了马尔科夫过程构造论中的一种崭新的方法——过程轨道的极限过渡构造法，不但找出了全部的生灭过程，而且

是构造性的，概率意义明确。概率论大师费勒之前也考虑过这个问题，他使用的是分析方法，找出了部分生灭过程。王梓坤的论文得到了概率论专家邓肯、尤什凯维奇的引用和好评，后者说："费勒构造来了生灭过程的多种延拓，王梓坤找出了全部的延拓。"

分秒必争：人生总得搏几回

在苏联学习三年，如期获得副博士学位，王梓坤于1958年7月启程回国。在从莫斯科到北京的火车上，王梓坤读了《排队论》。没想到，这年年底，中国科学院数学所邀请波兰数学家卢卡谢维奇到北京讲《排队论》和《数理统计》，让王梓坤做翻译，他刚好用上了新学的内容。王梓坤课前先读讲稿，课上当堂口译，与专家配合默契。课程持续了大约半年，其间华罗庚也来听过课。有一次华老在烤鸭店宴请卢卡谢维奇，还叫王梓坤作陪。

那年8月，王梓坤返回南开大学，分到概率论教研室。尽管20世纪五六十年代留苏副博士的名头很响，但王梓坤待人总是谦恭礼让，无论教授、讲师、工人、行政人员，还是班上的学生，他都非常尊重。

回到南开，王梓坤便争分夺秒地开始了攀登科学的高峰。容国团有句名言"人生能有几回搏"，王梓坤则说"人生总得搏几回"。苏联的数学和数学家留给他的印象太深了，他希望自己能够成为一名有建树的数学家，在南开带出一支高水平的概率论科研队伍。

王梓坤将他的研究生论文用中文整理出来，以《生灭过程构造论》为题写成一篇近50页的长文，1962年发表在《数学进展》上。紧接着，他在生灭过程构造论的基础上，运用差分和递推方法，求出了生灭过程的泛函分布，并且给出了这种分布在排队论、传染病学等领域中的应用。在王梓坤的带动下，对构造论的研究成为我国马尔科夫过程研究的

重要特色之一。

1962年，他在《数学进展》上发表了另一交叉学科的长文《随机泛函分析引论》，这是国内第一篇较系统地介绍、论述、研究随机泛函分析的论文。在论文中，王梓坤求出了广义函数空间中随机元的极限定理，引出了国内不少学者的后续工作。他还研究了马尔科夫过程的通性，如零壹律、常返性、马丁边界和过分函数的关系等。这些工作全都发表在《数学学报》上。

南开大学从1956年开始实行五年学制，56级学生在三年级结束后进入不同的学科方向，称为专门化。王梓坤在1960年讲授随机过程这门课，听课的有56级、57级的概率专门化学生，也有本校和外校慕名而来的教师。当时五年级的杨向群和四年级的吴荣、赵昭彦也都去听了。有人提醒王梓坤把讲稿整理成书，于是他边讲边写。王梓坤每写一章之前，都要想好明确的目标，一切推理论证都

围绕着最后的主定理展开，表述非常清楚。讲义中还介绍了他本人的研究成果、想法、体会，亲切易懂。他用这份讲义连续为三届学生讲课，后来科学出版社接受了这本书，在1965年12月出了第一版《随机过程论》，1978年第二次印刷，共4万册，许多大学和科研单位把这本书作为教科书或参考书。一本科技书印4万册，那时并不多见。

一炮打响之后，王梓坤又一鼓作气写了《概率论基础及其应用》《生灭过程与马尔科夫链》，1976年，《概率论基础及其应用》第一次印刷，1985年第三次印刷时竟然印了近10万册。《生灭过程与马尔科夫链》是一部专著，也印了1万多册。改革开放后，这三本书成为我国大学生和研究生学习概率论的三部曲：《概率论基础及其应用》入门，《随机过程论》专业化，《生灭过程与马尔科夫链》初入科研领域。直到今天，这三本书仍然堪称经典。

1960年10月，数学系举办了一场报告会，地点选在一个能容纳300人的小礼堂。会上由同去苏联留学的胡国定讲他在新中国成立前进行地下斗争的事迹，王梓坤讲《关于数学自学的方法》。礼堂里座无虚席，不仅有本系的学生，外系的学生亦闻讯赶来，过道上站满了人，门口也挤得水泄不通。王梓坤对学生们说，读书先要立志，并引用宋代文学家严羽《沧浪诗话》中的名句"入门需正，立志需高"，用李白的诗句"大鹏一日同风起，扶摇直上九万里"来激励他们。立志之后，就要付诸行动，他借用宋代词人柳永的"衣带渐宽终不悔，为伊消得人憔悴"来表达。半个世纪之后，他的学生杨向群和吴荣谈到那场轰动一时的演讲，脱口而出的一句话就是"衣带渐宽终不悔"。

王梓坤抓住从1959年到1965年上半年这六年半的宝贵时间，分秒必争地从事学术工作。他完成了13篇学术论文，写了两本专业课教材和一部专著，翻译了一部译著；每年开设一至两门本科生的课程，主持一至两个相当规模的讨论班。

王梓坤刚回国时，学校房产科将他安排在南开的教工宿舍楼北村2号106房间。房间只有9平方米，北面有两个很大的窗户，靠着北村的锅炉房，见不到阳光，白天也要开灯，但是风也被挡住了，屋里很暖和。家具只有一张单人床，一把椅子。送他来的工作人员挺不好意思，说以后再给调吧。王梓坤却不在乎，说什么房子都可以，他在这里住了19年。

楼里各家各户都生炉子做饭，王梓坤嫌做饭浪费时间，天天去吃食堂。人们去食堂吃饭一般喜欢早点排队，可以买到可口的饭菜。但是王梓坤连这点时间都舍不得浪费，他总是最后才到食堂，有什么吃什么。那几年，邻居们经常看到王梓坤骑着一辆锈迹斑驳的破自行车，车上挂着两个竹篦壳子的旧热水瓶去水房打开水。邻居跟他开玩笑说："你这辆车不用评比，肯定是南开第一破车。"

王梓坤也笑着回应："这破车有一个最大的优点，你知道吗？没人敢偷！"

"文化大革命"伊始，北村宿舍停止供暖，锅炉房被拆掉了。于是王梓坤房间的两扇大窗直面一片荒凉的芦苇塘。窗户嵌的是单层玻璃，冬天北风肆虐，房中奇冷。洗脸毛巾冻成硬块，茶杯里的水结成冰块，早晨起来时被头上面一层冰霜。王梓坤的手指、手背上长满了冻疮。就在这个房间里，春、夏、秋坐在小课桌旁，冬天披着棉被坐在床上，他夜以继日地写成了后来的科普畅销书《科学发现纵横谈》。

《南开学报》从1977年第4期开始分期连载《科学发现纵横谈》。这是"文化大革命"后冲出重围的第一批科普文章，给人们带来了清新之风，人人争相阅读。《南开学报》一时洛阳纸贵，订数从1万册猛增到5万册。上海科技出版社在1978年年初将全部文章编辑出版。这本7万多字、100来页的小书涉及一两百位中外科学家、百余项古今科学发现，但它不是科学家传记，也不是科学发现纪实，而是通过众多科学家创新过程中的成败得失，"纵谈"古今中外科学发现的一般规律，"横论"成功者所应具备的品质——德、识、才、学。此书出版后，成千上万封读者来信雪片般飞来，读者中不仅有中学生、大学生，而且有大学教师、科技人员，甚至还有一些知名学者。

1977年10月，王梓坤从北京返回天津，刚走进宿舍放下行李，好友就过来告诉他："你要升教授了！"这是1963年后第一次进行职称评定。11月间，天津市政府领全国风气之先，在天津体育馆召开万人大会，宣布南开大学王梓坤和天津大学贺家李被评为教授。

王梓坤的名声越来越大。他心地善良，几乎有求必应。调离南开后，王梓坤将自己的房子交回学校。他的学生陈典发在整理他的书籍信件时，看到了一封用铅笔写来的信，

字体稚拙，一位小学生希望王爷爷帮他制订一个学习计划，王梓坤还回信提出了建议。

师大校长：竭尽全力，秉公办事

历史学家陈垣1971年逝世后，北京师范大学校长一职始终虚位以待。13年后的1984年，王梓坤被任命为北京师范大学校长。

在南开教了32年书，依依惜别之后，王梓坤就要到北京师范大学去做校长了。一介书生，面对一座历史悠久的知名学府，情况一无所知、眼前一片茫然。但是想到校长的任期毕竟有限，又想到妻子谭得伶一直在北京师范大学工作，两人长期两地分居，王梓坤最后下了决心，只要自己"竭尽全力，秉公办事"，相信会得到师生的支持和理解。王梓坤带着这八字原则，踏上了他最不熟悉的领导岗位。

在校长任上，王梓坤像以往一样尽心尽力地履行自己的职责。他把一天分成四个单元：

1985年9月10日，第一届教师节庆祝大会在北京师范大学举行

清晨、上午、下午、晚上。上午、下午是工作时间，他全力以赴地处理学校各项事务；早晨和晚上，就是他的读书时间，无论平日和假期。

那时，北师大的主楼是一座8层的火柴盒型建筑，王梓坤的办公室在3层东南角。清洁工打扫卫生时总是看到校长的废纸篓里有一小堆西瓜子皮。日子久了，她们才知道，校长每天晚上都在办公室读书，饿了就边读书边嗑瓜子。早在她们到来之前，清晨5点刚过，校长已经在办公桌前读书了。7点半回家吃早饭，8点再到办公室上班。她们难以理解，外表消瘦文弱的王校长，哪来的这样的体力和精力？

王梓坤非常尊重学校的老先生。当时学校有两位中国科学院学部委员（1993年后更名为院士），生物学家汪堃仁和地理学家周廷儒，还有钟敬文、启功、陶大镛、白寿彝等多位文科知名学者。王梓坤经常登门拜访，听取他们对学校建设的意见。经王梓坤提议、校长办公会议讨论通过，学校决定为这些老教授配备助手。助手差不多都配齐了，到了一贯低调的启先生这里，他却说自己不需要助手，"文化大革命"后年轻人正需要努力学习，哪好意思让人家给我打杂呢？当时启先生的社会活动最多，无奈只得让校长办公室主任侯刚将启先生的事情先管起来。这一管就管了20年，直到启先生离世。

王梓坤以他一贯的谦和态度，对待北师大的教师和职工。刚当校长时，他与北师大数学系的老师并不很熟，但数学系每年的春节茶话会，他必定自始至终地参加。每年春节，王梓坤都会到锅炉房、司机班、学生和教工食堂慰问。多年之后，北师大的教职工还是习惯将王梓坤称为"咱们的老校长"。老校长在校园里骑着一辆破旧的自行车，遇到有人向他打招呼，就下车还礼。这个经典的镜头，老辈的北师大人至今记忆犹新。

20世纪80年代末卸任校长后，王梓坤又回到心爱的书斋。1991年，当选为中国科学院学部委员，成为继我国概率统计学开创者许宝騄先生后该方向的又一位院士。

南渡北归：心系学问，心系教育

1993年年初，王梓坤在报亭买了一张《文摘报》，读到一则汕头大学招聘教师的广告。他有点动心，觉得外出一段时间也还不错，就试探着写了一封信。汕头大学校长见信后马上和数学系主任一起赶到北京，热情而郑重地向他提出邀请。

当年3月，王梓坤就到汕头大学任教了。他仍然恪守"受人之托，忠人之事"的古训，每年在汕头工作十个月，寒暑假才回北京。他的学生张新生追随他到了汕头大学工作。张新生刚到时，尚未领到宿舍钥匙，准备去住酒店。王梓坤说"不需要，就跟我住好了"。张新生会烧几个菜，想给老师做点好的吃，王梓坤不让，说是"一个礼拜吃一次好的就够了"。王梓坤喜欢吃空心菜炒辣椒，他们就经常一起做这道菜。

王梓坤外表文静，内里却有雄心。他在汕头做的第一件事情是筹建一个数学研究所。当时王梓坤认为有李嘉诚的资助，加之汕头大学的校舍条件良好，就可以请到一流的数学家来做研究，他们的研究生也可以来这里工作。王梓坤非常认真地写了一份报告，得到学校领导支持，陆续请到了中国科学院数学所、计算所的院士陆启铿、丁夏畦。1994年，汕头大学数学所召开会议，盛况空前。除了已到这里工作的院士之外，吴文俊、姜伯驹院士等名家也来了。

王梓坤仍然一如既往地泡图书馆，夜以继日地搞科研、写文章。他涉猎很广，除了关注数学领域的新动态，对物理、生物方面的文章也很有兴致地翻阅。1994年，他应中国

王梓坤校长和他的自行车

科学院数学物理学部之邀，撰写了《今日数学及其应用》，高屋建瓴地阐述了数学与国家富强的关系，数学在军事、天文、石油、制造业、生命科学、宏观和微观经济中的作用，详尽地列举了我国数学家在应用数学领域内的贡献，呼吁为数学强国而奋斗。文章在数学界、科技界影响甚广。

1999年，王梓坤离开汕头，回到北师大任教。他继续主持讨论班，仍然带头讲一个小时。进入21世纪，他的学生李增沪、洪文明、张梅相继开始培养硕士和博士研究生，他们的学生都是王梓坤讨论班的成员。讨论班也从报告前沿文献，逐步演变为系统地、有选择性地读些专著。80岁后，王梓坤还能在讨论班上提出一些数学问题。他常常一个人到图书馆去查阅资料，认真地准备很长时间，为学生做些有趣的报告，例如数学史、布朗运动的数学理论等。前几年，年近九旬的王梓坤，已经不能在讨论班上做完整的报告了，但每周二下午，他还会准时来到讨论班教室，坐到第一排中间，翻开书本，聚精会神地听着他学生的学生报告读书心得。他已经无力走到科学前沿，但有时仍会插一两句话，指出公式书写或者其他方面的一些不足。北师大的师生仍然可以看到，老校长骑着一辆低矮的24型自行车，缓慢地行进在校园小径。有时，老伴谭得伶拄着拐杖眼巴巴地望着他远去，有学生看到了，就跑过去询问，她总是摇摇手说："没事儿，没事儿，他又到书店去了。"

直到去年（2020年）1月，91岁的王梓坤和老伴才离开了北师大，住进了京郊的养老社区。

张英伯，北京师范大学数学科学学院教授。原文刊载于《光明日报》2021年10月25日16版。此次收录有改动。

27/

喀兴林

喀兴林（1929—　），1929年6月出生于东北吉林，蒙古族，北京师范大学物理系教授。曾担任《大学物理》杂志副主编、顾问。曾担任中国物理学会第四、五、六届理事，在学会内任物理教学委员会委员、副主任委员。著有《高等量子力学》等专著。

庆贺喀兴林先生90华诞

/ 赵　峥

今年（2019年）6月2日是喀兴林先生90华诞。喀先生是我国量子力学教学的著名专家，长期担任中国物理学会理事，高等院校量子力学研究会理事长。

1982年，喀先生和赵凯华先生等一起，创建了《大学物理》杂志，并一直担任这一杂志的副主编和顾问，为全国的大学物理教学做出了很大的贡献。

喀先生是蒙古族人，出生于东北吉林。1951年他从北京师范大学物理系毕业后留校任教。当时的北京师范大学由于长期强调自身的师范性，目标以培养教师为主，导致科研方面缺乏特色。1952年在全国的院系调整中，北师大与辅仁大学合并。同时，我国理论物理界的泰斗张宗燧先生也从北大调入北师大，张先生的到来大大提高了北师大物理系的水平。当时提倡向苏联学习，为此张先生为北师大物理系三、四年级的同学新开了统计力学和量子力学课程，喀兴林老师担任

他的助教，给学生做辅导。北师大原本没有开设过这种高水平的理论物理课程，学生水平也不高，大都听不懂张先生的课。喀兴林上学时也没有学过类似课程，当时他压力很大。必须自己先弄懂课程的内容，第二、第三天再给水平参差不齐的学生进行讲解。在张先生的具体指导下，喀兴林阅读了大量书籍和文献，成功地给学生进行了讲解和辅导，取得了令张先生和同学们都十分满意的效果。

1955年，为了提高物理教师的水平，教育部调集全国的理论物理骨干教师，在北师大举办向苏联学习的理论物理进修班，请苏联专家来讲课。讲课内容相当于苏联师范院校的水平，难度不算大，困难在于苏联专家是用俄语授课，所用讲义也是俄文的。虽然事前曾对教师和学员进行了两三个月的俄语培训，语言上的困难还是比较大的。喀先生和另外几位教师担任讲义的翻译工作，喀先生

负责最后的校对，他们经过艰苦的努力，很好地完成了任务。喀先生原已能够阅读英、日、德文的文献，这次又掌握了俄语的阅读能力。

张宗燧先生也给进修班和物理系的青年教师讲授了许多课程，如分析力学、电动力学、统计物理专题、量子电动力学等。

通过上述培训，喀先生和北师大物理系的青年教师的水平有了很大提高。1957年，张宗燧先生离开北师大去了中科院数学所。但他留给北师大物理系的理论物理基因被延续了下来。在此后的十几年中，喀先生勇挑重担，先后承担了普通物理、理论力学、热力学和量子力学等多门课程的教学工作，其中教的最多的是量子力学。从1954年开始，喀先生辅导过和教过的学生陆续毕业，不少人留校工作，北师大物理系终于形成了一支高水平的教师队伍。当时物理系有"喀马梁孙"（即喀兴林、马本堃、梁绍荣、孙钰四位老

师）四大台柱，喀先生是四大台柱之首。

1978年，为了尽快填补"文化大革命"造成的科研和教学队伍的空缺，中科院和教育部联合举办了高等量子力学讲习班，帮助科研人员和教师提高理论物理水平。这个班包括全国19个科研院所和46所高校的160多人。喀先生担任这个班的主讲教师。

喀先生由此开始了高等量子力学这门课程的建设。此后，他每年在北师大物理系讲授这门课程，除去本校研究生外，还有大量外校的研究生来听讲。他还在中科院和全国各地许多大学讲授这一课程。经过不断充实完善，他的《高等量子力学》一书终于在1997年出版。这门课目前是全国所有理论物理研究生的学位课，这本书也成为这方面的经典著作。

1983年，全国量子力学教师成立了高等院校量子力学研究会，喀先生被推举为理事长（1983—2003）。这一研究会的成立，极大地

推进了我国的量子力学教学，喀先生对我国量子力学课程的建设做出了重要贡献。

我1978年考上了刘辽先生广义相对论方向的研究生，来到北师大学习。在读研期间有幸聆听了喀先生的高等量子力学课。毕业留校后，又曾担任喀先生的助教，为他给本科生主讲的量子力学做课后辅导。当时"文化大革命"刚结束，学生都十分珍惜学习机会，非常努力。每次答疑从晚上6点半直到10点物理楼关门，来问问题的学生从不间断，问题多如牛毛，记得有一次一个学生一口气问了我40多个问题。当时有不少问题我答不上来，感到压力很大，只能对学生们讲"我需要请教喀先生，下次再给你们解答"。

我每次请教喀先生，都得到他的热情细致的解答，使我获益匪浅。他的每堂课我都像初学的学生那样，仔细地记了笔记。这样一个学期下来，收获颇丰。由此我不仅向喀先生学习了很多知识，还学习到他的教学精神、教学态度和教学方法。我从实践中感受到，喀先生是我国对量子力学理解最深、最好的专家之一。

喀兴林先生长期担任物理系的学术委员会主席，对各门课程的建设都非常关心，为物理系的教学工作做出了重大的贡献。我在物理系的教学、科研和行政工作，一直得到他的帮助和支持。

我退休后又在喀先生的动员下来到《大学物理》杂志社工作，在这里我又从赵凯华先生、喀兴林先生等前辈那里学到很多东西。这几位老先生对普通物理和理论物理的各门课程都十分熟悉，对每一篇稿件都认真地发表意见，十分令人敬佩。

仅以本文敬贺喀先生90大寿，并代表《大学物理》编辑部感谢喀先生的工作，祝他健康长寿。

赵峥，江西萍乡人，北京师范大学物理系教授，博士生导师。原文曾发表于《大学物理》2019年第12期。此次收录有改动。

28 /

刘伯里

刘伯里（1931—2018），江苏常州人。中国共产党优秀党员、我国著名放射化学和放射性药物化学家、中国放射性药物领域的主要开拓者、中国工程院院士、北京师范大学化学学院教授。合作著有《锝药物化学及其应用》，在国内外主要专业刊物上发表论文240余篇。曾获全国科技大会奖（1979年）、国家教委甲类科技进步奖二等奖（1993年）、国家教委科技进步奖二等奖（1998年）、国家科技进步奖二等奖（1999年）、国防科工委以及省部级科技进步奖等9项。

行为世范 伯里春秋
——怀念刘伯里院士

/ 贾红梅

一、成长历程

刘伯里，1931年3月17日出生于江苏常州。他在省立常州中学读高中时期，就接触到了一些进步书籍，新中国成立后，通过马列主义和中国革命史的学习和社会活动，确立了自己的信仰和一生的奋斗目标。从此，他一直在各方面严格要求自己。

1953年，刘伯里毕业于华东师范大学化学系，同年分配来北京师范大学工作，师从胡志彬教授。在五年的助教工作中，他埋头业务，读了两三遍研究生课程，打下了良好的理论基础和实验技能，并开展了物理化学方面的科学研究。1958年是刘伯里学术生涯的转折点，学校要选调一批人才转向原子能科学研究，刘伯里被选送到中国科学院原子能研究所，师从留美归来的冯锡璋教授学习放射化学。在启蒙导师冯锡璋的指导下，他精读了不少专著并开始从事放射性废液处理的研究。冯锡璋不仅把他引入了原子能科学的殿堂，而且使他认识到"科研工作一定要走在生产需要的前面"。经过细致深入的调研，刘伯里根据中国核燃料后处理工业发展的需要，确定了裂变废液的处理和裂变核素的分离回收作为他的研究方向。从20世纪50年代末开始，他利用中国的天然无机矿物，如高岭土、蒙脱石、蛭石、沸石等，对主要铀裂变产物进行了交换吸附的研究，并取得了一些有意义的结果。20世纪60年代中期，根据"备战、备荒、为人民"和三线建设的需要，为了确保长江上游不被核污染，国家要求将核工厂排放的放射性废液安全降低到国家规定的标准。刘伯里当时正在山西武乡革命老区参加农村四清运动，中途被调回北京，随即开展这项研究。由于时间紧、任务重，他和同事们从接受任务开始，根本顾不上放射性的危险，五年多的时间中，他们几乎没有节假日，全身心地投入研究。此后，他又接

中国工程院院士刘伯里先生

着从事了裂变核素的电迁移行为研究。由于经常接触毒性极大的核素^{239}Pu和接受很大的辐射剂量，在十多年的工作中，刘伯里等接受的辐射总剂量是很大的。因此，他不到40岁时，头发已经脱落和变白，从外貌看上去宛如个老人。"文化大革命"时期他由于有海外关系，因此各种到现场试验的机会都没有，虽然他也感到委屈，但他总是想到自己所做的工作只要对祖国和人民有益，能够使国家真正强大起来，不再受帝国主义列强的凌辱和宰割，个人受一点委屈就不算什么了。

20世纪70年代中期，随着原子能和平利用的发展，刘伯里认识到放射性药物领域是放射性核素应用方面极为活跃的一个分支，又能直接为人民健康服务，造福人类，因此又转向了放射性药物的研究。1974年，北京市科技局的主要领导亲临北京师范大学放射化学与辐射化学研究室，听取了该室的汇报后，当场拍板给40个科研编制，成立北京市回旋加速器放射性药物实验室，刘伯里任该室董事长。40多年来，刘伯里和他的合作者在这块园地辛勤耕耘，取得了不少令人瞩目的成果。迄今为止，刘伯里和他的合作者著有《锝药物化学及其应用》，在国内外主要专业刊物上发表论文240余篇。

20世纪80年代以来，刘伯里除了担任繁重的教学和科研工作外，还担任许多行政和社会工作。历任北京师范大学化学系副主任、应用化学研究所所长、应用科学与技术学院院长，曾任中国核学会核化学和放射化学学会副理事长、中国核学会同位素学会常务理事、北京回旋加速器放射性药物实验室董事长、《中国大百科全书·核化学与放射化学卷》副主编、中国放射化学教材委员会主任、国家同位素工程技术研究中心工程技术委员会委员以及核化学与放射化学杂志常务编委等职。他积极组建了中国第一个放射性药物教育部重点实验室，并担任该重点实验室筹建期的学术委员会主任。他作为主要负责人之一，参与了985非动力核技术创新平台的建立（2004年11月），并被任命为985非动力核技术创新平台学术委员会主任，促进了中国放射性药物的研发和青年人才的培养。由于他对我国放射化学事业的卓越贡献以及献身祖国的赤胆忠心，1997年当选为中国工程院院士，2006年被评为北京市优秀共产党员。

二、重视教育事业，积极开展国际学术交流

刘伯里长期从事教学和科研工作，在承担研究项目的同时，积极从事人才的培养，为研究生开设了原子核物理、放射化学、放射性药物化学、锝化学及其应用等基础和专业课程。1960—1964年，培养了放射化学研究生4名；1978年以来，培养了硕士生45名，博士生32名，博士后1名。其中，博士生崔孟超

的毕业论文获得了2012年北京市优秀博士论文。20世纪60年代初培养研究生时，当时他还是一名讲师，在此特殊环境下，他勇敢地探索培养了中国第一批放射化学专业研究生。当时被聘任为答辩委员会主席学部委员的徐光宪和答辩委员会委员的刘元方都对刘伯里给予了很高的评价。1980年以来培养的研究生中，不少学生在国外深造或工作，国外的同行对他培养的学生同样给出了很高的评价。例如，2011年，在荷兰阿姆斯特丹举办的第19届国际放射性药物科学会议（19th International Symposium on Radiopharmaceutical Sciences）大会开幕式上，美国医学科学院院士、华盛顿大学的Welch教授在 "*The birth of the International Symposia of Radiopharmaceutical Chemistry and ISRS and SRS today*" 的大会报告中，把刘伯里作为放射性药物领域最有世界影响力的重量级人物进行了介绍，认为他推动了国际放射性药物科学会议（ISRS）的发展，很多杰出

的放射性药物工作者都出自他的团队。再如美国密苏里大学的Lewis教授来信感谢他送来了得到全面良好训练、创新性和动手能力都非常强的好学生。他的学生大多在工作中做出了出色的成绩，有些已经成为某些大学里放射性药物领域的学术负责人。刘伯里鼓励自己的学生学成回国服务，他常常对自己的学生说："出去可以开阔眼界，学到知识和技能，但是不能忘记我们最终的根是在中国。"受他的影响，他的一些学生学成归来后，开展了大量促进中外放射性药物"产学研，技工贸"的交流合作活动。但是，有的学生觉得留在国外更合适，他也很理解他们的选择。他认为："要从更长远的角度来看人才外流的问题。现在国际学术交流活动很多，但是事实上最有收获的还是跑到国外跟他们一起做项目。为什么？因为即便大型国际学术交流，展示的几乎都是过去一两年的成果，也就是说你了解到的都是过去式，如果你跟着他们一块儿做项目，那么你了解的就是进行时，而且如果你保持敏感的话，你还可以捕捉到将来时。作为一名科研工作者，我更深刻地体会到改革开放给国家带来的巨大变化。报效祖国有各种方式，而且最优秀的人才留学，不可能一个都不回来。哪怕是有10%的人回来，对国家而言都是宝贵的财富。"

刘伯里重视因材施教，要求学生结合自身的实际条件，掌握一定的理论和方法。他认为，知识的掌握，贵在熟练，只有反复熟练地理解和掌握了，才有可能谈得上发展和创新，所谓"熟能生巧"，这个"巧"字，就是科学发明创新的契机。许多新理论、新方法都是从这个"巧"字上开始萌发衍生而发展起来的。不仅如此，每当从事新的规律的探索时，自己最愿意应用的理论工具或实验方法，常常是自己掌握最熟练的那一部分。刘伯里不仅在学术上对学生指导有方，而且对学生生活也给予了很多关心和支持。当得知

2004级硕士研究生张秋艳的父亲患脑瘤需要做手术而其家境又困难的消息时，他立即尽力解囊相助，使她的父亲的手术及时进行，病情得到控制。该生非常感动，在学业上更加勤奋、努力。

为了发展中国的放射化学与放射性药物化学事业并扩大影响，刘伯里积极从事国际学术交流活动，先后七次被邀赴美国讲学和进行合作研究。1983年，他担任美国纽约州立大学布法罗分校访问学者。1985年，他担任美国加利福尼亚大学戴维斯分校访问教授。1988—1990年，他担任美国宾夕法尼亚大学放射学系的访问教授和脑放射性药物研究项目的顾问。三次应邀赴日本讲学，在九州大学、东北大学进行合作研究。1980—1981年，他担任日本九州大学访问研究员。作为中日双边会议的主要发起人和倡导者之一，他四次作为中国代表团团长出席在日本召开的第一次（福冈）、第三次（福冈）、第五次（仙台）和第七次（京都）中日双边会议，并且担任在中国召开的第二次（北京）、第四次（上海）和第八次（北京）中日双边会议的主席。1986年在北京召开的国际核化学和放射化学会议中，他担任国际组委。他还是国际原子能机构放射性同位素生产培训班的特邀讲课人（1988年、1992年、1999年），受到亚太地区各国学生及机构官员的好评。另外，他还以中国代表身份参加了1993年和1995年在曼谷和悉尼举行的亚太地区核合作计划中有关放射性药物的国际会议。

作为中国放射性药物领域的主要开拓者，刘伯里认为，不仅应当争取成为一个具有创新精神的科学家，而且还要力争成为一个懂得研究成果开发和转化的精明的企业家。如今每门学科正在向自己邻近的学科迅速扩充和渗透，同时研究成果转化为商品的周期也越来越短，对于应用研究来说，其成果用论文的形式发表，只是一个开端，决不应当是

刘伯里先生与本文作者（左）合影

终结。他和他的合作者研制的心、脑放射性药物^{99m}Tc–MIBI和^{99m}Tc–ECD已由开发团队商品化，正在为全国人民的健康服务。他们不停地在放射性药物领域积极探索，争取早日将放射性药物的科研成果，转化为具有中国自主知识产权的具有国际竞争力的商品。

贾红梅，河北邯郸人，教授，博士生导师。1993年师从刘伯里院士，从事放射性药物化学研究，1998年获博士学位。原文收录于《刘伯里文集》，此次收录有删改。

29/

闫金铎

闫金铎（1931—2018），天津市人。北京师范大学教授、物理教育专业硕士和博士研究生导师。曾任北京师范大学教育科学研究所所长。中国教育学会理事、中国教育学会物理教学研究会理事长，国家教委理科物理学教学指导委员会物理教学论组组长，国家教委中小学教材审定委员会物理审查委员会负责人。闫金铎教授1950年入北京师范大学物理系学习，1954年毕业于北京师范大学物理系后，留校任教。主要成果有《中学物理教材教法》《中学物理新课程教学概论》《物理教学论》等著作。

闫金铎先生物理教育思想浅识

/ 郭玉英

2018年3月19日，我敬爱的导师闫金铎先生永远地离开了我们。先生是我国物理教育界的学术泰斗、基础物理教育研究领域的奠基人，为我国基础教育事业做出了重要贡献。

我从20世纪80年代初跟随先生攻读硕士，毕业后留校，在先生的指导下工作学习，90年代又跟随先生在职攻读博士。30多年来，先生的言传身教总是伴随着我，引领着我的专业成长。先生离去后，我一直想写一篇文章纪念先生，但面对先生渊博深邃的学术造诣，著作等身的学术成果，一时不知从何处入手。《物理教学探讨》杂志社王柏庐先生约我写纪念文章，我想，学生对导师最好的纪念，应是不断地学习领会先生的学术思想，便拟定了这个题目，结合我的体会谈谈对先生物理教育思想的粗浅认识。

先生的物理教育思想源自深厚的物理学功底和物理教学与研究实践。先生1950年入北京师范大学物理系学习，毕业后留校担任苏联物理教学专家的翻译，做理论力学、热力学与统计物理、电动力学以及量子力学的助教工作，此后独立承担了物理实验、理论物理、普通物理、热力学四门课程的教学工作，还做了与低温超导有关的科研工作。从1956年到1966年，他还担任了《物理通报》（原《物理学会会刊》）的编委，深入了解了中学物理教学并逐步形成了自己的看法。"文化大革命"后，他进入北师大物理学系的教法组，开始了系统的物理教育科研和教学工作，讲授教材、教法、课程，担任中央电视大学普通物理学课程的主讲教师。先生在中央电视大学讲的物理课形象生动，深入浅出，注重学生对基本方法的理解和掌握，不仅深受学员好评，清华大学、北京工业大学等许多高等学校的大学物理教师也争相收看学习，先生成了当时名副其实的"电视明星"。至今仍有教师在博客中写道："从闫先生的课里，真正感受到什么是物理学，什么是上物理课。"

先生在教学和科研实践中不断汲取古今中外教育家的先进教育理念，逐渐形成和发展了具有中国特色的物理教育思想，这些思想通过先生的讲课体现在课堂上，通过先生的学术活动和著作引领着我国的物理教育研究与实践。我学习先生的物理教育思想始于20世纪80年代初先生编著的《中学物理教材教法》，由此对本学科产生了浓厚兴趣，决定报考硕士研究生。在这本书中，先生系统论述了中学物理的教学目的、原则、环节、方式、手段等，并对中学物理教材进行了深入分析，比较系统地展现了先生的物理教育思想。此书后来的版本，以及先生和我合作主编的《中学物理新课程教学概论》，都是在先生学术思想精髓的基础上，进行与时俱进的修订与补充的。在20世纪90年代初出版的《物理教学论》中，先生阐述了孔子、柏拉图、夸美纽斯、赫尔巴特、杜威等古今中外教育家的重要教学论思想，论述了物理教学论的性

质、对象和研究方法，为本学科的发展奠定了理论基础。后来又陆续出版了《初中物理教学通论》《中学物理教学概论》《现代教学百科全书》《学科现代教育理论书系·物理》《科学技术社会辞典·物理卷》《新世纪版义务教育物理教材》等专著和教材。先生的思想博大精深，涉及物理教育的方方面面，受文章篇幅所限，我仅从以下几点谈谈自己的学习体会。

一、中学物理教育要体现物理学科的本质特征

本次《高中物理课程标准》修订，在学生发展核心素养框架下，重新深入探讨了物理学科的教育价值，提出了物理学科核心素养，包括物理观念、科学思维、科学探究、科学态度与责任四个方面，并用以统领物理课程的设计。早在20世纪80年代初，先生就

提出并探讨了物理课程设置问题，在《物理教学论》中，将"体现物理学的基本内容、特点和方法，发挥其应有的作用"作为制定物理课程内容的第一条原则。先生指出：物理学的知识，是自然科学和现代工程技术的重要基础，物理学的方法已具有普遍方法论的意义。物理学的发生和发展过程，对培养学生智力，提高能力，培养辩证唯物主义观点、科学态度和创造精神，有着极其丰富的价值。也就是说，物理学的内容、特点和方法，在培养全面发展的人的过程中，起着极其重要的作用。先生的这一段话，极其精练地概括了物理学的知识、方法、发生发展过程对于学生发展的教育价值，包含了物理学科核心素养的基本要素。在注重发展学生核心素养的今天，重新阅读这段话，我有了更深刻的体会。

物理教育的根基是物理学科。要认识物理学科的教育价值，首先要认识物理学科的本质特征。为此，先生在《物理教学论》中系统梳理了物理学的内容，论述了物理学的主要特点，重点强调了观察、实验和科学思维，指出物理模型的建立、物理概念的形成、物理规律的得出以及重大的发现，都是观察、实验同科学思维相结合的产物。先生结合物理学的内容深入讨论了物理学中科学思维的突出表现：一是科学的抽象和概括，即建立理想化模型和概念；二是科学的判断，即运用概念对事物、现象得出结论的过程；三是科学的推理，包括归纳、演绎和类比。创新也是先生一直关注的要素，在许多著作中都有论述。由此可见，2017年版《高中物理课程标准》提出的物理学科核心素养，其中的科学思维的四个要素——模型建构、科学论证、科学推理、质疑创新，都是建立在先生提出的科学思维要素的基础上的。

二、中学物理教学的目的是培养全面发展的人

立德树人是我们当前关注的重要目标，先生很早就提出物理教学要培养学生的高尚品德。改革开放以来，先生多次主持和参加了中学物理教学大纲的修订工作。先生常说，中学物理教学，与其他学科一样，都应体现中学教育的总目标，并为总目标的实现做出应有的贡献。他结合对物理学科教育价值的分析，将中学物理教学的目的概括为：掌握基础知识；培养学生能力；激发学生兴趣；培养高尚品德。有人说，21世纪初基础教育课程改革首次提出了三维课程目标，对此，先生付之一笑："我们中学物理课程目标从来就不是一维的。"

先生不仅注重物理课程目标的全面性，而且特别关注不同方面目标之间的内在联系，专门论述了知识、方法和能力的关系。先生指出，知识是人们在实践活动中对客观世界的认识和总结，主要是反映自然现象和事物本质属性的概念和规律。而方法是认识事物、探索知识和运用知识的手段，是影响活动效率的基本因素。要使学生通过物理课程的学习，掌握观察、测量和做实验的基本方法，学会对事物、现象分析综合的方法，进行科学的抽象、概括和推理，认识到自然和科学本身不是凝固不变的，而是发展、变化的，以实事求是的态度，按科学的途径、方法进行探索，善于发现问题、分析问题和解决问题。知识是培养能力的基础，只有在掌握知识的过程中才能发展能力，而能力又制约着掌握知识的快慢、深浅、难易和巩固程度，能力的提高又为掌握知识提供了有利条件，只要学生具备了较好的能力，就可以主动地、自觉地去学习。

先生提出，在传授学生知识、培养学生能力的同时，还应注重科学精神的渗透。所谓科学精神，主要是指尊重事实、实事求是、

严肃认真、按科学规律办事的态度。培养学生相信科学、热爱科学，鼓励学生提出问题和发表自己的看法，组织他们进行必要的讨论，并尽可能地组织各种形式的课外活动，充分发挥学生的主动性和创造精神。

三、处理教学内容要"一少、二精、三活"

当前大家都在关注核心素养，在教学内容上注重核心概念，国际科学教育领域也提出"少就是多"的理念，并得到普遍认同。其实，早在20世纪末，先生就提出了处理教学内容的"一少、二精、三活"原则，并有以下精彩论述："少"的目的是分清主次，突出重点，从实际出发，精选内容，少是为了学生能真正学到点东西；"精"是指对最有生命力的、最重要的基础知识学得扎实一些，学得好一些；"活"是把知识和能力统一起来，能够把所学的知识转变为自己的实际行动，能够举一反三，以一贯十。在今天的物理课堂上，我看到仍有许多教师过分关注授课的知识容量，而不关心学生到底学到了什么，学懂了什么，更加体会到先生提出这条教学原则的必要性和深远意义。

先生从物理学科的本质特征出发，结合中学教育的目的和学生特点，对哪些内容属于必要的物理基础知识也有明确论述。物理学是自然科学中的一门基础学科，是研究物质运动最一般的规律和物质的基本结构及其应用的学科。作为中学教学科目的物理课程，让学生掌握的物理基础知识，指的是物理学最初步、最基本的知识，它是今后进一步学习科学技术、参加生产劳动和有关实际工作所必备的知识。也就是说，要让学生具有与现代化生产和现代科学技术发展相适应的中等文化修养。因此，要把在当前工农业生产和现代化科学技术中应用最广泛，物理学中最重要、最基本的主干知识，确定为中学物理的教学内容，广泛地联系实际，扩大学生的知识面，再根据学生现有的基础、智力发展水平和潜力，确定教学内容的深度和具体要求。先生这里所说的主干知识，与我们今天所重点关注的学科核心概念完全一致，体现了物理知识重要的教育价值，这就是物理观念发展的基础。

四、用启发式和探究式教学，激发学生学习物理的兴趣和内在动机

先生的物理教学深受学生欢迎，用的就是启发式教学。先生的启发式教学思想来源于孔子的"不愤不启，不悱不发"，他结合自己的教学实践，将其灵活运用于物理教学之中。在先生的课上，学生不可能分散注意力，因为先生不但讲课形象生动，妙语连珠，而且常用认知冲突，针对学生的错误概念设置陷阱，学生一不小心就陷进去了，由此引发学生深入思考。先生强调，学生是物理教学的主体，为了促进学生学好物理，首先应当让学生喜爱物理，培养学生对物理的兴趣，因为兴趣是推动学习的一种最实际的内部动力。教学应从让学生感到"有趣"入手，通过创设与学生生活相关的物理情境，利用学生的好奇心理，通过实验、板书、多媒体设备甚至生动有趣的语言，引导学生的观察与思维，将这种无意识的注意转化为有意识的注意。在遇到困难时，要鼓励学生坚持不懈，磨砺学生的科学精神，最终解决问题并达到对物理的热爱。

先生对启发式和探究式教学有独到的见解，认为启发式与探究式教学虽然名称不同，但其本质却是一脉相承的，即激发学生的主观能动性，调动学生的积极思维。先生常说，不要看形式，而要看实质。一句话，凡利于调动学生认真观察、实践，并积极主动地思维，通

过学生动手、动脑，探索知识，运用知识，完成认识上两个飞跃的教学过程，才是真正的启发式或探究式教学。启发式并不能简单地理解为"提问"的方式，先生举了一个生动的例子：教师问"玻璃仪器容易不容易坏?"答曰"容易"，又问"搬运时应当怎样?"答曰"小心放置，轻拿轻放"，这种问答对于中学生来讲，绝不是启发式，因为并没有调动学生的积极思维活动。演示实验或学生动手实验也不一定是探究式，即使在一堂课上，教师做了很多演示实验，或者在学生实验课上，学生按照教材上写的实验步骤，一步步亲自动手实验，也可能是注入式；相反，如果采用讲授法，教师用生动的语言，学生积极地思维，也可以是启发式或探究式的。

很多人认为科学探究是21世纪基础教育课程改革才倡导的。其实，早在20世纪80年代初，先生主编"五四学制"初中物理教材时，就采用了引导学生开展探究的编写方式。首先

通过"观察与思考"栏目，通过观察实验或生活中的现象创设情境，激发学生的学习兴趣，引导学生观察思考，了解现象，发现问题；再通过"分析与结论"栏目，引导学生根据观察实验获取的资料和已有知识，分析问题，认识本质，得出结论；最后通过"应用与练习"栏目，给学生提供真实情境，让学生运用所学到的知识解决问题，获得成就感，引发学生求知的饱满情绪，鼓励学生热爱科学，逐渐树立勇于攀登高峰、克服困难的意志。这套教材是我国出版的第一套按照科学探究的思路编写的初中物理教材，也是现在发行的北师大版义务教育教科书《物理》的基础。

五、用物理学的研究方法开展基于实证的物理教育研究

自从跟随先生读研究生，先生就要求我们将物理学的研究方法应用于物理教育研究，

闫金铎教授在教室里授课（左一为本文作者）

倡导"小题大做"，围绕"小题"开展实证研究。所谓"小题大做"，就是不要贪大求全，要抓住一个具体问题，开展深入细致的实证研究，这与国际物理教育、科学教育研究领域采用的方法是完全一致的。先生在《物理教学论》中，概述了常用的具体研究方法，包括观察、调查和实验，并带领我们开展了"社会对中学物理知识需求情况"的调查研究工作。记得当时我们几个同门的研究生，都采用了实证和统计方法做了硕士论文。我的论文题目是《物理思维能力的因子分析模型及主因素研究》，先生还把我以此发表的论文作为研究案例收录在《物理教学论》一书中，这对我是极大的鼓励，引导着我在实证研究的路上走到了今天。我和我的研究生们取得的成果，都和先生的引领分不开。

在跟随先生工作学习的几十年中，我深深体会到，先生是应用物理学思想方法的典范。每一次和先生讨论问题时，先生总会问："本质是什么？关键在哪里？"认识事物看本质，解决问题抓关键，这是物理学的思想方法，也是先生以身示范的物理教育思想的精髓所在。由此，先生才能在物理教育这个跨学科、综合性和实践性很强的研究领域中，高瞻远瞩，引领我们沿着正确的学术方向不断前进。

今年（2018年）12月26日正逢先生88周年诞辰纪念日，谨以此文纪念先生。

郭玉英，北京师范大学物理学系教授。原文曾发表于《物理教学探讨》2018年第12期。

30 /

郑光美

郑光美（1932—2023），中国科学院院士，国家级教学名师。1954年毕业于北京师范大学生物学系。1958年东北师范大学动物生态学研究生毕业。1986年任教授，1990年任博士生导师。长期从事动物学教学和鸟类学研究。主编或合编《普通动物学》《中国鸟类分类与分布名录》《鸟类学》等多种高校教材以及《脊椎动物比较解剖学》《中国濒危物种红皮书·鸟类卷》等专著多部。1991年被评为全国优秀教师。1997年获国家级优秀教学成果二等奖，为《普通动物学》国家级精品课主持人。现任国际鸟类学联合会（IOU）资深委员，世界雉类协会（WPA）理事长，国际生物多样性计划中国国家委员会科学咨询委员会委员，《生物学通报》和 *Chinese Birds* 主编。

闻书识人：郑光美院士和《普通动物学》

/ 潘　超

　　学过动物学的学生可能都知道郑光美这个名字，他主编的《普通动物学》在动物学教育领域发挥了重要作用。《普通动物学》第1版自20世纪70年代出版以来，已经累计发行50余万册，是国内教师和学生公认的质量上乘的优秀教材。

　　郑光美，1932年11月生，1949年10月考入北京师范大学美术工艺系，后出于对生物学的热爱，于1950年参加了转系考试，转到生物学系学习，这次转系决定了他此后一生的事业。

　　郑先生长期从事鸟类学研究，先后主持20多项国家和省部级研究课题，在我国鸟类学诸多领域进行了开拓性的工作，发表研究论文100余篇，主编或合编《普通动物学》等多部高校教材，出版专著十余部，其研究成果推动了我国鸟类学的发展。特别是在我国特产濒危雉类研究中成果显著，在雉类方面的研究成果获2000年国家自然科学二等奖等多项国家和省部级奖励。2003年增选为中国科学院院士。

　　在科研工作中取得一系列重要成果的同时，郑光美院士也非常重视和热爱教学工作，至今仍坚持在本科教学第一线。他主讲普通动物学等课程多年，教学成果突出，深受学生欢迎，并于1991年和2007年分别被评为全国优秀教师和国家级教学名师，所主持的普通动物学课程为国家精品课程，并获国家级教学成果二等奖。在郑先生的带动和要求下，北京师范大学动物学教学小组成员都非常热爱和重视本科教学工作，力求打造教学精品。教学小组的一些成员已成为学院甚至学校的教学骨干，其中有两人3次被评为北京师范大学最受本科生欢迎的教师，两人获北京师范大学励耘优秀青年教师一等奖。

　　郑先生上课非常认真，尽管他已经讲了几十年的课，可是每次上课还是认真准备。他非常注意查阅国内外新近出版的教材和权威杂志发表的相关文章，他会将学科最前沿的内容吸收后糅到教学中。由于准备充分，他授课信息量大，而且生动、内容精要，加上他为人谦和、尊重学生，所以，他一直是最受学生欢迎的教师之一。记得我上研究生的时候，对郑先生的课是十分期待的，因为郑先生很注重实践教学，他开设的高级脊椎动物学和鸟类学都是在实验室、基本标本室上的，能随时查看标本，每次上课都感觉很充实。最难能可贵的是作为一名资深教授，他总要提前20分钟到实验室，为上课做好最后的准备，他对教学的严谨态度给所有的学生都留下了深刻的印象，也在潜移默化中影响着我们待人接物的态度。

工作后，作为高教社的一名编辑，我有幸负责《普通动物学》第4版的修订工作，对该书的修订过程有一个比较深刻的认识。在修订《普通动物学》的时候，郑先生先做了近3年的准备工作，查阅了大量的资料，力求使该书的内容在反映本学科的基础理论的同时，体现新技术、新成就，并尽最大可能为教师教学和学生学习提供方便。新版教材以动物演化为线索，突出进化历史中发生重大质变的事件及其与动物组织、器官、系统出现或复杂化的相关性，使学生能结合动物进化发展的内在联系来掌握动物类群的主要特征及其发生、发展的主要规律。教材在各类群及其代表动物的选取方面，以演化上、经济上和科学研究上有重要意义的为重点，并以我国动物为首选代表。同时，考虑到现在的动物学教学现状，在组织修订工作的时候，郑先生主张进一步精练教学内容，使教材在实现以上要求的同时内容也更加精简。

作为一名院士，郑先生工作十分繁忙，但是他对教材的编写工作却丝毫不马虎，他说身为主编，要对内容全权负责，不能给学生留下知识点的偏差。在该书的编写过程中，郑先生常常就插图的设计问题和我讨论，遇到难点问题时，他会在给我耐心讲解后，再讨论插图如何呈现才能既保证科学性又不失严谨，甚至每幅插图的标注要详细到什么程度，都是经过仔细斟酌的，先生会结合教学的实际需求考究哪些结构是需要学生掌握的，需要拉线标注，而哪些结构是不重要的，不必标注，以免增加学生的负担或者扰乱视听。

从一本书的建设，我们看到了郑先生身上老一辈科学家扎扎实实、勇于开拓创新的奋斗精神，这种精神是一面旗帜，指引年轻人前进的方向。

潘超，毕业于北京师范大学生命科学学院生物多样性与生态工程教育部重点实验室。原文曾发表于《生命世界》2009年第5期。

31/

张静如

张静如（1933—2016），北京人。我国著名学者、中共历史学家、李大钊研究专家。北京师范大学马克思主义学院教授、博士生导师，北京师范大学高校党建研究中心主任。曾任全国中共党史学会副会长、中国李大钊研究会副会长、北京中共党史学会会长、国务院学位委员会学科评议组成员、国家哲学社会科学基金学科评议组成员、中央马克思主义理论研究和建设工程"加强党的执政能力建设研究"项目首席专家。

先师三记
——怀念我的恩师张静如先生

/ 周良书

张静如先生是党史大家，在他逝世以后，许多人都很怀念他。我是他的学生，这种感情自然要更深一层。回想从第一次拜见先生，到最后一次告别先生，我的脑海中就会闪过许多珍贵的历史镜头。这不是用一两篇文章可以表达清楚的。因此，我只能根据自己的体会，选取三个角度，裁剪三个片段，然后按照我的方式连缀起来，名之曰"先师三记"，以此来寄托我的哀思和对先生的崇敬之情。

一、张门求学记

我是受到我的硕士生导师王先俊教授的影响，才决定跟张静如先生读书的。1998年，王老师在北京师范大学做访问学者，他非常钦佩张先生的思想、学术和人格，回到安徽师范大学后，便开始给中共党史专业研究生开设一门新课——中共党史学概论。也正是在这个课堂上，我第一次感受到张静如先生的影响力，并萌生了追随他读书的想法。

我第一次见到先生是在两年以后，也就是2001年11月。这一年全国党史学位点年会在首都师范大学召开。我以文入会，还作为学生代表在大会上发言。会后，张先生去学生住地看望大家。因为之前我已写信向先生表达读博的愿望，所以他一见面就说信收到了，知道我要来开会就没有给我回信，让我回去准备考试。这次简短会面，先生给我留下干脆、利落，开口京腔、面带威仪的印象。

回到安徽师范大学后，我便开始认真备考。除学习先生的著作外，还阅读了大量与报考方向有关的报刊资料。那时网络还没有现在这么便利，我只能去图书馆期刊室一本一本地翻阅，一篇一篇地复印。为了学习方便，我还请复印社把这些资料装订成册，并动手写了一篇序文作为纪念。这本论文集放

在我的旧书柜中已近20年了，最近我才把它
找出来。旧文重读，不觉思绪万千而多有感
怀。在这篇序文中，我写道：

　　编辑这本论文集，想来不是偶然的。大学时期，我所修的专业为社会学。一直深感研究中
国的社会，不能不研究中国的历史，特别是鸦片战争以来中国的近现代史；而要研究中国近现
代史，就不能不关注中国共产党的历史演进和理论发展。所以，我报考并攻读了安徽师大中共
党史专业硕士研究生。下一步学习什么呢？我想，应该把党的理论与中国社会的发展联系起来
考察。这正好与张静如先生所设方向——邓小平理论与中国社会现代化相契合。所以，我决定
报考他的博士生。为了考试，必须搜集出一些资料来，这才有了这本集子的问世。当然，上面
的话，同样也可视为一个苦苦求学的年轻人，近八年来心路历程的真实写照。

　　这本集子精录了20世纪90年代以来，国内主要人文社科期刊公开发表的相关文章，共36
篇。序列采用编年的体例。这样做，不是为省事，而是为了更客观地反映学术界开展该专题研
究的历史、现状及趋势。它以张静如先生的《"五四"与中国社会现代化》作为开篇，把我的《辛
亥革命与中国现代化》放在末尾。这样一比较，发人深省，催人奋进，对于我未来的成长，一
定是大有好处的。是为序，并以此勉励和鞭策自己。

虽然如此，但实际上我的这段入学经历，却是一波三折的。其中的艰辛和苦楚，实不足为外人道也。2002年，我第一次参加考试，但外语不过关（48分），失去了入学资格。2003年，我第二次参加考试，又因为刚毕业留校工作，学院的事务太多，无暇集中精力复习迎考，最后也没有成功。直到2004年第三次报考，我才通过考试，被张先生收入门下。对于这一来之不易的学习机会，我是倍加珍惜的。三年读博期间，我在先生指导下读书，并将"高校党建史"确定为研究方向。先生说这个问题以前没有人做，弄好了就是全国第一家。这对我来说是一种莫大的激励和鼓舞。我全力投入这项研究中，收集、阅读了大量史料，并围绕总题目分阶段在2006年《北京党史》上连续刊发六篇文章，最终于2007年4月完成博士论文的写作。在论文答辩会上，我的研究成果受到一致好评，被评为优秀博士论文。为了表达对先生的感激之情，在这篇论文的后记中，我曾写下这样一段文字：

人生有幸，得遇良师。我有幸追随张静如先生读书。他宏图高论，感人至深，总能指引学生在研究中开辟新径。记得才入学的第三天，先生就帮我确定了这个方向。此后，每得一份珍贵史料，我都会欣喜地向先生汇报。每写一篇不成器的文章，我也会交给先生，在他的指导下修改完善。先生言语不多，但在文章上却总有独到的见解。大到论文的主旨，小到注释的规范，我得到的是一套完整的学术训练。回想与先生的每一次交谈，我都可以作一篇长文来纪念。我不是一个聪明的学生，也只是先生众多门生中平凡的一员，但先生却是影响我一生的导师。这三年的教诲和关爱，将是我今生受用不完的一份财富。

三年博士毕业后，先生希望我继续把新中国成立后的高校党建史整理出来，于是我又在北师大做了两年博士后。由于全国"博管会"的规定，不能在同一学校的同一学科下做博士后，我只好把关系转到北师大管理学院，但实际上一直接受张先生的指导。这期间，我写出《中国高校共产党建设史（1949—1976）》的研究报告。2009年博士后出站后，也是在张先生的支持下，我从安徽师大顺利调入北师大马克思主义学院工作。

回想在北师大读书的这段经历，总觉得时光过得很快，而值得纪念和回忆的事又太多。"马前桃花马后雪，教人怎敢再回头？"若没有先生的指导和教诲，我很难想象会有今天的这一点进步。现在我也当导师，开始指导自己的研究生。我总是把先生教给我的东西，作为经典的教学案例讲给我的研究生，让他们从中得到智慧和启迪。

我希望他们像先生一样，做一个合格的

"资料员"。1953年，张先生大学毕业后的第一份工作就是"资料员"。那时候，他在资料室内安了一张床，常常睡到那里，以便看到更多的书。他甚至把《新青年》月刊一至九卷、四期季刊、五本不定期期刊中的论文、小说、诗歌、译文、通讯、广告，都一字不落地全部看完。为了写《李大钊同志革命思想的发展》（1957年）这本书，他不满足于刘弄潮在《李大钊著述目录试编》中提及的100多篇，也不满足于蔡尚思在《李大钊著述的分类编目》中提及的200多篇，而是到北京市委档案室借来李乐光（李大钊同乡）生前所存李大钊著作的抄件300多篇，全部抄下，并用能够找到的原件校对。这比1959年人民出版社出版的《李大钊选集》中收录的133篇要多得多。先生之所以被誉为"国内外李大钊研究的第一人"，我想与他有"资料员"的这个经历是分不开的。

先生也把这一招教给了我，他要求我尽量

全部占有资料。记得2005年的冬天，我早早起床，去赶6点半从阜成门出发的班车，去北京西郊温泉镇的中央档案馆找材料。一天下来，腰酸背痛，头昏脑胀，却一无所获。晚上我乘班车返回，赶到先生家已近晚上8点。先生看到我一脸失望的样子，却说出另一番让我受益无穷的话：你今天收获不小，至少将来可以告诉人家，某某库、某某档里没有你要找的这份材料，这也是一种难得的收获。

还有一次，大约是在2009年的秋天，先生打电话让我陪他到前门的中国书店去，说那里有一套旧版的《中国农民》。我们到后一问，果然有，售价1200元。我觉得太贵，想和店家讲个价钱。先生忙摇手说不必，要求直接付账取书。他说："贵点不打紧，关键是要买到。"先生还说："等我死了，这些东西不都留给你们吗？市面难找的东西才贵，你们将来要好好利用。"这一番话说得我心酸、血热，差一点要滚下泪来。

我也希望我的研究生像先生一样，做一个扎实的"学问家"。在读书期间，我陪先生出去开过很多会，也长了许多见识。但2006年2月21日在北京党研室召开的李大钊故居修缮工程研讨会，给我留下的印象最深。会上，北京西城区文委会的领导，首先介绍李大钊故居选址及修缮的一些基本情况。与会专家学者对故居修缮过程中遇到的一些具体问题进行集中研讨。与其他专家不同，张先生一开口便语惊四座，让我见证了一次真正意义上的大家风范。

张先生说：李大钊在北京有八个住处，分别是：（1）皮库胡同（西单），1916年与高一涵同住。（2）竹竿巷（朝阳门内南小街），1917年与高一涵同住。（3）回回营2号（闹市口），1919年年初，曾接家眷住此，暑假送回。（4）石驸马（明）大街后宅（后闸，乾隆年间有河有桥有闸）胡同35号（现文华胡同24号），1920年年初接家眷来住此。

（5）宣武门内大街铜幌子胡同甲3号，1924年2月回京住此。（6）邱祖胡同（闹市口），1924年冬住此。（7）府右街后坑朝阳里4号，1925年年底住此。（8）俄国大使馆，1926年住此。

张先生说：为什么把文华胡同24号作为其故居，有如下理由：（1）在后宅胡同居住时间最长，约3年6个月。（2）发表文章启事最多，有130篇，约32万字，平均9天写一篇，每篇约2500字。（3）参加革命活动最多，其中各种会议有120次，包括中共西湖会议、中共三大、国民党一大等，平均约10天一次；外出广州、上海、武汉、洛阳、天津等地，讲演30次；谈话会见30次，包括孙中山、吴佩孚、越飞等。

无论是求学阶段，还是后来留在先生身边工作，除了学业、科研之外，我很少和先生谈生活和工作中的事。但有一次拜访却让先生很欣慰。记得2012年我晋升教授，中秋节带着妻儿去看先生。那天先生很高兴，说我比其他人要幸运，学业职称，安门立户，娶妻生子，一切都很顺利。看着先生欣慰的样子，我也很高兴。其实我哪有那么多的好运气呢。又过了一段时间，我再去看先生，那时他为出版回忆录，正在整理往来信件。他一见面就说，最近重看你的来信，才记起来你博士连续考了三次，说明你很有毅力，但运气也很一般。

记得还有一次，那是在先生逝世以后，我遇到杨娜师妹，说先生表扬她学习刻苦、做事踏实。杨娜说先生对你也有评价，我忙问是什么。她告诉我，先生说过，良书遇事也不愿和他说，总喜欢一人干。这是事实，但我也不是有意为之，只是不想再给先生增加负担。如今先生已经去了天国，我想他一定会理解做学生的难处。

二、大师印象记

石仲泉先生曾赞誉张先生为学问大家，并

认为他具备成为大家的几个必要条件：一是学问的开创性与创新性，不仅开辟学科建设的新领域，而且还提出诸多具有创新性的学术观点；二是学问的厚重性与深刻性，能做到史料扎实，分析精到，成一家之言；三是学问的广博性和多领域性，能将多门学问融会贯通并在多个领域有所建树；四是学问的权威性和影响力，其著述之丰，加之培养研究生、国内外访问学者之众，在党史界可以说无以出其右者[1]。仲泉先生所说自然不虚，但除此之外，我想先生那种"不以人蔽己，不以己自蔽"的"率真"和"自省"，也是非常值得我们学习和效法的大师气象。

先生是李大钊研究的开创者。他在24岁时就出版了《李大钊同志革命思想的发展》一书，这既是国内学者研究李大钊革命思想的首创之作，也是事实上存在的"李大钊学"的奠基之作。但先生却并不以此自满，他认为："这本小册子基本上坚持了实事求是的精神"，之所以说"基本上坚持"，是因为书中"确有不够实事求是之处，如有些结论就说得过了头，有些话说得绝对了些，不甚符合实际"。这既有个人在主观上的认识问题和水平问题，也有时代的限制。

如果说这还有些"大而化之"的话，那么下面的这个自我批评则更见这位党史大家的"真功夫"。例如，在《关于研究毛泽东思想发展史的几点意见》一文中，他明确指出："张静如1980年发表的《党的新民主主义革命基本思想形成之史的考察》一文，由于没有看到1925年党的十月扩大会议的材料，因而对李大钊的《土地与农民》一文就做出了不甚恰当的评价"，认为它"提出了耕地农有的正确主张。实际上，耕地农有是在十月扩大会议上提出来的，而李大钊的文章则是依据中央决议精神写的。这种没有弄清情况就妄下结论的做法，是不足取的"。在这篇文章的"评文纪事"中，他进一步写道："文中在举例中，对我以往文章中的错误，做了更正，我以为有错就应该承认、纠正，不要怕面子上不好看。"[2]

正因为以研究李大钊起家，所以先生始终都在关注和反思自己的这个"老本行"。例如，在《李大钊和北京师大》一文的"评文纪事"中，他就对22年前的这篇旧作写出如下评语："我在文章中把1921年10月李大钊在女高师的讲演与12月1日发表在《晨报》上的《美国图书馆员的训练》弄混了。这是因为我当时没有找到那篇讲演稿，误以为文章是在讲演稿的基础上写的。功夫不到家，必然出错。科学研究只差一步也不行，这是绝对真理。"[3]当看到自己的学生朱志敏教授写出一部高质量的《李大钊传》时，他欣然为之作序。也正是在这篇序言中，他用自我批评式的话语表达了对李大钊研究的期望："我50年代写关于李大钊的书时，没有这样的水平。有人说在学术研究上一代不如一代，我认为一代更比一代强。社会在发展，学术研究在进步，这就是我们希望之所在。"[4]

先生是党史学基础理论研究的开创者。其代表性著作是《唯物史观与中共党史学》。对此，党史界有很高赞誉，认为它是中共历史学理论和方法研究中"最有价值的成果"，"这种结构性、层次性分析对根除中共党史研究中存在的教条化、原理化思维模式是一种理性的救治"[5]。但先生同样并不以此自满。在《关于〈唯物史观与中共党史学〉》一文中，他写道："任何一本书都会有毛病，我这本书的毛病也不少。一般性的毛病，诸如在举例子时由于我不熟悉社会主义时期党史而很少用这一时期的例证，就不多说了。我以为这本书的主要毛病，是没有能提出一个完整的中介理论体系。书中虽然搭出了一个框架，但仍显得散，没有完全脱出就事论事之列，且论证不够，范例的典型性差。我没有能很好地完成自己提出的任务，深感遗憾。"

正因为认识到书中的缺憾，所以先生始终都在关注和反思这个"中介理论体系"的建构问题。此后历经十年思考和反复论证，他终于得出一个较为成熟的结论，并将它概括为如下五个方面：第一，以近现代社会史为基础，以解放和发展生产力、实现社会现代化为主线；第二，以社会进化为基础，以社会变革为动力；第三，以群体社会作用为基础，以个人社会作用为契机；第四，以社会心理为基础，以社会意识形态为导向；第五，以历史辩证法为核心，以中国传统治史方法和现代自然科学、人文社会科学研究方法之精华为辅助。[6]

一般说来，史学批评是史学理论产生的基础。它为史学理论提供了丰富的原料与素材，成为史学抽象的根据。但理论之于批评也不是完全受动的，它自有其主体性的品格。并且，史学理论一旦形成便会对史学批评产生巨大的推动作用。更何况离开理论的指导，批评也容易陷入就事论事、浮泛肤浅的境地，缺少判断的标尺。同时史学批评本身还有可能会产生某种误解，这就更需要史学理论的校正。从这个意义上说，先生构建的这个"中介理论体系"，就不仅具有推动党史研究的方法论意义，而且还具有指导党史批评的独特价值。

关于自己的学术研究，先生曾有一个总体评价。他说："在有关中共历史研究方面，我提出的新的并在学界产生较大影响的主张有四点：一是中国共产党历史的研究应该属于历史学科；二是以现当代中国社会史为基础，深化中共历史研究；三是从解放和发展生产力，实现社会现代化的角度研究中共历史；四是倡导研究中共历史学理论和方法。在我的研究中，毛病是在每个新开创的研究领域中没有深入下去。""总的来看，我认为自己的文章，有的写得较好，有的很一般；文章中的观点，有对的，也有不恰当的。"[7]针对文中的"功过是非"，在《张静如文集》"评文纪事"中，他均坚持实事求是的原则，从"信、达、雅"的角度做出了精彩评论。

第一，就真实性而言，先生总体上肯定其文章，"思想解放，比较实事求是"[8]。但他也严肃指出一些文章中的不实之处。对此前文已多有例证，这里再举一例说明。例如，在《〈汪精卫评传〉序》的"评文纪事"中，他指出："文中说在本书出版前还没有一本用马克思主义观点写的汪精卫传，这话说得不准确，说明我孤陋寡闻。""看来，不要轻易说'以前没有过'、'填补了空白'、'历史上第一次'之类的话，说了，常常会被打屁股。"[9]

第二，就思想性而言，先生总体上肯定其文章，"有开创性，提出一些新的研究领域和新的观点"[10]。但他也不放过对一些"陈旧"之作的反思。比如，他在《刘少奇同志在新民主主义革命时期的重大贡献》的"评文纪事"中说："此文的缺点，是缺乏理论分析。"[11]

在《马克思主义中国化与毛泽东思想》的"评文纪事"中说："没有什么新的见解，只是把以往的观点集中一下。"[12]他甚至还在一篇序文的"评文纪事"中明确指出："对书中缺点的分析比较抽象，原因是看得不细，想得不深。这也是我治学中的一大毛病。"[13]

第三，就艺术性而言，先生总体上肯定自己"写文章、讲话深入，通俗易懂"。但他也对一些文章的叙事文风提出批评。比如，他在《"问题与主义"的论战》的"评文纪事"中说："文中的缺点，十分明显。不仅论断绝对化、简单化，如对胡适的分析之类，而且叙述方法上也很呆板。"在《武装夺取政权的新道路》的"评文纪事"中说："很多提法不妥当，特别是在形式上语言上完全是当时写文章的特点。"[14]在《李大钊和陈独秀》的"评文纪事"中说："有些话不通畅，从内容上说是很肤浅的。"[15]

先生认为，"有的学者很在乎自己的对

错，其实也没有什么，对了当然好，不对改了就是。这类事，我觉得不必隐讳。"[16]正因为能不隐不讳，知错即改，所以在自我评价中才会说出"大实话"。这也就是"为什么他不怕自揭其短，却比别人更受敬重的原因"[17]。

三、千秋功业记

古人常说"三不朽"，这是人生的最高境界。与同时代人相比，张先生之所以伟大就在于，他能在有限的人生履历中，书写出非凡的不朽业绩。"八十三载人生路，党史学科擎天柱。务实求真开新经，情满杏坛英才出。"[18]这既是先生学术人生的真实写照，也是北师大"励耘""乐育"精神的生动体现。

先生的最大功业，就是率先构建党史学科大厦。对此，郭德宏先生在《三十年来中共党史研究的进展、不足与进一步深化的路径和方法》一文中曾予以高度评价，认为在党史学科建设方面，提出最早、成果最多、影响最大的当属张静如先生。其实，党史学是怎样的一门学问？它属于史学门下的历史学科还是法学门下的政治学科？在今天的党史学界这似乎已经不成问题。但它的确一度成为困扰该学科发展的最大难题。因为自1958年以后，党史被确定为高校的政治理论课之一，人们便渐渐忘记了它作为历史学科的性质。这种错误的认识和定位，对党史学科的发展造成了极大的损害。

在中国学术界，先生最早关注这一问题。他认为，高校历来都依据不同时期对学生进行理论和思想教育的需要，选择一定的学科充任政治理论课，被选入的学科，并不因此而改变它们的本来性质。但由于人们长期忽视了这一点，错误地把党史认定为政治理论学科，把它从史学门"挤"到法学门的政治学科之下，这容易引导人们不是按照史学而是按照政治学的方法来研究党史学，这样既不利于党史学按照其自身的规律发展，也不利于发挥自己的学科特长为高校的理论和思想教育服务。

于是经过长期的深思熟虑之后，先生于1987年年底在《党史研究》上发表了《党史学科建设断想》这篇重要文章，首次明确指出"党史学是历史学"，"党史是研究中国共产党历史发展过程的纵向学科，是近现代历史时限之内的一部专史，其性质自然应该属于历史学科"[19]。党史学科发展落后，如党史过程、事件、人物的研究多属低层次，高层次的宏观研究很少，对研究史料及其利用方法的史料学、文献学重视不够，党史学的理论与方法的研究很少涉及，党史学史的研究几乎是空白，这些问题的存在，都与学科性质不明有密切关系。

有鉴于此，在阐明党史学科性质之后，先生便呼吁学界加大对党史学理论问题的研究力度。1990年他还与访问学者唐曼珍教授合作编写《中共党史学史》。这是一部关于中共历史学学术史的著作。该书对党史学产生和发展的历史背景、各个时期党史研究概况，以及党史重要文献资料的编纂等问题进行了全面探讨，并从理论上提出党史学史研究的对象、方法和意义，从而为党史学科的发展和完善做出重要贡献。此外，他还强调："任何人文社会科学都应该以马克思主义的唯物史观为指导，但每个学科又有自己的独立理论，历史学科也应如此。""用唯物史观指导党史研究，需要建立起一个中介理论体系。否则，无法应用。"[20]先生说他写《唯物史观与中共党史学》一书就是打算要解决这个问题的。

在党史学科建设中，先生不仅强调"固本"，强化基础理论研究，而且主张"开新"，开辟新的研究领域。2012年3月11日，在先生主编的《中国当代社会史》（五卷本）出版座谈会上，王炳林教授曾对其学术贡献做了八个方面概括：一是以五四运动为基础的中共历史事件研究；二是以李大钊为中心的中共历史人物研究；三是中共历史学科建设研究；四是中共历史学理论与方法研究；五是中国共产党思想史研究；六是中国近现代社会史研究；七是中国共产党建设的理论与实践研究；八是高校思想政治课教学与改革研究。

在以上八大研究领域中，先生均保持国内领先地位。除此之外，先生还积极推动党史学科为现实服务，在北师大党史学位点开设新的研究方向。一是设立中国共产党与社会现代化研究方向。自1991年设立这一方向以来，先生带领他的同仁和学生先后发表了《"五四"与中国社会现代化》《中国共产党与社会现代化》《再论社会现代化》等一系列论著，从现代化角度观察共产党历史，突破传统的研究模式，从而引领了党史研究的新潮流。二是设立高校党建研究方向。2004年，先生倡导成立北师大高校党建研究中心，并在全国党史学位点中率先设立了这一研究方向。2007年我完成的博士学位论文《中国高校共产党建设史（1921—1949）》，2008年韩强完成的博士学位论文《改革开放以来中国高等学校党的建设研究》，2009年李向勇完成的博士学位论文《中共高校党建作用研究（1921—1949）》，均已得到学术界的初步认可。

先生还有一项重要功业，就是教书育人。在63年的职业生涯中，他践行"燃烧自己，照亮别人"的格言，谱写"人类灵魂工程师"的篇章。先生一生桃李满天下，培养的博士、硕士和访问学者近150人，还有更多的编外弟子，他们大都成长为党政机关、学术研究机构和高等学校的骨干力量。

先生喜欢年轻人，总是积极创造条件奖掖后学，帮助他们进步。从1986年开始，他就发起组织全国党史学位点年会，构筑青年人相互学习、交流思想的学术平台。每次会议，他都慷慨解囊，对学生论文演讲比赛的优胜者予以嘉奖。目前这项活动已成为我国党史学界一件盛事，30多年从未间断。先生一生简朴生活，但他却把节省下的工资收入10多万元贡献出来，于2002年设立"张静如中共党史党建优秀论文奖励基金"，用以奖励全国范围内党史党建研究的优秀论文成果。这也是目前我国党史学界唯一的学术论文奖励基金。它对全国党史专业中青年学术队伍建设起到了很大的推动作用。

2016年8月29日，先生在北京与世长辞。在先生逝世以后，我想最好的纪念方式，就是对其精神风范做一次深入总结。我以为，我们一定要学习先生锲而不舍的执着精神。从一个动荡年代的知识青年，成长为一代学术名家，没有这种执着精神是不可想象的。我们也一定要学习先生富有理性的批判精神。在学术与政治之间，他总是能够找到自己的合适位置，这是多么难得的一种可贵品质。我们还一定要学习先生自信达观的生活态度。他从不因处境的一时困难而终日忧心忡忡，也绝不为追求富贵而往来奔走、到处钻营。

当然，更为重要的，还是要继承先生的遗志，光大先生的事业。他虽已筑起党史学科这座大厦，但的确还有一些"添砖加瓦"的事，需要我们这些后学者来完成。

一是写思想史。先生曾主编两部中国共产党思想史著作，一部写改革开放以前，一部写改革开放以后。在前一部书的导论中，他认为："中国共产党思想是中共中央关于中国革命和建设的指导思想"，它应包括中共"已经形成理论体系的正确的指导思想""尚未形成理论体系的正确指导思想"以及"'左'的和右的错误指导思想"。在后一部书的序言中，他又对上述概括做了修正，认为其不仅包括"党的指导思想"，还应涵盖"党内思想家们的思想、观点、主张"和"普通党员群众的思想认识"。但这两部著作均没有实现他的设计。直到晚年，先生仍然惦记这件事。他说："我总想，有机会的话，一定按自己的想法编一部毛泽东思想发展史。"[21]

二是编目录学。先生一直关心这门党史学辅助学科的建设。他认为，"目录学是一种门牌学，依靠这个我们能知道上哪儿找材料"；"目录学本身还要给使用者提供研究成果的情况；另外要向使用者提供情报，研究这个问题有多少人研究了，研究到了什么程度，以便后人研究不要浪费青春"[22]。这对于研究者克服"重复选题"和"轻下结论"问题有很大帮助。对国外的研究者来说也是如此。在《从"源泉"不是李大钊笔名说起》一文中，他指出："就接触的日本学者中，确有些人爱犯石川祯浩的毛病，就是没有深入了解别人研究成果的情况，轻易下结论。"也正是在这篇文章的"评文纪事"中，他说出了多年来的一大心愿——"要有类似辞典的记载过去研究中共历史已解决的问题的书，一查就知道。要编这种书，是我在上世纪（20世纪）80年代想到，但没有实现"[23]。

三是画人物谱。先生一直倡导加强对党史史家的研究。为此，他还列出了一个大名单，希望引起研究者的重视。这主要包括：胡乔木、胡绳、何干之、胡华、张如心、龚育之、石仲泉、廖盖隆、金冲及、鲁振祥、彭明、王淇、彦奇、戴鹿鸣、何沁、王真、纵瑞堂、萧超然、沙健孙、梁柱、周承恩、张注洪、刘弄潮、刘桂生、毛磊、王学启、何理、肖甡、盖军、郭德宏、王仲清、朱乔森、金春明、吴家林、马模贞、马洪武、王德宝、杨世兰、徐树绩、郑灿辉、郑德荣、姜华宣、谭双泉等[24]。先生说若研究好他们的学术观点和史学思想，对党史学发展也一定是大有益处的。

我常想着，先生还未做完的这些事，我们可以接着去做一做，我们做不完的，可以让我们的学生接着做下去，把先生为我们开辟的研究方向接续下去，就算是一件很好的事情了。

周良书，北京大学马克思主义学院教授、博士生导师，
主要从事中共党史、执政党建设研究。原文曾发表于《北
京教育·高教》2021年第8期。此次收录有改动。

注释

1　石仲泉等：《贺张静如先生从教60周年》，载《北京党史》，2013（2）。

2　张静如：《张静如文集：第1卷》，299页，深圳，海天出版社，2006。

3　张静如：《张静如文集：第1卷》，350页，深圳，海天出版社，2006。

4　朱志敏：《李大钊传》，序言4页，济南，山东人民出版社，1998。

5　参见郭德宏：《中共历史研究不断创新的一个典范——评〈张静如文集〉》，载《中共党史研究》，2007年（4）；侯且岸等：《一部凝聚理论思维的创新之作——评张静如著〈唯物史观与中共党史学〉》，载《北京党史研究》，1996（1）。

6　张静如：《张静如文集：第3卷》，778页，深圳，海天出版社，2006。

7　张静如：《张静如文集：第1卷》，5—6页，深圳，海天出版社，2006。

8　张静如：《张静如文集：第1卷》，5页，深圳，海天出版社，2006。

9　张静如：《张静如文集：第2卷》，473页，深圳，海天出版社，2006。

10　张静如：《张静如文集：第1卷》，5页，深圳，海天出版社，2006。

11　张静如：《张静如文集：第1卷》，144页，深圳，海天出版社，2006。

12　张静如：《张静如文集：第4卷》，1216页，深圳，海天出版社，2006。

13　张静如：《张静如文集：第3卷》，820页，深圳，海天出版社，2006。

14　张静如：《张静如文集：第1卷》，17页，深圳，海天出版社，2006。

15　张静如：《张静如文集：第1卷》，76页，深圳，海天出版社，2006。

16　张静如：《张静如文集：第3卷》，715页，深圳，海天出版社，2006。

17　李向前：《人有多真，学有多深——张静如〈暮年忆往〉读后》，载《中共党史研究》，2013（3）。

18　周良书：《张静如先生的学术人生》，载《唐山学院学报》，2016（5）。

19　张静如：《党史学科建设断想》，载《党史研究》，1987（6）。

20　周良书：《"党史学是历史学"——访张静如先生》，载《北京党史》，2016（5）。

21　张静如：《张静如文集：第2卷》，467页，深圳，海天出版社，2006。

22　张静如：《张静如文集：第1卷》，321页，深圳，海天出版社，2006。

23　张静如：《张静如文集：续一》，210页，深圳，海天出版社，2009。

24　张静如：《中共历史学怎样研究文化》，载《党史研究与教学》，2005（6）。

32 /

黄会林

黄会林（1934—　　），1934年出生于天津，祖籍江西吉安。少时辗转求学于苏州、上海等地。1950年，于北京师范大学附属中学参军入伍，后赴朝鲜参加抗美援朝战争。1954年，入北京师范大学附属工农速成中学，插班学习。1955年，被保送进入北京师范大学中文系。1958年，提前毕业留校任教。在中文系任教34年后，被调入艺术系。先后担任中文系影视戏剧教研室主任、艺术系系主任、艺术与传媒学院首任院长、中国文化国际传播研究院院长。是北国剧社、"大影节"、"看中国·外国青年影像计划"等活动的发起、组织者，中国高校第一位电影学博士生导师，著作等身。黄会林教授毕生致力于中国戏剧与影视艺术的教学、创作、研究与中国文化的国际传播，成就卓著。

黄会林：新中国培养的第一批戏剧影视学教育家

/ 罗 军

2018年3月24日，北京师范大学举行"黄会林、绍武教育思想研讨会"，北京师范大学副校长周作宇在发言中指出："黄先生是我校资深教授，是新中国培养的第一代影视教育家。黄先生1958年开始在中文系执教，60年杏坛绽放芳华，尽显风采。黄先生还曾经历抗美援朝的风雨，讴歌铿锵玫瑰的激越，功勋在册。她从零起步创建我校的影视学科，带领艺术学科从重建到多元发展，形成当前全面的可持续发展的大学科构架。在她的带领下，我校的戏剧影视学科已经进入国家一流学科的榜列……黄先生桃李满天下，她关心戏剧影视学界一批又一批中青年学者，俯下身子为学术后继者充当指路灯和铺路石，续写清兰，盛传星火。她的学术修养和道德风范在戏剧影视教育界赢得普遍赞誉和尊重。"

一、持续开创与教书育人

黄会林早年曾参加抗美援朝，后于1958年提前毕业从教，先后在北京师范大学中文系、艺术系、艺术与传媒学院从事教学、科研与创作。仅仅指导过的硕士、博士、博士后，数量就超过150人。

黄会林多年致力于中国现代戏剧和中国民族化影视理论研究，在文化学术界开启了中国影视学派研究热潮。主编并参与撰写的《中国影视美学丛书》（8册）、《新世纪高等学校教材影视艺术学科基础教程系列》（14册）、《影视受众研究丛书》（8册）陆续面世，成为当代中国影视研究与教育领域具有里程碑意义的成果。发表影视、戏剧、文学、文化领域著作、文章约620万字；与绍武合作创作电影、话剧、小说、电视片、报告文学等约320万字；编纂或主编出版著作1540余万字；共约2480万字。承担国家级、省部级

"九五""十五""十一五""十二五""十三五"重大、重点科研项目及各种横向科研项目10余项。主持国家社科重大项目"当代中国文化国际影响力生成研究"、教育部哲学社会科学研究重大课题攻关项目"中国艺术学科体系建设研究"和全国艺术科学"十一五"重点项目"影视文化对未成年人成长的影响与对策研究"等。1992年起享受国务院政府特殊津贴，曾获得国际、国内多项重要奖项。

1985年，中国话剧处于低谷，作为当时教学改革的一项尝试，黄会林、绍武、林建创建"北国剧社"，剧社活动至今30多年，在国内外形成较大影响；1992年受命恢复北京师范大学艺术系，创建影视学科，后主导募集善款并督建北京师范大学田家炳艺术楼，为艺术与传媒学科腾飞奠定了基础；1993年与师生创办"北京大学生电影节"，为中国电影提供了"青春激情、学术品位、文化意识"的标准；1994年，在学科建设中，首创"中国影视

民族化"理论。《中国社会科学》刊载相关系列论文，认为"具有开创性和奠基性意义"；1995年，领衔申报、获批全国高校第一个电影学博士点；1998年，领衔申报、获批全国首批艺术学博士后流动站；2001年，创建北京师范大学艺术与传媒学院，为中国高校第一个艺术学科最齐全的所在；2009年，基于与绍武先生的反复讨论，提出"第三极文化"理论，在西方价值观覆盖世界的危局中，为中国文化探寻通往世界的路径；2010年，创立北京师范大学中国文化国际传播研究院，她以80岁高龄频繁出访美国、法国、英国、俄罗斯、瑞典等地，从事高端文化对话，并开设论坛，邀请国际知名学者前来为中国文化出谋划策；2013年，与德国斯普林格出版集团合作，创办《中国文化国际传播》英文期刊，为世界上首本此交叉领域的学术期刊，由16个国家和地区32位编委按照匿名评审惯例运行，已出版15期。一个个"第一"都掷地有声地留在北京师

黄会林先生在做报告

范大学发展的历程中。

2011年，黄会林创办"看中国·外国青年影像计划"，邀请外国青年来华拍摄中国文化短片，已举办八届。2015年11月，习近平总书记在新加坡国立大学发表重要演讲，提到"看中国"，充分肯定了此项目用镜头记录现代中国，传播中华文化的纽带作用。

2013年，黄会林和弟子们共同捐资创立北京师范大学"会林文化基金"，用以资助研究院各项工作，尤其是2014年创办的"会林文化奖"。该奖项旨在奖励对中国文化国际传播做出突出贡献的中外学者，每年评选中外各一位获奖者，每位获奖者颁发奖金30万元人民币，为世界树立一个关于中国文化的标杆。截至2018年年底，已连续5届，获得该奖项的外籍人士有美国哲学家安乐哲、法国汉语教育家白乐桑、加拿大哲学家贝淡宁等，中国著名人士韩美林、乐黛云、李学勤等也荣获此奖。

可以说，"桃李满天下、事业先天下、影响达天下"是黄会林、绍武先生教育事业的主要成就。

二、忧患意识与战略定力

纵观一甲子教育生涯，探讨其教育思想，主要不是总结她作为普通教师的点点滴滴，而应该从一定战略高度来解剖和分析。从某种意义上，可以说黄先生是一位具有国家级影响和战略性眼光的教育家。

在2016年北京市师德模范评选中，黄会林陈述道："16岁之后参加抗美援朝，战争的经历告诉我，只有不断进取，才能对得起倒下的战友，对得起他们用生命和鲜血换来的美好生活。24岁之后在北京师范大学任教至今，岁月的磨砺告诉我，必须直面社会的困惑，用自己的专业和胆识回应教学、科研中遇到的难题，填补空白、开创局面是我毕生的追求。"纵观黄会林的教师生涯，处处都能发现一种浓浓的忧患意识。黄先生有操不完的心，学科的事、学院的事、学校的事、学生们的事、退休干部的事、社会的事、民族的事、国家的事，天下事，事事操心。上课前，她担忧自己没有准备好。在谈论课堂教学时，她曾说："我讲了一辈子课，每节课都认真备课。不备课就上台，对我来说是不可思议的。"现代戏剧课程改革，她能洞察到校园戏剧的巨大潜力；建立北京师范大学的影视学科，她担忧"我们的特色何在"，因此提出"一个目标——培养头脑型、复合型人才；两个翅膀——艺术与传媒，双翼齐飞；三个支柱——教学、科研、实践，缺一不可；四个特色——建制整合、人才培养、理论研究、实践品牌"，以及"中国影视民族化与现代化"的核心理念，并提前预测硬件需求，着手募资兴建"田家炳艺术楼"。

这种忧患意识练就了她的"火眼金睛"，立于时代前列，预测教育事业的发展趋势，提前占位并坚定执行，因此才有了北京师范大学领先专业院校获批中国高校第一个电影学博士点这样的"弯道超车"和大学生电影节在一分钱赞助没有的情况下"强行起飞"的奇迹，其教学实践显著带有强烈的社会责任和明确的改革目标。在回忆如何争取电影学博士点的艰难历程时，北京师范大学纪录片研究中心主任张同道教授曾谈道："为了申办电影学博士点，黄老师付出巨大的努力。我印象很深的是去中央美院拜访靳尚谊院长。靳尚谊先生非常忙，黄老师去的时候，他正在开会，而且开得悠长。黄老师在会议室门口等了一个多小时，始终非常谦恭、非常淡定。终于散会了，黄老师细心地向靳先生申述北京师范大学办电影教育的特点和愿景。能拿到这一票也超出我的预想。"

三、知行合一与战略整合

多少人反复问过，黄会林怎么能做什么成什么？她的秘诀何在？对社会问题的洞察力与解决这些问题的执行力之间的平衡，应该是对此的部分解答。

"知者行之始，行者知之成。"这是黄先生对后辈的殷切希望，也是历经六十载艰难步履后的大彻大悟。理论与实际、教学与实践、学术与创作，黄会林一直在寻找着这种广义的知与行的平衡。早期开设中文系现代文学课，她就非常重视诗歌朗诵、剧作练习，后来开设现代戏剧课程，又将北国剧社作为教学改革的举措推出。今天影响较大的大学生电影节，也是学科建设的实践环节。黄会林一边完成教学科研和管理工作，一边配合先生绍武进行艺术创作，也是知行合一的体现。"看中国·外国青年影像计划"既是外国青年以短片创作为目的的文化体验，也是跨文化研究的文本积累，同时也是中国文化国际传播的研究实验。

黄会林先生的博士生、现任辽宁师范大学影视艺术学院院长的石竹青曾经讲述过一段故事，成为黄会林执行力的佐证：有幸在2014年承办了"看中国·大连行"活动，先生亲临活动现场，指导外国学生完善作品，甚至细致到了每一个镜头。在那一刻，才会真心感受到每一次成功背后都沉淀着他者无法参透的秘密，而这秘密又何其简单，简单到只一个字就可表达——实。

关于绍武、黄会林的创作，北京师范大学原校长方福康曾有过一段回忆，说明当初创作与教学相得益彰对今天的意义："40年前'文化大革命'刚结束的时候，时任北师大党委书记的高沂说过一段话，他说道，'文化大革命'期间的这段工作经历是他个人政治生活中最为压抑和不愉快的一段时间，但是在北师大有两件事情做对了、做好了：一件是支持黄会林老师、绍武老师写成了纪念陈毅元帅的《梅岭星火》；另一件是支持了联合学校各系力量组成的量子力学小组，进行了基础理论的学术研究。正是以这两个事件为起点，经过了40多年的不懈奋斗，这两个学科发展到现今都已成为北师大的一流学科。"

进一步剖析黄会林若干次关键性的成功案例，我们发现，在"知行合一"这一思想指导下，她非常善于整合战略资源。1992年草创艺术系以及2001年举办"影视学高研班"，本校的教师队伍不够充足，她整合北京最好的师资和专业精英前来授课；影视学没有教材，她整合资源共同编写；创建艺术与传媒学院没有校舍，她数度南下香港、广东，整合慈善家资源，争取到田家炳先生的资助，兴建了艺术楼；北国剧社、大学生电影节、"看中国·外国青年影像计划"等，每个项目的资源整合难度都非常大。

中央电视台《新闻联播》主播海霞撰文《从电影学高研班创立看黄会林教育观念》中提道："在这个高研班里面，除了公共课、基础课之外，我们有幸听到黄老师专门为我们请到全中国最知名的文化大家，像张岱年、文怀沙、汤一介先生等，黄老师用她全部心力和人脉给我们打造了一个非常具有含金量的高研班，许多大家把一辈子的学术成果浓缩在短短几小时的课程里给予我们。大家可以想象，我们当时享受了怎样的文化大餐和绝美精神盛宴。"

善于识别关键性的资源、敢于动员这些资源，表现出黄老师的眼光、胆识和魄力。

四、严格要求与甘为人梯

黄会林是能够对许多学生、晚辈进行关键性促进和提携的人。"千里马常有，而伯乐不常有"。她反复强调作为教师在认识上的几个前提：首先，学生是可以塑造的；其次，老师是不是用真心对待学生，学生是清楚的；最后，严是爱，松是害。黄会林的博士生中不乏学界、业界和管理界知名人士。他们中绝大多数人对黄老师的严格要求都记忆犹新。

如果把视角从教学放大到黄会林所从事的广义的教育，以及管理、科研、创作、社会兼职等工作，我们发现其教育思想中还有一种甘为人梯的意识，这不仅仅是一种对学生的爱和较高的自我要求，而且也在必要时敢于提出要求、促使学生进步。几乎每届门下博士生第一堂课，她都会说："你们要超过我，不超过我就不要读我的博士。"黄会林团队的人无数次见证了她对每一名学生的点滴进步而感到由衷欣慰的场景。在教育管理的实践中，除了大多数管理者都采用的制度建设、奖优罚劣，黄会林也将这种"人梯"意识无形地融化在对待下属、凝结团队中。今天，她开创的若干重大事业都由学生或者过去的下属接替，可以说每一项事业的延续她都送上了自己的肩膀。

如果单独审视黄会林教育思想，其中包含了浓重的对北师大的归属感、认同感和自豪感，可谓一往情深。黄先生一直感恩于北师大诸多名师的指点，对北师大满怀深情，表现出持续的忠诚，非常重视自身对北师大严谨的师道的传承，同时也将自己的教学实践、学术研究、社会影响和艺术创作紧紧与北师大绑定在一起。以黄会林名字命名的"会林文化基金"挂在北师大教育基金会下面，其中"会林文化奖"的奖金需要全球支付，而北师大教育基金会必须走学校财务，因此支付中遇到很大困难，有人动员她把"会林文化基金"哪怕一部分放到校外，她都断然拒绝。

黄会林教育生涯还有个与众不同的突出特点，就是会林、绍武两人携手并进、水乳交融、各有侧重、相互滋养、彼此扶持。他们逐渐形成的"绍武先生偏重于艺术创作，而会林先生则倾斜在教学、学术研究"的格局，成为他们教育生涯独一无二的发展模式，也是其教育思想的独特支撑。继2015年黄会林获得"感动师大"人物称号之后，2018年绍武先生也高票获得该荣誉。北京师范大学给绍武的颁奖词是："穿越枪林弹雨，历尽战火纷飞；刻画历史桑田，挥就巨著鸿篇。您的文字里，有激情燃烧的岁月；那是革命火种点亮灵魂的红色灯塔。您的课堂上，有润物无声的引航；那是钢铁意志捍卫璀璨的中华文化。60余年执教，钟情翰墨、知行合一，那贯穿于文字和生命中的赤忱、忧患与良知，恰似一篇豪迈隽永的雄文，一首清丽绝佳的诗歌！"这段文字是学校献给二老执教60周年的最好礼物。

许慎《说文解字》将"教育"分别解作"教，上所施，下所效也""育，养子使作善也"。黄会林用生命中最宝贵的60年为我们做出了诠释。

罗军，北京师范大学中国文化国际传播研究院副院长。原文曾发表于《教育传媒研究》2019年第2期。此次收录有删改。

33 /

方福康

方福康（1935—2019），理论物理学家、系统科学专家，浙江定海（今舟山）人。1953年加入中国共产党。1956年毕业于北京师范大学物理系。1980年获比利时布鲁塞尔自由大学物理学博士学位（师从诺贝尔奖获得者普里戈金）。历任北京师范大学副教授、教授、物理系主任、副校长、党委书记、校长。他是系统科学学科建设的积极倡导者，为中国系统科学特别是系统理论的研究与发展做出了突出的贡献。

纪念我的老师方福康先生

/ 王大辉

我第一次见到方先生是在1993年。那一年，我考入北京师范大学系统理论专业。在英东楼217房间的新生见面活动上，先生问大家是否听说过系统理论，有谁是第一志愿报考系统理论专业。我曾经在高中学校报栏的报纸上看到过一篇介绍钱学森和北师大系统理论的文章，觉得很有意思，在提前批志愿就填报了系统理论。因此，我大胆举手说自己听说过系统理论。先生听完后高兴地鼓励大家要好好学习，不要浪费北师大提供的学习环境。

系统理论本科专业的课程包括培养数理逻辑的数学物理课程、培养专业思维的专业课程、提供技术手段的方法类课程和方向类课程。在物理方面除了力、热、光、电的基础物理课程，还包括理论力学、电动力学、量子力学、热力学与统计物理等核心物理课程。数学方面除了高等数学，还有概率论、线性代数等课程。专业课程包括自组织理

论、控制论、系统工程方法。方向课主要是微观和宏观经济学。我后来才知道，先生设置这些课程是为给学生提供一个宽广扎实的数学物理基础，为我们将来在不同的复杂系统开展工作打下基础。

1996年秋，我获得免试读研究生的资格。我忐忑不安地找到先生，先生告诉我读研究生是有难度的，需要下苦功夫，让我先考虑清楚。我知道先生是著名学者，希望跟着先生学习，就忙不迭地一口应承下来，很荣幸地成为先生的学生，在先生的带领下开始探索各种复杂系统的规律。

探索复杂性吸引了来自不同背景的研究人员，大家对什么是复杂系统并没有形成共识。我很困惑，先生就引导我们，现在探索复杂性，大家并不清楚哪种定义更好，只要在各自工作的具体领域给出工作定义开展工作即可，先在不同的具体的复杂系统开展研究工作，等有了好的认识再跳出具体系统，

归纳出复杂系统一般性的问题和规律。在那时，我们关心如何刻画宏观经济系统并研究经济增长问题，先生要求我们要掌握经济学研究的第一手文献和材料，基于经济系统真实运行过程抽取关键变量来建立模型。因此，除了阅读各种经济学杂志上的文献，先生还组织我们系统学习了罗拉尔·德布鲁（Gerard Debreu）的《价值理论》，戴维·罗默（David Romer）的《高级宏观经济学》，约瑟夫·斯蒂格利茨（Joseph Stiglitz）的《经济学》，格里高利·曼昆（Gregory Mankiw）的《经济学原理》。同学们从产业结构、技术内生增长、金融风险、人力资本等不同方面讨论经济系统的动力学。我自己关注的问题是实体经济与金融部门的协同演化（Coevolution）。在先生的指导和师兄们已有工作的基础上，我建立了一个包含政府、厂商和家户为行为主体，通过货币在劳动、产品和金融市场活动的模型，采用了微观多主体

模拟和宏观变量动力学方程相结合的分析方法，得到了金融深化可以通过分担风险和跨时间与空间配置资源促进经济增长，在保证实体经济的流动性的条件下，股票市场等金融市场的波动并不会影响实体经济的增长等结果。先生要求博士研究生的视野要宽阔，除了在自己关注的问题上开展深入的工作，还要能够迅速进入新的领域并抓住其中的关键问题。因此，先生经常鼓励我们涉猎除了经济系统之外的问题。还记得先生曾带领我们和黄秉维、施雅风等先生交流地表生态系统与社会经济系统多尺度耦合以及其中的数学物理问题，并参与资源环境的课题研究。这些训练和见闻，对我毕业后在不同复杂系统开展研究工作打下了很好的基础。

2002年博士毕业前，先生留我在北师大工作并说我们今后既是师生也是同事，不必完全按照他的思路来开展研究工作，并鼓励我独立地开展研究工作并有所突破。工作后，

我先后尝试了多个研究方向，从幂律现象、自组织临界机制、交通流到姓氏分布特点，先生对我的每次尝试都给予鼓励并给出了很好的建议。后来，先生思考物质、能量与信息的关系，认为神经系统可能很好地展示信息的作用机制，先生带领了后来的几个博士生开展了神经信息处理机制的研究。我自己的兴趣也转向了神经系统的计算建模工作。先生鼓励我和当初开展经济系统研究时那样，从最基础的神经科学的教材开始学习，阅读神经科学杂志上发表的研究论文，然后选择具体的研究问题。在先生的帮助下，在汪小京老师等神经科学家的帮助下，我逐渐对神经系统复杂性研究形成了一些看法，也就是神经系统的活动本质上是生化反应和带电离子的活动，这些过程都可以用微分动力系统来刻画；这个动力系统所具有的动力学行为支撑神经系统的各种认知功能；当没有外界刺激时，神经系统的活动是静息活动，

对应的动力系统不显含时间，是一个自治动力系统，可以反映神经系统内禀的动力学结构和特征；在给予刺激后，神经系统的动力学结构和特征决定神经系统的响应。这些看法将指引我以后的神经系统复杂性研究。

20多年前刚跟着先生时，先生已经60多岁，除了在学术研究方面给我指导，还以自己丰富的经历为我指引人生。当时，先生让我帮他处理一些日常的书信和其他事务。先生口述整个书信的内容，我在一旁记下来，然后录入计算机，打印出来再让先生审阅。刚开始的时候，先生口述完了，我却什么都记不下来，先生放慢口述的速度，让我能够记下来，但即使如此，我也难以应付。几次下来，我就打了退堂鼓，鼓起勇气到办公室告诉先生我无法完成这个任务。先生听后，后背往椅子上靠了一下，皱了一下眉头，然后看着我说这个困难必须克服，现在不克服，将来还会碰到这样的难题。我只好硬着

头皮继续做，每次听先生口述的时候，就高度集中注意力，及时在脑子里整理、回想先生口述的内容，不久也就能记下比较长的段落了。文字录入计算机后，又仔细核对词句，查看是否有错漏之处，再交先生审阅，先生还会解释遣词用句的道理。我后来常常庆幸自己能够跟随先生处理这些工作，让我理解了一代人有一代人需要完成的历史任务，很多追求都要几代人坚持不懈才能终成正果，我也从先生那里学到终身受益不尽的严谨为文、方正处事、公正为人的原则，为我指引了人生方向。

先生已故去，但先生的音容笑貌时时浮现。仿佛还在英东楼的217房间里，先生坐在沙发上，背靠着沙发听着大家的报告，等听完报告，又双手扶着膝盖，身体微微前倾，慈祥地看着学生，和大家一起讨论。当此之时，回想先生对系统科学的发展做出的贡献、对学生

的教导和爱护，无以形容，想起那首《好大一棵树》，全文抄录如下，以告慰先生。

头顶一个天

脚踏一方土

风雨中你昂起头

冰雪压不服

好大一棵树

任你狂风呼

绿叶中留下多少故事

有乐也有苦

欢乐你不笑

痛苦你不哭

撒给大地多少绿荫

那是爱的音符

风是你的歌

云是你脚步

无论白天和黑夜

都为人类造福

好大一棵树

绿色的祝福

你的胸怀在蓝天

深情藏沃土

王大辉，本文来自王大辉科学网博客，此次收录有改动。

34

童庆炳

童庆炳（1936—2015），汉族，福建连城人，中共党员，1958年毕业于北京师范大学中文系，长期从事中国古代诗学、文艺心理学、文学文体学、美学方面的研究。1993年加入中国作家协会。曾任北京师范大学资深教授、博士生导师，兼教育部人文社科基地北京师范大学文艺学中心主任、中国矿业大学教授、兼任中国文艺理论学会副会长、顾问、中国中外文艺理论家学会副会长。童庆炳是中国文艺学理论领域的泰斗级人物，培养出大批学者、作家。

童庆炳先生的最后两课

/ 赵 勇

2015年4月20日上午11时许，童庆炳老师给我打电话说事，其中的一件事情是，他想在4月底5月初给硕、博士生做一次"文心讲座"，话题叫作《文学研究与历史语境》，让我安排。当天我就了解了一番文艺学专业研究生的上课情况，决定把讲座放到4月29日下午。又想到超星学术视频的钟名慧此前曾留下联系方式，希望我提供信息源，我便问童老师是否愿意录像，他同意了。

童老师喜欢上课是出了名的，因为早在1997年他就写过一篇《上课的感觉》。此文先在北师大校报发表，随后又被编辑易名为《我的"节日"》，刊发于《人民文学》杂志（1997年第8期），流传甚广。就是在这篇文章中，童老师说出了他多年的感受：上课就是人生的节日，"天天上课，天天过节"。[1]既然是过节，就要精心准备一番——先沐浴，后更衣：平时不怎么穿的西装要穿上，平时不打的金利来领带要打上；皮鞋擦得倍儿亮，头发梳得倍儿光。俗话说：吃是吃给自己的，穿是穿给别人的。童老师把西装革履穿到教室，让自己显得精神焕发，让学生看得赏心悦目，这种境界恐怕不是人人都能达到的。就拿我来说吧，我在讲台上也站了30多年，却从未站出过"节日感"来。更要命的是，我上课常常头发不剃，胡子不刮，踢里踏拉，松松垮垮，整个就是山药蛋派风格。记得十多年前我讲"马克思与现代美学"，课程结束时，一女学生走到讲台前，悄悄对我说："老师，您的包包该换换了。"这时我才发现，我那个人造革皮包棱角磨得泛白，污损很是严重。

以丑为美，把美学讲成丑学，这是我的强项。

也是在这篇文章中，童老师说出了他的愿景："我一直有一个愿望，我不是死在病榻上，而是有一天我讲着课，正谈笑风生，就在这时倒在讲台旁，或学生的怀抱里。我不知道自己有没有这个福分。"²很显然，在童老师的设想中，他是想把课讲到自己生命的最后一息的。而死在讲台上，在他看来就是人生最大的圆满。

　　大概正是这一原因，童老师晚年一直没离开过讲台。例如，从1994年起，他就给博士生开着一门"《文心雕龙》研究"的课。此课每年一轮，一直讲到2008年他做胃切除手术，才不得不被迫停止。身体恢复得差不多之后，他就跟我念叨，还想每年给本科生讲点课。2009年12日2日，他在给我的邮件中甚至写道："我现在不上课。但这样不好。我觉得我每年可以给本科生或硕士研究生开讲座，起码一学年可以讲五次，把在外校讲的，拿到本校来讲。此事我已经给春青说过。趁现在还讲得动，讲一讲，若是再过几年，可能就讲不动了。"那时候，我已当起了文艺学研究所所长，其实就是以前系里的教研室主任，我则戏称为文艺学生产队小队长。小时候我在农业社的生产队里干过农活儿，便知排课相当于派工，这是小队长的职权所在，也是童老师跟我念叨的原因所在。不过，虽然"大权"在握，但在这件事情上，我却哼哼哈哈，顾左右而言他，基本上没把他的话当回事。为什么我敢抗旨不遵？道理明摆着嘛，身体还不在状态，真把老爷子累趴下了谁来负责？我就这么拖着，想把这个事情拖黄了。

　　拖了几个学期，童老师见没有动静，就拿我是问，言辞中带着火气："为什么还不给我排课？"我说："不是想让您喘口气吗？"他说："我现在还是在职的教师，既然在职，不上课是不像话的。而且现在身体也好起来了，每年给本科生上个两三次还是可以的。"我说："您要是确实想上，咱们就借鸡下蛋。我有一门"文学理论专题"的选修课，是给本科生开的。我把您的名字列到前面，让它进入选课系统，您先讲两次，剩下的我讲，这样如何?"童老师高兴了，说，好，就这么办。

2011年3月3日17时50分许，我陪童老师走进了选课人数多达150人的教八106教室，由他开讲《美在关系新探》。这个话题已被他讲过多次，但他那天依然神采飞扬，果然就像他在《上课的感觉》里所总结的那样："最重要的是你的精神状态，你讲的是一个重复了多遍的问题，对你自己已经毫不新鲜，可你必须兴致勃勃，似乎这个问题对你自己也是第一次遇到，你的感觉必须与学生同步。"[3]于是他边讲边举例，古今中外，现身说法，直到把一个问题讲清楚为止。例如，关于柳宗元的"美不自美，因人而彰"，他是用他小时候田间地头的月季花（不美）和来到北京亲自种的月季花（美），两相对比，以此谈论美的主体性的。

学生听得很过瘾。那天我带着相机，几次捕捉到了他们开怀大笑的镜头。

气氛不错，于是三节课结束后我走上讲台，幽了童老师一默：

正像童老师所说的那样，他在其他高校也讲过这个话题，但因为时间关系，他在那些地方展开得并不充分。我去年就在山东师大听童老师讲过一遍，但我听的是"此处略去一万字"的版本（众笑）。[4]童老师今天的课讲得好、讲得美，你们知道好在哪里美在何处吗？（停顿五秒钟卖关子）童老师的说法是"美在关系"，这当然没错。但我刚才也总结了四个字，叫作"美在暴露"（众笑），因为童老师给大家提供了好多他自己的私人经验。童老师这次讲课也给我带来了很大启发（众大笑）……月季花是北京的市花，太高大上了，我以后上课就讲狗尾巴花（掌声响起来）。

那时候童老师已从学校搬出，租住在奥运村附近的一个房子里，离我家只有一箭之遥。于是课后我打车，送他回家。我问他连讲三节课累不累，他说还行，一副心满意足的样子。我就说：下次课咱们可以不打车了。他问我怎么回事，我便给他讲起买车的事情。童老师关心地问："你怎么买了个两厢车，那种车结实吗？"我大夸海口："结实啊，'高六'号称'平民小钢炮'，既然是钢炮，怎能不结实？"其实那时我对"高六"还所知甚少，只是凭着道听途说蒙事。说到兴头上，我就开始忽悠童老师，说："三天之后我就可以提车了，提车后我赶快练两把，下周我给您当司机如何？我肯定手潮，但艺不高人胆大，敢开，您敢不敢坐？"童老师显然被吓着了，立马回应："不敢！我敢坐李春青的，也敢坐蒋原伦的，现在还不敢坐你的。等你开得上了一万公里再说吧。"

一年之后，同样还是本科生的这门课，同样还是这种安排，我已可以开着车接送童老师上下课了，尽管还没开够一万公里。实际上，一千公里都没开出去时，我就把他请到了我的车上，记得那是郊外举行的一次会议。

但又一年之后，我却不能给童老师排课了，因为2012年秋天，他又一次生病住院，心脏装了两个支架。从此之后，他才算是偃旗息鼓，不再提给本科生上课的事了，但似乎也并未死心。记得2014年3月，他提出要面向硕、博士生搞"文心随谈"，讲《漫谈文学理论的学术研究》，我给他安排了。来年他说又要做讲座，我就猜测，是不是他的上课瘾又犯了？

《文学研究与历史语境》的讲座如期举行，我主持。

把文学问题还原到具体的历史语境之中观照反思，而不是仅仅对其进行逻辑推演，这是童老师晚年时常谈论的一个话题。这次讲座也是从这里开始的，然后他就举了例子：

　　我正在给我孙女编一本她四岁时要读的三百篇的诗集，所以最近去景山公园看牡丹，就想把一首杜甫写花的诗编入其中。但回来翻阅杜甫诗集，发现杜甫写花的诗篇很少，找来找去，才发现一组诗篇：《江畔独步寻花七绝句》，其中第五首是这样写的："黄师塔前江水东，春光懒困倚微风。桃花一簇开无主，可爱深红爱浅红？"找到这首诗以后呢，我一看，又有些丧气。因为这是老年观花的情景，让一个四岁的女孩去背这首诗，我觉得有点不合适啊。为什么呢？因为黄师塔是僧人死后埋葬的地方，这就不怎么吉利了。第二句写的是这老人啊，没有劲，他在春光烂漫中又懒又困，随便看看也就算了。第四句的"可"引导了一个疑问句，是杜甫自己问自己：桃花这么多都开放了，你是爱深红色还是爱浅红色的花呢？实际上这是一个毫无意义的问题，因为对老年人来说，看花是一件无所谓的事情，就像我去景山公园，别人都挤着去看黑牡丹，我瞟了一眼就赶紧离开了。我现在看牡丹，不问花的大小，也不问花的颜色的深浅，我这种心情与杜甫"可爱深红爱浅红"的心情是一样的。这就是老年观花与青年观花、少年观花的不同之处。所以这是杜甫到了四川草堂住了几年之后，因为春天到了，桃花开了，他出来赏花，赏花的情景就是这样一种懒洋洋的情景，就是这样问一些毫无意义的问题的情景。所以你得知道杜甫是在什么时候写这首诗的，才能理解这首诗的意义在什么地方。这就涉及一个历史语境的问题……[5]

童老师就这样展开了他的演讲，依然是那样不紧不慢，娓娓道来，有时念一念讲稿，但更多的时候是抛开讲稿，举例、解释、现身说法，仿佛不是在做讲座，而是围炉夜话，如话家常。

我曾无数次地听过童老师讲课，也曾琢磨过他讲课的技巧和风格。面对听众时，他很少有慷慨激昂、雄辩滔滔的时候。多数情况下，他都是慢条斯理，把一个问题徐徐打开，然后佐之以丰富的例证，逐渐把听众带入他讲述的情境之中。讲课也是有节奏的，有人喜欢大弦嘈嘈，如同机关枪，仿佛进行曲；而童老师却是一板三眼（相当于4/4拍），轻拢慢捻抹复挑，但并非没有高低起伏。通常，在需要强调和彰显的地方，他会高亢一些，甚至会用一连串的排比句增加效果。而当他举例时，声音和表情就会同时松弛下来，转换成一种讲故事的节奏。什么是讲故事的节奏呢？本雅明说就是纺线织布的节奏。四五十年前，我奶奶手摇纺车讲故事，就在我心田里种下过这种节奏。大约30年前，我听钱谷融先生的高足储仲君老师讲课，忽然意识到，春风化雨般的讲课艺术原来就是这种节奏。后来，这种节奏就在童老师的课堂上反复出现了。可见，能把课讲到一种境界者，通常是有其相通之处的。

为什么童老师能把课讲到这种境界呢？原来他是有其师承并自成章法的。他在一篇文章中这样说过：

　　我上大学的时候，有一位原辅仁大学教授，后出任北师大中文系教授的叶岑苓先生，给我们讲课时，他运用他的一副花镜，把外部语言与内部语言区别交叉在一起，讲得有声有色，受到同学们的欢迎。他写讲稿，当他坐在讲桌旁埋下头读讲稿的时候，就会把花镜戴上，用较慢的语速，平静的语调，一字一句读出来，让学生都能一字不落地记录下来。这时他是在运用他的外部语言，力图把他所讲的问题学理化，精确地表述出来，用无懈可击的逻辑征服学生。但当他读完了一段讲稿，把花镜摘下来，把头抬起来的时候，听课的同学们也似乎松了一口气，知道这时候叶先生要举例说明他的观点了。这时候，叶先生完全甩开讲稿，用他平日背过的诗词或小说里面的一个细节，加以生动的、具体的分析，有时候他突然会从座椅上站起来，挥着手，语调抑扬顿挫，十分有感染力。学生们开始聚精会神地看他的即兴式的表演。实际上这时候他是在运用内部语言。

　　叶先生的课给我留下了深刻的印象。后来我发现我所敬仰的老师，凡是课讲得好的，都是如此做的，不过所用的方法略有不同。……我后来的发现是：文学与生活是相通的，自己的切身的经验和体验就是一笔了不起的财富，何必处处举过往作家作品的例子，你可以讲你的一段经历，一段见闻，甚至你做的一个梦……即兴地扣紧问题地分析它。渐渐地我又发现我祖母的故事、我母亲的故事，也具有文学性，为什么不可以分析她们的故事呢？这样从书本到生活，都成为我讲课的内容，我感觉到这是一个无边无际的永远也淘不尽的海洋。[6]

这里需要稍做解释。外部语言（或言语）和内部语言（或言语）是童老师思考文学语言问题时形成的一对表述。前者是指合乎逻辑与语法、经过深思熟虑的语言；后者是黏附着丰富心理表现、充满生命活力的语言，如同苏东坡所说的"冲口而出，纵手而成，初不加意者也"，却有"自然绝人之姿"。[7]童老师把他研究文学语言的心得拿过来，用来说明好的课堂语言也该是外部语言和内部语言的交叉使用，我以为是很有道理的。讲课不能老是端架子，拿腔作调文绉绉，也不能通篇大白话，从头到尾"赵树理"；应该"内外"结合，刚柔并济，嘈嘈切切错杂弹，这样才会出效果。因为童老师认真琢磨过讲课这门技术，还总结出一套理论，自然他也就能把课讲得张弛错落、活色生香了。

那天讲座，童老师举例很多，因为举到流行歌曲的例子，还出现了一个小插曲。起初，他是在讲解"故是非有处，得其处则无非，失其处则无是"（《淮南子·氾论训》究竟何意，以此说明古人所谓"历史语境"，讲着讲着例子就来了。他说当年他唱《海港之夜》《列宁山》等歌曲，是"得其处"的，所以唱得有情有调，但苏联解体之后，有一次他与王蒙又唱这些歌曲，长达一个半小时，却越唱越觉得索然无味，因为那时它们已魂不附体，"失其所处"，再唱这些歌已不是味道了。顺着这个思路，他又补充说："现在我喜欢的还是八十年代的歌曲，像李谷一、毛阿敏的歌，李光羲的《祝酒歌》，很喜欢，但九十年代以来的流行歌曲，唱得如泣如诉，像说话那种，却不喜欢听，因为他们没有嗓子，像是老鼠在唧唧叫。"

那次讲座进行了整整两个半小时。大概是讲得太投入了，童老师全程没喝一口水。

5月是高校的"农忙季节"。就是在这个季节里，我们举办了"百年学案2015南北高级论坛"（5月16日）。那天，童老师上午做主题发言，话题是《文学理论批评的历史语境化及其意义》，下午又参与讨论，总结陈词，精神头儿十足。这次论坛后不久，我收到文学院群发的一条短信："各位老师，文学院定于本周三（5月20日）下午3：30在电子楼阶梯教室举行文学院党校成立仪式暨首场讲座（童庆炳先生主讲）。请各位党员老师、所长副所长准时参加，也欢迎其他教师参加，谢谢！"

要不要去参加这个成立仪式呢？我有些犹豫。因为我不是党员，不去似乎也说得过去，但通知中又没放过所长副所长。更重要的是，那天童老师下午主讲，而我恰好上午刚从陕西师大返回校园，带着裴亚莉刚刚面世的一本散文集：《只有松鼠了解我的心——纽约漫游随笔》（天津社会科学院出版社2015年版）。我是看着她趴在自家汽车的后盖上写下"庆炳吾师悦读"几个字的，如果参加这个仪式，我就可以迅速完成任务，让童老师了解她的心了。

于是决定参会。

会场的气氛很是热烈。简短的成立仪式之后，童老师被请上讲台，开始了他的演讲："各位同志，各位老师，各位同学，大家好！（掌声）首先，让我热烈祝贺北师大文学院党校的成立，这是我们文学院的一件大事，是文学院党委的一件大事，是值得我们永远铭记的一件大事。今天呢，让我第一次做党课的报告，那么我的题目是：《做'四有老师'，为党和人民培育英才》……"[8]

我打开随身携带的录音笔，也取出《不能承受的生命之轻》，准备一心二用。

为什么要把昆德拉的小说读到童老师的讲座上呢？因为我正给本科生上着一门"文艺美学与大众文化"课，讲到"媚俗艺术与大众文化"时，我决定增加一次个案分析：《昆德拉笔下的Kitsch》。这个话题我从未讲过，需要提前做一做功课。韩少功的译本《生命中不能承受之轻》我30年前就已读过，但许钧的新译本自从2003年买回后，却一直束之高阁。

童庆炳讲党课时的情景
（2015年5月20日）

借这个机会，我必须重读昆德拉，这既是备课之需，也是为了让阅读"重新到位"。——这一点我是在向路遥学习。为了写好《平凡的世界》，路遥重新奔波于生活之中："有些生活过去是熟悉的，但为了更确切体察，再一次深入进去——我将此总结为'重新到位'。"[9] 阅读或者备课难道不需要这样吗？于是在往来于西安的高铁上，我读起了昆德拉，并且把它延续到了童老师的讲座上。

该读第六部《伟大的进军》了。

童老师说："1955年7月1日是我加入中国共产党的日子，至今已经近60年了，但是我始终记住我入党宣誓的那一刻，我一辈子都不会忘记那一刻。入党的誓词不是随便说说，对共产党和共产主义，你一旦认同了它，你就要以毕生的力量去实践它，为之而奋斗，这样我们的生活和生命才会变得有意义。"[10]

昆德拉说："萨比娜内心对共产主义的最初反叛不是伦理性的，而是美学性的。令她反感的，远不是世界的丑陋（城堡被改造成马厩），而是这个世界所戴的漂亮面具，换句话说，也就是媚俗。"于是，当她的油画在德国展出，她本人则被包装成为自由而战的圣人或烈士时，她愤怒了，说："我的敌人，并不是共产主义，而是媚俗。"[11]

童老师讲开了故事："我们来到列宁故居，从一楼走到二楼，来到他的书房。就在我摸到了列宁的书桌和书架的那一刻，我心里哼唱起《国际歌》，眼泪潸然而下，不可抑制。我一般是不会流泪的，但是在那一天，我哭了。"[12]

昆德拉正大发议论："媚俗让人接连产生两滴感动的泪滴，第一滴眼泪说：瞧这草坪上奔跑的孩子们，真美啊！第二滴眼泪说：看到孩子们在草坪上奔跑，跟全人类一起被感动，真美啊！只有第二滴眼泪才使媚俗成其为媚俗。"[13]

童老师说："我给大家讲个故事，1964年

10月16日那一天，大家知道中国发生了什么事情吗？中国第一颗原子弹爆炸了。那一天我不在北京也不在我的老家，那一天我在越南的河内。那年我28岁，在兴奋了一天之后，第二天我坐着车奔向河内师范大学。到达学校门口时发现学校的大门紧闭，和往日不同，我的司机就按了两下喇叭。大门突然敞开，向我走来的是河内师范大学的校长，还有全校的老师和学生，他们的嘴里就说着一个词'中国'。他们将我从车中抬出来抬到他们作为大会堂的一个巨大的茅草棚，将我推上讲台，……我一瞬间理解了'祖国'的含义。"[14]

昆德拉也讲开了故事：1970年，柬埔寨内战结束后被越南占领，弗兰茨随同西方的一批知识分子乘坐一架大飞机，从巴黎飞往曼谷，准备前往柬埔寨边境，对这个国家施行人道主义援助。然而，"伟大的进军"终于演变成一场伟大的作秀，他们也终于没能走进柬埔寨，只好原路返回。在曼谷，弗兰茨遭遇劫匪。这时他想到萨比娜，并且在她的目光鼓励下，与劫匪打斗起来，但终于还是寡不敌众，被一个重重的东西砸趴下了。因为媚俗，弗兰茨付出了沉痛的代价。[15]

…………

我就这样读着，听着，眼前是昆德拉的表述，冷峻中透着反讽；耳边是童老师的句子，高亢中满怀深情，它们交织在一起，构成了一种特殊的蒙太奇组合，意味深长。

那个时候，距离童老师的辞世还有整整25天。

小说已经预叙，托马斯与特蕾莎遇难了。因为刹车失灵，他们与卡车一起坠入山谷。

童老师去世后，他最后一课的音容笑貌老是在我眼前晃动，但于我而言，这一课究竟意味着什么，一时半会儿还没想明白。有一天，我整理有关童老师的照片，忽然发现保存下来的一个视频。那是央视新闻频道《共同关注》栏目对童老师去世和八宝山告别仪式的一个报道，时间定格在2015年6月18日18时45分。在两分钟的报道中，有半分多钟在讲童老师的生平事迹，有一分钟聚焦于莫言，说童老师与当代作家的师生情。最后十秒钟，忽然出现了采访我的镜头。我的名字被打在屏幕左下角，名字前冠以"吊唁群众"。

一语惊醒梦中人。

原来，那天我是以"群众"的身份走进那个阶梯教室的。童老师又一次现身说法，激情澎湃，对于党员同志是坚定信仰；而对于我这个落后群众来说，自然就是要使其提高觉悟了。

应该就是这个意思，不是这个意思还能是什么意思呢？

而在访谈过童老师的好友何镇邦先生后，这个意思又添新意。那天，我准备了这样一个问题："童老师是因为您组织的一次活动认识了王蒙，然后才开始他们之间的友谊的。童老师也说过，中国当代作家中，他对王蒙和汪曾祺最为推崇。[16]依您对童老师的了解，您觉得为什么他会推崇这两位作家？"何先生说："老童对王蒙一直有一种崇拜心理——说崇拜可能有点过，可以叫作欣赏吧。他们都有一种布尔什维克情结，王蒙是'少布'，老童是'青布'，俩人在一起还不时会唱唱苏联的俄语歌，所以才能一拍即合。"

醍醐灌顶！我的耳边则响起王蒙的文中说法："童庆炳先生去世的噩耗突然传来，我的第一个反应是：他是在学生当中去世的吧？我听他在公众场合讲过，他的愿景是，某一天，在课堂上，他倒下了，他走了。这是大美，这是大善，这是他的期待。因为，他热爱教学工作，他爱学生，爱讲堂，爱教室。……他走了，不是在课堂上，如同在课堂上，听说是与学生们一起登山之时。"[17]回来后查阅，王蒙14岁入党，童老师19岁宣誓。宣誓时，童老师应该还在龙岩师范，紧接着就要北上首都，来北师大读书了。那是他学习生活的新旧交替之际，也是他政治面貌的党团转换之时。

回放一遍童老师的录音，忽然听到一段铿锵有力的表达："我今年已经80岁了，我从始至终认为，我就是一名普通的教师。尽管我有很多著作，但是，我看重的第一位的东西就是，我是一名教师。到现在为止，我培养出来的博士生已经超过了70名，还有一部分是博士后、高级进修教师和硕士生。那么今天我可以在这里骄傲地说，我培养的这些学生，没有一个是贪污犯，没有一个是腐败分子！他们都不是孬种！这是我为他们感到骄傲的地方。"[18]

掌声。热烈的掌声。

我现在要说，这也应该是童老师一生的圆满之处。

而且，许多年以后，面对文学院历史，在座的听众或许会想起童庆炳老师带着他们去见识共产主义信念的那个遥远的下午。那么，他们是不是也会想到，如此酷爱讲课的童老师，最终是以老共产党员的身份在人生的讲台上谢幕的！对于这样一位共产主义战士来说，也许这更是一种圆满吧。

赵勇，北京师范大学文学院教授，曾任文艺学研究中心主任。原文发表于《南方文坛》2021年第4期。此次收录有删改。

注　释

1　童庆炳：《旧梦与远山》，187页，北京，北京大学出版社，2015。
2　童庆炳：《旧梦与远山》，187页，北京，北京大学出版社，2015。
3　童庆炳：《旧梦与远山》，186页，北京，北京大学出版社，2015。
4　此梗来自2011年春晚赵本山等人表演的小品《同桌的你》。王小利饰演的大成子在给桂琴的信中写道："我多么想跟你说一句话，此处略去三个字"，"有一次咱俩走在放学的路上，路过一片小树林，此处略去27个字"，后又有"此处略去78个字"之说。最后，赵本山拿出纸笔，要写信给老同桌，说："就写个名字，此处略去一万字。"

5　童庆炳：《文学研究与历史语境》，https://www.bilibili.com/video/av7227082/。

6　童庆炳：《讲课：外部语言与内部语言的交叉》，见吴子林组编：《教育，整个生命投入的事业——童庆炳教育思想文萃》，66—67页，上海，华东师范大学出版社，2016。

7　参见童庆炳：《维纳斯的腰带——创作美学》，115-117页，上海，上海文艺出版社，2001。

8　童庆炳：《做"四有老师"，为党和人民培育英才》，见吴子林组编：《教育，整个生命投入的事业——童庆炳教育思想文萃》，128页，上海，华东师范大学出版社，2016。

9　路遥：《早晨从中午开始》，97页，北京，北京十月文艺出版社，2010。

10　童庆炳：《做"四有老师"，为党和人民培育英才》，见吴子林组编：《教育，整个生命投入的事业——童庆炳教育思想文萃》，130-131页，上海，华东师范大学出版社，2016。

11　［捷克］米兰·昆德拉：《不能承受的生命之轻》，297、303页，许钧译，上海，上海译文出版社，2003。

12　童庆炳：《做"四有老师"，为党和人民培育英才》，见吴子林组编：《教育，整个生命投入的事业——童庆炳教育思想文萃》，133页，上海，华东师范大学出版社，2016。

13　［捷克］米兰·昆德拉：《不能承受的生命之轻》，299页，许钧译，上海，上海译文出版社，2003。

14　童庆炳：《做"四有老师"，为党和人民培育英才》，见吴子林组编：《教育，整个生命投入的事业——童庆炳教育思想文萃》，133-134页，上海，华东师范大学出版社，2016。

15　［捷克］米兰·昆德拉：《不能承受的生命之轻》，306-335页，许钧译，上海，上海译文出版社，2003。

16　参见童庆炳：《又见远山　又见远山》，81页，北京，高等教育出版社，2016；朱竞编著：《世纪印象——百名学者论中国文化》（上），155页，北京，华龄出版社，2003。

17　王蒙：《庆炳千古》，原载《光明日报》2015年7月10日，后作为序文进入《又见远山　又见远山》一书时略有修订。

18　童庆炳：《做"四有老师"，为党和人民培育英才》，见吴子林组编：《教育，整个生命投入的事业——童庆炳教育思想文萃》，129页，上海，华东师范大学出版社，2016。

35/

何香涛

何香涛（1938— ），1938年4月出生，北京师范大学天文学系教授，博士生导师。国际天文学会会员。曾任中国天文学会副理事长、北京市天文学会理事长。当选第七、八、九、十届全国人民代表大会代表。1984年首批被国家授予有突出贡献的中青年专家。曾独自获得国家自然科学三等奖和国家教委科技进步一等奖。三次获国家科普创作奖，其中，《追逐类星体》获科技部2017年全国优秀科普图书奖。1990年被国家科委和国家教委联合授予全国高等学校先进科技工作者。1997年与美国国立基特峰天文台台长共同获得美国天文学会的Chretien国际观测奖。2014年获中国天文学会最高奖张钰哲奖。2019年获得「庆祝中华人民共和国成立70周年纪念章」。

何香涛：
获得"庆祝中华人民共和国成立70周年纪念章"的追星逐月人

/ 包丽芹

当笔者步入何先生的办公室，第一感觉就是这间办公室非常整洁。何先生说，只要不出差，他都会来这间办公室。办公室里占了一面墙的书柜里整齐地放满了中外书籍，对着门的办公桌上有一台电脑，我想何先生一定是习惯了这里的学习工作环境。办公室都是已81岁高龄的他亲自打理，他笑说："一屋不扫，何以扫天下？"

做学问，穿越太空，他追踪到2000多颗星星

1982年9月9日，中央人民广播电台播发了一条新华社记者发于伦敦的消息：北京师范大学天文系教师何香涛，在英国皇家爱丁堡天文台进修期间，与人合作，发现了500余颗类星体，成为当时世界上发现类星体最多的人之一……这一条消息使何香涛在当时的中国天文学界成为名人，也使更多的国人开始仰望星空。

无缝光谱方法的改进

何先生清楚地记得，1979年，关于类星体的研究是世界前沿课题，有一个美国天文代表团来我国做有关类星体的学术报告，当时大家都感到，类星体的发现对中国来说是遥不可及的工作，我国当时的天文学研究与发达国家的水平差距太大了，在发现类星体方面还是空白。当1980年何香涛作为访问学者到英国皇家爱丁堡天文台工作后，台长问他打算做什么工作时，他毅然决然地说："我想从事类星体的研究工作。"

类星体的发现源自对英国剑桥射电源表的证认。很快发现，大多数类星体都是射电弱的。到了20世纪70年代末，由英国天文学家史密斯（M. G. Smith）和美国天文学家奥斯美尔（P. S. Osmer）在智利的泛美天文台（CTIO）开创了无缝光谱方法。该方法的应用，使类

星体的发现数目成倍地增加。何香涛到英国爱丁堡天文台后，与史密斯合作，改进了无缝光谱方法，进而提高了发现类星体的成功率，降低了选择效应。由何香涛选择的类星体候选体，多次在大望远镜上观测。证明成功率居世界领先水平。美国天文学家阿尔普在他的类星体专著中写道："中国天文学家何香涛反复搜寻了这些天区，在中心区我用分光方法观测了其中的33颗候选体，结果94%是类星体，这是我所知道的寻找类星体的最高成功率。"

原方法主要是利用类星体的几条强发射线，因此只对高红移类星体敏感。改进后的方法，同时关注紫外超（UVX）天体，这样便可以发现低红移的类星体，降低了选择效应。剑桥大学天文研究所设计了一台自动程序搜索机（APM），按照何香涛的方法，将其程序化。从此，寻找类星体的工作效率有了极大的提高。后来，美国的斯隆数字巡天项目（SDSS）工作也是基于剑桥的程序，做到批量地发现。这一工作的第一篇文章发表在MN上，这是APM用于自动寻找类星体的第一篇文章。此后很长一段时间，英国的类星体发现工作居于世界的领先地位。

1982年国际天文学联合会接受何香涛为会员。一位美国类星体专家后来评价说："何博士在西方是有名的，他是中国最有能力的天文学家之一。他在巡天底片上证认类星体的能力是无与伦比的。"当时由美国和英国剑桥大学出版社出版的仅有的2本类星体专著，都引用并评价了何香涛的研究成果，他的名字还被列入了《世界名人录》。

何香涛曾多次申请到使用当时世界上最先进的大型望远镜进行类星体观测，包括美国的5米望远镜，每次观测都取得了良好的结果。在与美国天文学家合作申请美国国家科学基金（NSF）时，4位同行专家都对此课题打了最高分。其中一位专家在评审意见中写道："何先生在他发现的类星体的工作上是著称的。我认为这项合作对中国科学家和美国科学家都是有益的。中国科学家将从美国科学家所揭示的工作中得到好处。据我所知，美国科学家在这个领域里的工作在中国尚未活跃地展开，而美国科学家也将从何先生的经验和能力中得到好处，他将为这项类星体研究做出重要的贡献。"

中国—日本类星体

20世纪80年代初，日本也在寻找类星体。何香涛在英国皇家爱丁堡天文台进修时，日本东京天文台学者冈村定矩也在那里工作。当时的日本已有一台大望远镜，但是没有合适的样品可供观测，何香涛把自己搜寻的一颗室女座星系团区的类星体样本主动提供给了冈村定矩。

为了观测何香涛提供的这颗类星体样本，日本天文台付出很多努力，挑了几个晴朗的夜晚，用当时日本最大的1.88米望远镜进行观测。1982年3月21日夜，冈山天文台的望远镜将星光聚焦在卡塞格林装置的摄谱仪上，进行长时间露光，这颗星整整露光了120分钟。由光谱分析得出，这颗类星体的红移值是2.259，观测成功了。

消息立即电传到了英国，何香涛和冈村定矩都非常兴奋，许多天文学家也前来表示祝贺。日本已经进行了好多年的努力，试图发现类星体，但一直未能成功，由何香涛提供的样本是日本发现的第一颗类星体。按照惯例，日本学者将这颗类星体命名为"何氏天体"。

何香涛知道后心里十分不安，他想：我是祖国母亲的乳汁喂养大的，我个人的成绩包含着生我养我的祖国人民的血汗啊。他建议把这颗类星体命名为"中国-日本类星体"，日本天文学家采纳了他的建议。

何香涛说："中国-日本类星体，这个

何香涛教授用望远镜观察星体

名字很美，很有意义，它意味着中日两国科学家的亲密合作，代表着两国人民的友好情谊。同时激励着更多的科学家，一起为揭示类星体之谜而努力。"

后来，日本人自己找到了类星体，在木曾天文台的公报上，被称为"自力更生第一号"。

主持和设计OMR光谱仪

我国2.16米望远镜建造后，一直没有合适的终端设备。1995年引进一台中低色散的光谱仪（OMR）。考虑到2.16米望远镜的口径较小和指向精度差的缺点，在设计中，何香涛将摄谱仪细缝的刀口平面做成一个4.4'×4.4'的反光视场，另加一套电子制冷的CCD系统将其成像。这样，便可直接看到望远镜主镜的卡焦图像，将所观测到的对象很容易导入细缝中。由于这项改进，极大地提高了望远镜的观测能力和导星效率。可以观测到19.7等的天体。

OMR投入使用后，发挥了很好的作用，我国第一批超新星和活动星系核的发现，都是用这台摄谱仪完成的。直到今天，OMR仍是该望远镜的最主要终端设备。

何香涛在科研生涯中，先后与人合作发现了2000多颗类星体的候选体，已经观测确认了100余颗。1989年"类星体的观测"获国家教委科技进步一等奖（独自），"类星体的证认与研究"获国家自然科学奖三等奖（独自），1997年与美国国立Kitt Peak天文台台长Green共同获得美国天文学会Chretien观测奖。

在教学上，1990年国家教委和国家科委联合授予其全国高等学校先进科技工作者称号，专著《观测宇宙学》（*Observational Cosmology*，2000年初版，2007年再版）是国家天文台组织出版的天体物理丛书之一，该书获评北京市高等教育精品教材，被教育部评为全国研究生教学用书。

由何香涛主讲的天文学导论课程被教育部

评为国家精品课程，这是我国天文学界第一门国家级精品课程。2005年，何香涛获评北京市高等学校教学名师。

"走出去"与"请进来"

科学无国界，但是科学家却有祖国。何香涛极力主张科学工作者应该走出国界，但他的心里时刻装着培育他成长的祖国。自从1982年从英国进修回国后，每年何香涛都会出国多次，进行访问研究或参加学术会议。他与英国、美国、日本等国家的科学家多次合作。那个时期有些中国学者在研究成果发表时，总爱署上所在的外国名牌大学或者研究所的名字，并以此为荣，可何香涛在国外刊物上发表的研究成果，名字后面都郑重地署着"北京师范大学天文系"。他还非常支持国内学术期刊，尤其是本刊《北京师范大学学报（自然科学版）》，从1979年第一篇文章《白矮星的光度函数与H–R图》（此文获北京市自然科学四等奖）至今，他已在本刊发文23篇，包括《大尺度天区上的类星体观测》《类星体的多波段观测》等重要研究成果。

何香涛认为，一个国家的科学事业要发展，不但需要"走出去"，还需要"请进来"。1986年，国际天文学会主席萨哈达访华，何香涛积极联系，请他到北京师范大学做学术报告，在当时北师大的客座教授王绶琯的共同倡议下，萨哈达非常赞同在中国设立一个"中国访问教授计划（CVLP）"，邀请活跃在科研第一线的世界第一流的天文学家来华，带领中国青年天文工作者研究一两个尖端课题，完成一批高质量的成果论文，并就讲课内容出版专著，以此使我国天文学研究水平迅速缩小与世界先进水平的差距。萨哈达将此计划报国际天文学会讨论并通过了，中国天文学会也讨论通过，并确定北京师范大学为前两届的承办单位，何香涛为负责人。

尽管后来因为各种原因这个计划被搁置了

一段时间，但是何香涛提出的"走出去"与"请进来"思想受益多人。

下围棋，纵横经纬，他堪称一代业余棋王

何先生认为，人要有运动，要有爱好，身心才能健康，生活才能充实。他爱打乒乓球，从8岁一直打到80岁，从小时候打着玩到大学时候的校队队员再到后来工作后的北师大教工代表队队员。打乒乓球既锻炼身体，又磨炼意志，何先生现在的身体和精神状态的"双佳"很大一部分得益于乒乓球运动。

何先生的另一大业余爱好是下围棋，棋龄已经超过50年，用他自己的话说就是"下围棋下了半个世纪"。这半个世纪的经纬交错间，不经意地，这位在望远镜前追踪星星的天文学研究者，拥有了许多另类身份：英国围棋

二段、中国围棋四段、日本围棋五段……

20世纪80年代初，何香涛远赴英国皇家爱丁堡天文台做访问学者期间，偶然参加了一场围棋比赛却意外拿了全英第二名，为此英国围棋杂志GO专门出了一篇简报，称何香涛"very strong"，并为他授予英国业余二段。后来，由于与日本棋界交流频繁，何香涛有缘与日本宫本直毅九段、神户围棋协会会长高野先生等人下棋，2013年被授予日本业余五段。

从一开始接触围棋，何香涛就从未停止过对围棋的热爱，也从未停止过对围棋文化交流、推广的努力。从燕山手谈社掌门人，到担任中国大学生围棋协会主席，再到促成世界华人围棋联盟成立，以及应氏杯、尧舜杯、炎黄杯等众多影响深远的围棋赛事，都少不了何香涛的劳心戮力。何香涛一路促成并见证了中国业余围棋的发展壮大。

何先生认为，围棋一是可以调节劳逸，

笑说，抬头看星星累了，低头下下棋是一种放松。二是可以陶冶情操，下棋要有耐心，有毅力，提高棋艺的过程，也是意志的修养和锻炼毅力的过程，思想混乱的人下出来的棋也必是自相矛盾、乱七八糟。最主要的一点，何先生是以棋会友，周游列国，他都忘不了围棋，也因棋交了许多朋友。

何香涛当年在英国皇家爱丁堡天文台因代表爱丁堡参加全英比赛而获亚军，后来又获得过苏格兰冠军，因围棋带给他的知名度，多交了很多天文学界和外界的朋友。因围棋结交的国际友人还有很多，他曾邀请日本的宫本直毅九段来中国最北部的口岸小镇漠河观看1997年的日全食，还曾邀请日本神户围棋协会会长高野先生到位于河北兴隆的北京天文台参观。他们观赏完夜空中闪烁的星星，便在暗淡的灯光下下围棋。工作与生活、事业与爱好，天与地、情与谊就在这星星与灯盏交映的光辉里完美地相融。

讲科普，热情洋溢，他的足迹踏遍祖国各地

笔者在决定访谈何先生，和他定时间的时候联系了好多次，因为他不是正在外地做科普演讲就是在去外地做科普的路上。访谈时一提起科普，81岁的何先生眼里顿时闪烁着星星般的光芒。何香涛希望在每个他面对的人的心里都种下一颗星星，何香涛相信，星星之火可以燎原。

具体做过多少场演讲，走过多少路程，何先生直摇头，实在是记不清了，数不过来。国内的科普做过，国外的例如澳大利亚电视台他也去过。给成年人讲过，给学生讲过，给幼儿园的孩子也讲过。大城市、电视台的活动做过，边远山村、僻壤穷乡他都会满怀赤诚地去。无论是在教育部、发改委等国家机关为领导干部们做演讲，还是在山区小学为孩子们做科普，他都是认真备课、查资

料、做PPT，没有丝毫懈怠。

自从2000年成为中科院老科学家演讲团的一员，何先生更是马不停蹄。有时候去到一个地方，上午给当地的领导干部普及天文知识，梳理天文学发展脉络，下午为学校的学生们讲星际穿越和"外星人"，晚上还要参加当地天文爱好者组织的活动。他讲过太阳，讲过星星月亮，讲过霍金，讲过黑洞，讲过宇宙大爆炸。同时，他也讲科学家精神，讲科技进步与发展。

而听讲者对知识渴求的目光则是对何先生最好的回馈。何先生从书柜的文件夹里找出来一份红头文件，笔者看到，这是中共黟县县委下发的红头文件，内容是邀请到何香涛来做科普报告，"要求参会人员"处竟然写着：县六套班子领导成员，县直部、委、办、政府组成部门主要负责人。可见我们的一些基层领导对科学知识和科技进步是多么渴求和重视。

2002年，何先生作为国际天文奥林匹克竞赛中国代表团团长，带中学生去俄罗斯参赛，这是我国中学生第一次参加这个竞赛，经过何先生的多方努力，不仅取得了不错的成绩，而且打破了一直由俄罗斯把控和组织此赛事的格局，使其变成真正意义上的国际竞赛。

在天文普及方面，何先生曾三次获国家级科普文章创作奖。《蟹状星云和她的明珠》一书获2011年国家科普图书提名奖（相当于二等奖），《追逐类星体》一书获2017年全国优秀科普作品奖。

相信听过何香涛演讲的人，读过何香涛科普著作的人，心中都已经有一颗小星星在闪闪发光。

包丽芹，北京师范大学出版集团期刊社编辑。原文曾发表于《北京师范大学学报（自然科学版）》2019年庆祝新中国成立70周年新媒体专题："新中国70年·京师理学家"。

图书在版编目（CIP）数据

北师大的先生们 / 顾明远主编. — 北京：北京师范
大学出版社，2022.9（2024.9重印）
（北京师范大学120周年校庆丛书）
ISBN 978-7-303-27886-2

Ⅰ.①北… Ⅱ.①顾… Ⅲ.①北京师范大学—教师—
纪念文集 Ⅳ.①K825.46-53

中国版本图书馆CIP数据核字（2022）第086985号

图　书　意　见　反　馈　gaozhifk@bnupg.com　010-58805079
营　销　中　心　电　话　010-58802755　010-58800035
北师大出版社教师教育分社微信公众号　京师教师教育
BEISHIDA DE XIANSHENGMEN

出版发行：北京师范大学出版社　www.bnupg.com
　　　　　北京市西城区新街口外大街12-3号
　　　　　邮政编码：100088
印　　刷：北京盛通印刷股份有限公司
经　　销：全国新华书店
开　　本：787 mm × 1092 mm
印　　张：24
字　　数：300千字
版　　次：2022 年 9 月第 1 版
印　　次：2024 年 9 月第 3 次印刷
定　　价：178.00 元

策划编辑：鲍红玉　郭兴举　　责任编辑：鲍红玉
美术编辑：焦　丽　　　　　　　装帧设计：王齐云
责任校对：陈　民　　　　　　　责任印制：马　洁